中国与世界丛书

丛书主编：王健

吴泽林　著

共建"一带一路"

区域经济合作的互联互通理论

上海人民出版社

丛书总序

2018 年 6 月，习近平总书记在中央外事工作会议讲话中指出："当前中国处于近代以来最好的发展时期，世界处于百年未有之大变局，两者同步交织、相互激荡。"

中国处于近代以来最好发展时期的一个重要标志，就是中国特色社会主义建设进入了新时代，中国与世界的关系越来越紧密。首先，我国的综合国力上了一个新台阶，在全球的地位不断上升。2018 年，中国的国内生产总值达到 13.5 万亿美元，居世界第二位，约占全球经济总量的 16%。与此同时，中国还是世界第一大货物贸易国、第二大服务贸易国、近 130 个国家和地区的最大贸易伙伴和最大出口市场、世界第二大对外投资国。特别是中国已经成为世界经济增长的主要引擎，这些年对世界经济增长贡献率每年超过 30%。2018 年《全球竞争力报告》显示，中国在全球竞争力排行榜列第 28 位，是最具竞争力的新兴市场国家之一。其次，中国的国际话语权不断得到增强，越来越走近世界舞台中央。目前，中国在世界银行和国际货币基金组织中的投票权仅次于美国和日本，居世界第三。中国在联合国、世界贸易组织、二十国集团、金砖国家合作机制等多边机制发挥越来越重要的作用，是亚太经合组织、亚信、东亚"10+3"等区域性国家组织或机制的重要成员，还积极创建了上海合作组织，创设了亚投行、新开发银行等国际金融机构、在一系列的重要国际活动中，中国提出了一系列新的外交理念和倡议，如全球治理观、正确义利观、发展观、安全观、合作观、全球化观、新型国际关系、人类命运共同体，并积极推动"一带一路"建设。目前，120 多个国家和 29 个国际组织同中方签署了"一带一路"合作协议。"一带一路"倡议提出 6 年来，中国同共建"一带一路"国家贸易总额超过 6 万亿美元，中国企业对沿线国家投资超过900多亿美元，承包工程营业额超过4 000亿美元。中国同沿线国家共建的82个境外合作园区为当地创造近30万个就业岗位，给各国带去了满满的发展机遇。最后，中国承担了与自身发展阶段、应负责任相称的国际义务。中国是联合国会费第二大出资国、联合国维和行动经费第二大出资国、安理会五个常任理事国中派出维和人员最多的国家。中国派出维和人员3.9万余人次，参与维和任务区道路修建工程1.3万余千米，运输总里程1 300万千米，接诊病人17万多人次，完成武装护卫巡逻等任务300余次。中国积极参与反恐、打击海盗等国际合作，中国海军在亚丁湾、索马里海域护航行动常态化。中国积极推动朝鲜核问题、伊朗核问题、巴以问题、叙利亚问题、阿富汗问题等地区热点问题的解决，坚定支持《巴黎协定》。党的十八大以来，中国政府援建重大基础设施项目300余个，实施民生援助项目2 000余个，为受援国培训各类人次近40万名，提供紧急人道主义援助177批次(累计受益人口超过500万人)。中国解决了13亿多人民的温饱问题，减少了7亿多贫困人口，仅过去5年就减贫6 800多万人，占全球减贫人口总数的70%以上，率先实现贫困人口减半的联合国千年发展目标。当然，虽然取得了历史性的进步，但我国基本国情和国际地位并没有发生根本性变化。人均国民生产总值虽然超过9 000美元，但仅仅是美国的七分之一，欧盟的四分之一，在世界上排72位，人均自然资源占有量远低于世界平均水平。同时，我们还有相当数量的贫困人口，城乡、地区差距仍然很大，发展水平总体还处在从中低端向中高端过渡阶段。因此，中国既是一个世界性综合实力很强的大国，又是一个人均收入较低的世界上最大的发展中国家。

今天，中国与世界的关系早已超越了以往任何一个时代。中国深刻地影响着世界，百年未有之大变局下的世界也会更深刻地影响到中国的未来发展。如何看待世界正处于百年未有之大变局，学术界有不同的看法。我以为，要跳出百年看百年，从一个较长的历史视角来观察，或许有助于我们正确把握和认识这一判断。所谓百年未有之大变局，是因为我们正处于全球化发展调整期、世界权力结构转移期和科学革命发展孕育期这三个历史长周期的叠加期，所以矛盾深刻、形势复杂。

首先，全球化发展到今天，出现了一些严重失衡问题，亟须调整。例如，在空间发展上的不平衡。1453 年是一个人类历史上值得予以高度重视的年份。这一年，君士坦丁堡被奥斯曼土耳其帝国攻陷，拜占庭帝国覆灭。此后，奥斯曼土耳其帝国逐渐控制了欧亚地区，试图独占古代丝绸之路的商业利润。但陆路受阻，却迫使葡萄牙、西班牙等欧洲国家积极开辟新的海上贸易航道，推动了大航海时代的到来，世界开始通过海洋连为一体。据统计，全世界经济总量一大半集中在沿海岸带 300 千米之内的地区，美国、日本、欧洲等发达经济体皆是如此，中国也不例外。最近英国的中国经济史研究发现，并非中央对内地不重视，而是大航海时代开启后，东部沿海地区越来越多地卷入全球化，而内地因远离海洋而拉开了与东部的发展差距。突出的表现就在于货币白银。沿海地区获得了大多数的美洲白银，而内地则被海洋时代所抛弃。于是，沿海与内地的资本积累差距日益扩大。从 2016 年美国大选结果和美国各州收入水平相关性来看，沿海地区，特别是西太平洋沿岸地区绝大多数支持全球化，而特朗普和共和党的得票主要来自中西部内陆地区。

又如，文化交往上的不平等。在全球化过程中，很长一段时间是帝国殖民统治下的全球化，而殖民帝国统治下的文化交融不可能是平等的，还往往把宗教作为殖民扩张的工具，这就必然导致文化融合不足，冲突加剧。冷战后，这一文明或文化冲突又伴随着移民流动在全球扩展。其实，就目前全球经济发展来看，一些发达国家和地区如果要维持经济增长，需要大量移民。美国学者布赫霍尔茨提出过一个“25 年法则”，即在现代工业化之后的社会，假如一个国家在连续两个 25 年（也就是两代人）的时间内，国内生产总值的平均增长率超过 2.5%，那么这个国家的生育率就会降至人口置换率的水平，即每个妇女有 2.5 个孩子。如国内生产总值连续增长三代人的时间，那么其生育率通常会降至 2.1，该国就需要通过移民来保持稳定的工作人口。但现实问题是，移民并不仅仅是一个移动的生产要素，他还是一个文化载体，一旦文化交融受阻，就会造成冲突，影响社会稳定。里夫金在 15 年前就撰文指出：移民问题是对“欧洲梦”的根本考验。欧洲每年必须招募至少 100 万移民，但与此同时，移民潮又将威胁甚至压垮已经十分紧张的政府福利预算和人们自身的文化认同。

再如，受益与责任上的不对等。全球化中，受益最大的是跨国公司。它们不仅在全球配置各种资本、劳动力、技术等资源，甚至还配置了税收。例如，美国有些跨国公司直接将外国赚取的利润留在低税率国家不拿回来，或更有甚者，将美国赚取的利润“转让定价”出去放在国外，以“递延”交税。有些干脆不满足于“递延”交税，直接将总部迁出美国，迁到低税率国家，这样，跨国公司在外国的收入直接避免了在美国的纳税。2004 年至 2013 年，47 家跨国公司总部迁离美国。这就是所谓的母子倒置交易。据美国税收和经济政策研究所分析，截至 2016 年年底，世界 500 强跨国企业中，有 367 家在离岸避税地累计利润约 2.6 万亿美元，这使得美国政府每年损失 1 000 亿美元，相当于政府公司税收入 3 000 亿美元的三分之一。2.6 万亿美元离岸利润里，其中四分之一是来自苹果、辉瑞、微软和通用电气这 4 家公司，离岸利润最高的前 30 家公司合计超过 1.76 万亿美元。而政府主要是靠税收来提供公共服务的，这样就导致了受益和责任的不对等，影响了政府促进科技、教育和公共卫生等的发展。罗德里克在《全球化的悖论》一书中就提出了“全球化不可能三角”理论，即经济全球化、民主制度与国家主权三者不可能兼容。政府是每个国家的政府，市场却是全球性的，这就是全球化的致命弱点。这一弱点，加上事实上全球资源配置中的不平衡、不充分，就产生了全球化的另一个大问题：收入差距拉大。以美国为例，美国收入排名前 1%的人，其财富占比达到居民财富总额的 24%。斯蒂格利茨将这种现象调侃为“百分之一有，百分之一治，百分之一享”。美国布鲁金斯学会发布的一份报告显示，近几十年来美国工人的实际工资增长几乎停滞。1973 年至 2016 年，剔除通胀因素，美国工人实际收入年均增长 0.2 个百分点。报告同时指出，虽然过去 50 年美国经济取得长足进步，但处于中间 60%的中产阶级家庭收入变化很小。这一趋势在与收入最高的 20%的人口相比时更为明显：中产阶级家庭收入自 1979 年至 2014 年的真实增长（剔除通胀因素）仅 28%，而同期收入最高的 20%的人口的增长是 95%。更为重要的是，在过去这几十年中产阶级家庭取得的收入增长，全部都来自家庭中女性开始出门工作的贡献。由此可见，美国中产阶级正在逐渐贫困化，而这些失败人群成为了反全球化的主要力量。

总之，全球化发展到今天，确实存在问题和失衡，目前正进入再平衡过程。但是，全球化是人类发展的必然趋势，如何正确应对和协调，事关全球经济的稳定和繁荣。

其次，世界力量和权力格局又迎来了新一轮的权力转移期。肯尼迪《大国的兴衰》一书从战略角度，以500年的世界政治史为背景，探讨了经济与军事的关系及其对国家兴衰的影响。从中可以看出，世界权力结构大约100年出现一次更替。16世纪是葡萄牙、西班牙称雄的时代，17世纪是荷兰的黄金时代，18世纪中叶到19世纪末是由英国主宰，而19世纪末开始美国逐渐夺取全球霸主地位。正可谓"为见兴衰各有时"。当前，世界力量和权力格局的一个重要变化就是新兴市场和发展中国家的整体崛起。2018年7月，习近平在金砖国家工商论坛上的讲话指出："未来10年，将是国际格局和力量对比加速演变的10年。新兴市场国家和发展中国家对世界经济增长的贡献率已经达到80%。按汇率法计算，这些国家的经济总量占世界的比重接近40%。保持现在的发展速度，10年后将接近世界总量一半。"而其中，最为突出的就是中国的崛起。2000年中国的国内生产总值只有美国的10%多一点，但是目前已经接近美国的70%。特别是中国社会主义现代化的目标越来越清晰，世界社会主义运动在中国特色社会主义的带动下开始走出低谷，中国改革开放以来的发展经验引起越来越多发展中国家的关注，这引发了美国战略界的焦虑，并开始把中国视为美国主导的世界体系的修正者和美国世界领导地位的挑战者。2017年以来，美国多份战略报告明确将中国定位为"战略竞争对手"和"修正主义者"。美国副总统彭斯、国务卿蓬佩奥先后指责中国是与美国争夺世界主导地位的"坏人"(bad actor)。《华盛顿邮报》记者金斯指出：新的对华政策融合了国家安全顾问博尔顿的鹰派观点，国防部长马蒂斯的战略定位，白宫贸易顾问纳瓦罗的经济民族主义立场，以及副总统彭斯以价值观为基础的主张。美国学者白邦瑞在《百年马拉松》一书中强调，中国有一项百年计划，就是通过取得西方技术，发展强大经济，最后取代美国成为世界超级大国。哈佛大学肯尼迪政府学院首任院长艾利森认为，在国际关系研究领域，"修昔底德陷阱"几乎已经被视为国际关系的"铁律"。从

16世纪上半叶到现在的近500年间,在16组有关"崛起大国"与"守成大国"的案例中,其中有12组陷入了战争之中,只有4组成功逃脱了"修昔底德陷阱"。虽然中国一再表明,中国无意改变美国,也不想取代美国,并主动提出构建中美之间"不冲突不对抗,相互尊重,合作共赢"的新型大国关系。但是,美国从维护自身的霸权地位出发,将中国的发展壮大视为对美国的挑战和威胁。其实,在美国的"战略词典"里,哪个国家的实力全球第二,哪个国家威胁到美国地位,哪个国家就是美国最重要的对手,美国就一定要遏制这个国家,以往对苏联、日本等国的打压都是有力的例证。为此,目前,美国对中国的崛起从贸易、科技、教育、文化、军事等方面实施成体系性的总体遏制,甚至不惜与中国"脱钩",而这也使得全球安全环境发生了新的变化,即传统安全议题复归主导地位,大国地缘政治博弈加剧,民粹主义上升趋势不减,导致了世界局势更加不稳定、不确定。世界经济论坛最新的《全球风险报告》指出,93%的受访者认为大国间的政治或经济对抗将更加激烈。如何避免中美之间的结构性权力冲突,能否跨越"修昔底德陷阱",不仅关乎中美两国未来的发展,也关乎世界的和平与发展。

最后,科学革命进入了发展孕育期。当前世界正处于新一轮技术创新浪潮引发的新一轮工业革命的开端,全球各主要科技强国都在围绕争夺新一轮科技革命的优势地位进行博弈。新一轮技术革命和产业变革是互联网、大数据、云计算、人工智能与传统的物理、化学和机械等学科的相互结合,是以人工智能、机器人、新能源、新材料、量子信息、虚拟现实等为主的全新技术革命和产业革命,但必须指出,我们现在所有的科技成果都是应用科技的发展,基础理论还停留在20世纪爱因斯坦时代。20世纪初至40年代,人类基础科学理论有了重大突破,代表成果就是量子力学与相对论,这两项成就重建了现代物理学,让人类对自然与宇宙的认识上了一个台阶。在基础理论突破的基础上,带来了第二次世界大战后应用科技的爆炸式繁荣。20世纪七八十年代,美国基于对未来科技发展的乐观前景主动将自己的中低端制造业转移出去,积极推动自由贸易。但是,由于目前新的科学革命尚处于发展孕育期,美国自身处于"科技高原下的经济困境"。教育水平衰落、研发投入停滞、科学家地位下降等又导致美国暂时无力推动出现科学革命的新高峰，继续保持未来发展持续的科技红利。芯片的摩尔定律揭示，基础理论没有突破，应用科技早晚会走到尽头。特别是由于数字经济、人工智能等对于人口基数庞大、交易数据丰富、传统设备缺少的国家形成有利机遇，中国在市场规模、改造成本、应用场景等方面具备“后发优势”，在互联网的相关应用（包括社交、电商、移动支付等）和在新一代信息技术上（包括人工智能、大数据、5G、云计算等）取得了显著进步，这就使得美国担心在高科技领域被中国全面超越。目前看来，在新的科学革命产生前，现有的科技革命竞争将在存量基础理论框架内展开，会变得越来越激烈和残酷。唯有新的科学革命产生，才有可能改变目前的争夺态势，并最终决定世界力量和权力结构。

百年未有之大变局下中国的发展必然会受到外部国际环境影响，但中国自身的发展也将最终影响并决定世界格局。为此，我们要认真汲取人类发展的有益文明成果，在坚定走中国特色社会主义道路的同时自觉纠正超越阶段的错误观念，集中精力办好自己的事情，以进一步深化改革开放不断壮大我国的综合国力，不断改善人民的生活，不断建设对资本主义具有优越性的社会主义，不断为我们赢得主动、赢得优势、赢得未来打下更加坚实的基础，塑造更加有利于我国发展的外部环境，维护、用好和延长重要战略机遇期。

上海社会科学院国际问题研究所于2015年3月经上海市机构编制委员会批准，由成立于1985年，汪道涵先生创立的上海市人民政府上海国际问题研究中心更名组建，原上海社会科学院国际关系研究所整建制并入，核定编制60人。合并更名之前，吴建民大使和上海市政协原副主席、上海社会科学院原党委书记兼院长王荣华教授曾担任中心的主席，本院著名学者王志平、潘光、黄仁伟等在中心担任过领导。上海社会科学院国际关系研究所的前身东欧中西亚研究所和亚洲太平洋研究所也都是有影响力的国际问题研究机构。作为全国首批25家高端智库试点单位之一上海社会科学院属下的国际问题研究机构，上海社会科学院国际问题研究所面对百年未有之大变局，理应坚持以习近平外交思想为指导，牢固树立正确的历史观、大局观和角色观，坚持理论联系实际，深入探寻世界转型过渡期国际形势的演变规律，准确把握历史交汇期我国外部环境的基本特征，研判分析战略机遇期内涵和条件的变化，有力推动中国与世界的良性互动和合作共赢。为此，我们与上海人民出版社合作，将本所研究人员的一些高质量成果以“中国与世界丛书”的形式集中出版，以期为实现中华民族伟大复兴创造良好外部环境提供理论基础和政策建议。

是为序。

上海社会科学院国际问题研究所所长

2019 年 6 月 16 日

目　录

导 论

第一节 问题的提出

2013年9月和10月，中国国家主席习近平在重要的国际舞台上先后提出共建“丝绸之路经济带”和“21世纪海上丝绸之路”（以下简称“一带一路”）倡议，得到了国际社会的高度关注和积极响应。多年来，中国与国际社会一同构建“一带一路”的总体框架与合作理念，合力推进“一带一路”从宏伟蓝图转化为具体行动，为共同建设一个更具活力、更加开放、更加稳定、更可持续、更多包容的全球化经济而努力。

截至2023年6月底，中国已经同152个国家和32个国际组织签署了200余份共建“一带一路”合作文件。[1]“一带一路”倡议及其合作理念也已写入联合国、二十国集团、亚太经合组织、上海合作组织等重要国际机制的成果文件。2013年到2022年，中国与共建国家贸易和投资规模稳步扩大，基础设施互联互通不断加强，产业链供应链合作水平持续提升，在贸易方面，中国与“一带一路”沿线国家货物贸易额从1.04万亿美元扩大到2.07万亿美元，翻了一番，年均增长8%。在投资方面，中国与沿线国家双向投资累计超过2 700亿美元，截至2022年底，中国企业在沿线国家建设的境外经贸合作区累计投资达571.3亿美元，为当地创造了42.1万个就业岗位。在工程建设方面，中国在沿线国家承包工程新签合同额、完成营业额累计分别超过1.2万亿美元和8 000亿美元，占对外承包工程总额的比重超过了一半。[2]

2018年8月，习近平总书记在出席推进“一带一路”建设工作5周年座谈会上强调：“共建‘一带一路’顺应了全球治理体系变革的内在要求，彰显了同舟共济、权责共担的命运共同体意识，为完善全球治理体系变革提供了新思路新方案。”针对下一阶段的工作，习近平总书记指出:“过去几年共建‘一带一路’完成了总体布局,绘就了一幅‘大写意’,今后要聚焦重点、精雕细琢,共同绘制好精谨细腻的‘工笔画’。”“我们要百尺竿头、更进一步,在保持健康良性发展势头的基础上,推动共建‘一带一路’向高质量发展转变。”[3]《中华人民共和国国民经济和社会发展第十四个五年规划和2035年远景目标纲要》明确指出,推动共建“一带一路”高质量发展。坚持共商共建共享原则,秉持绿色、开放、廉洁理念,深化务实合作,加强安全保障,促进共同发展。加强发展战略和政策对接。推进基础设施互联互通。深化经贸投资务实合作,深化国际产能合作,拓展第三方市场合作,构筑互利共赢的产业链供应链合作体系,扩大双向贸易和投资。[4]可以看到,“一带一路”建设已经成为中国特色大国外交的重要抓手。

伴随着务实合作的全面展开与深入推进,中国学术界对“一带一路”的实践进展持续跟进,研究热情有增无减。与此同时,“一带一路”也成为当前的世界热词,掀起了国际学界的研究浪潮,被认为是近年来中国大范围引领世界学术风尚、设置全球议程的话语概念。一些学者还致力于推动“一带一路”成为一门独立的学科。应当来说,“一带一路”研究的学科化、体系化水平借此得到不断提升。然而,现有对“一带一路”的分析阐释以规范研究和经验研究居多,较少涉及理论建构问题,理论化成为“一带一路”的研究短板,学术界还没有能够给“一带一路”建设提供一个较为扎实的理论基础。

实践没有止境,理论创新也没有止境。当前,中国正日益走近世界舞台的中央,也正在推动形成以国内大循环为主体、国内国际双循环相互促进的新发展格局。中国共产党第十九次全国代表大会将“一带一路”建设等内容写入党章,党的二十大报告明确提出要推动共建“一带一路”高质量发展,联合国大会也在决议中写入“一带一路”倡议,这充分体现了中国在和平发展过程中坚定推进“一带一路”国际合作的决心和信心,以及该倡议在国际社会取得的广泛共识。外交实践往往走在外交理论的前列。“一带一路”是中国特色的国际合作实践,也是中国为国际政治教科书提供的一个新词汇,需要有自己的理论支撑。[5]对共建“一带一路”的理论构建,既要借鉴各个学科的前沿思想,又要建立在“一带一路”的实践基础之上;既要把握理论共性,又要融入实践个性。

在"一带一路"建设正日益呈现出强大生机活力的今天,在把握新发展阶段、贯彻新发展理念和构建新发展格局的大背景下,着力构建"一带一路"的理论基础就显得尤为迫切。基于此,本书的核心问题是:"一带一路"建设的理论基础是什么?可以说,对"一带一路"理论基础的构建不仅是中国学术话语的表达,也反映出步入新时代的中国如何更好地与周边和世界进行互动的问题。

第二节 既有的理论阐释

对中国国内而言,"一带一路"建设是中国新时期的重大国家发展战略,在经过了中国共产党全国代表大会、全国两会、周边外交工作座谈会、中央外事工作会议、中央经济工作会议等中央重要会议和一系列党和国家重要文件的反复确认之后,"一带一路"建设同长江三角洲区域一体化发展、京津冀协同发展、长江经济带发展、粤港澳大湾区建设共同构成了国家战略。对国际社会而言,"一带一路"建设是纵贯古今、统筹陆海、面向全球的世纪蓝图,是中国与世界的机遇之路。"一带一路"倡议反映的是中国新一代领导人对世界形势的看法,是据此提出的全新的外交和国际合作理念。自"一带一路"倡议提出后,学术界主要从地缘政治视角、国际公共产品理论、马克思主义相关理论、地缘经济学等方面进行阐释。

一、地缘政治视角

地缘政治视角是以安全为中心的战略研究,以麦金德(Halford Mackinder)的陆权论、马汉(Alfred Mahan)的海权论、斯皮克曼(Nicholas Spykman)的边缘地带理论、杜黑的空权论等为基础,强调对关键地带和关键领域的控制,从而主宰世界。自"一带一路"倡议提出后,地缘政治视角就迅速成为一些西方学者阐述分析的一个重要工具,这在当时美国宣布"亚太再平衡"的战略背景下显得更为突出。一些西方学者受古典地缘政治理论的影响较深,抛出"地缘政治工具论",将"一带一路"倡议视为中国的一项地缘政治工程和地缘政治抱负,理解为中国即将发动一场新的地缘政治博弈，是一种谋求在欧亚大陆创建政治经济势力范围的大战略[6]，或者认为，标志着中国的外交政策对地缘政治的考量进入了一个新的阶段。[7]他们着重分析了该倡议的政治意图、战略效应，以及对国际秩序主导权的影响。例如，艾尔弗雷德·麦科伊(Alfred Mccoy)认为，“一带一路”正在重塑全球权力的地缘政治基础。[8]卢西奥·布兰科·皮特罗(Lucio Blanco Pitlo III)同样认为，“一带一路”透露出政治和安全基础，“中国中心主义”色彩显而易见。[9]从地缘政治视角出发，一些国家担心“一带一路”建设对本国安全的影响。例如，日本有媒体认为，中国提出“一带一路”是在西面、西南以及南面扩张影响力。印度一些媒体也认为，地缘政治因素是“一带一路”的内在诉求，不容忽视“一带一路”对印度安全的影响。[10]

科林·弗林特(Colin Flint)和张晓通将这类解读归结为西方地缘政治精英的两种习惯性思维：“一是进行历史类比，将中国与历史上的大国相比照；二是通感，即想象中国会模仿自己，追求军事扩张和地区霸权。”[11]中国国家领导人曾在多个场合强调，“一带一路”绝不是什么“地缘政治工具”，而是共同发展的机遇。中国学者同样认为，“一带一路”是超越“东西南北”的狭隘地缘政治考量的国际合作模式和经济发展思路。孙灿和洪邮生将“一带一路”倡议看作是中国“合作式”地缘政治学创建的一次重要尝试，其本身性质与合作共赢的理念将力图打破“海陆两分法”，努力真正超越权力政治。[12]曾向红从批判地缘政治学视角提出，“一带一路”体现为一种“太极式的地缘政治想象”，实现了一种典范转换，即传统的以中心与边缘之间区分为特征的地缘政治想象及相关等级关系的崩溃，代之以不同国家、地区、文化或文明的互为中心、互为边疆的空间思维。[13]可以看到，当不少西方学者“拥抱”古典地缘政治学，以贴标签的方式审视“一带一路”建设时，中国学者正尝试对传统地缘政治学进行解构，并以合作共赢的价值观和陆海统筹的思维方式超越传统的地缘政治学或者构建新型地缘政治学。

二、国际公共产品理论

“公共产品”概念由保罗·萨缪尔森(Paul A. Samuelson)提出，经济学家普遍使用非竞争性和非排他性来界定公共产品。曼瑟尔·奥尔森(Mancur Olson)将这一概念应用于国际层面,提出“国际公共产品”概念。之后,学者们进一步将其细分为全球公共产品、区域性国际公共产品、区域间国际公共产品等。随着全球性问题的逐渐增多和中国的快速发展,中国在不同场合向国际社会提出,中国有能力也有意愿向国际社会提供公共产品。有学者认为,当前中国可以向世界提供的公共产品有四类:一是国际合作新理念和新模式;二是高效的设施互联互通;三是新的国际货币;四是新型国际金融组织。[14]“一带一路”倡议无疑是其中的重要组成部分。中国学界普遍认为,“一带一路”倡议是中国为地区和国际社会提供的公共产品,是促进全球互联互通、合作共赢的“中国方案”。[15]汪长明将“一带一路”向世界提供的公共产品分为四种类型,即互联互通新体系、金融合作新平台、国际交往新理念、全球治理新方案。[16]

“一带一路”建设被认为是一项国际公共产品正是因为其满足了非竞争性和非排他性的公共产品特征。王亚军指出,非竞争性体现在“一带一路”建设秉持开放合作原则,拒绝“零和”思维。一方面,参与的国家和组织日益增多,远远超出“一带一路”的预期范围。另一方面,更多国家和组织(既是建设者也是消费者)的参与不仅没有影响“一带一路”作为国际公共产品的产出,反而扩大了成果和影响。非排他性则体现在:第一,“一带一路”是新时期中国外交追求构建以合作共赢为核心的新型国际关系、打造人类命运共同体外交理念的生动实践,而这一理念的核心就是合作共赢、成果共享,促进各国共同走向和平与繁荣;第二,“一带一路”坚持共商共建共享原则,坚持开放合作,欢迎古代丝绸之路范围内外的各国参与建设并共享成果;第三,“一带一路”建设提升沿线国家互联互通水平,拉动经济社会发展的整体层次。[17]石静霞指出,目前全球治理框架下的公共产品供给存在三个缺口,即管辖缺口、参与缺口、激励缺口,而“一带一路”建设在一定程度上可以弥补这些缺口,从而有助于公共产品的提供。[18]

黄河将“一带一路”指向区域性或区域间公共产品,将“一带一路”公共产品定义为:“服务于‘一带一路’特定区域或跨区域,其成本又是由区域内或区域间国家共同分担的安排、机制或制度。”[19]沈铭辉和张中元认为,"一带一路"建设正是通过区域合作带来的公共产品正外部性效应实现沿线国家共同发展和共同繁荣。[20]陈明宝和陈平认为,"一带一路"本质上是中国主导的区域经济一体化,其目的是要针对当前亚太地区各种各样的国际公共产品进行整合,促使它们相互连接、相互促进,产生"1+1>2"的效应。[21]

由于公共产品的非竞争性和非排他性也会带来"集体行动的困境",因此,作为核心问题的公共产品的供给问题从一开始就得到了许多关注。不少学者认为,"一带一路"开创了国际公共产品供给的新模式。比如,田立加和高英彤将"一带一路"建设视为中国引导域内国家联合供给公共产品的行为,其成败受到"大国博弈""利益偏好""政治风险""集体认同"等变量的影响。[22]杨海燕则通过博弈论提出缓解供给困境的三种激励机制,即基于"小集团"模式、促进利他主义价值观以及利用多边合作机制的约束。[23]值得注意的是,从公共产品角度切入"一带一路"建设的基本上是中国学者,西方学者较少将两者联系在一起。

三、马克思主义视角

一些学者力求为共建"一带一路"提供一种马克思主义视域下的学理支撑和价值支持。许亮基于马克思主义历史观提出,"一带一路"是马克思主义历史观的实践与发展。一方面,在马克思主义理论中,生产力的发展使原先成为生产力阻碍的交往形式被新的交往形式代替。中国经济的迅速发展和长期积累的结构性矛盾使中国以更加积极主动的姿态走向世界,"一带一路"就是一项重要举措。另一方面,"一带一路"把中国的发展同沿线国家的发展结合起来,把中国梦同沿线各国人民的梦想结合起来,实现了马克思所说的"普遍交往"与"个人解放"的统一。[24]董宇坤和白暴力基于马克思主义政治经济学提出,"一带一路"是马克思主义政治经济学的创新,其植根于马克思主义经济理论基础,其中,合作基础植根于马克思主义社会交往理论,"一带一路"倡议注重沿线各国间的交往活动,包括经济交往、文化交往和社会交往,强调应加强"五通"实现"物畅其流、政通人和、互利互惠、共同发展";分工模式植根于马克思主义地域分工理论,"一带一路"倡议以分工协作,实现共赢为目标，力求做到合作、开放、包容和互利共赢，主动寻求利益契合点和合作面，坚持共商、共建、共享原则，加强与沿线国家政策沟通；动力来源植根于马克思主义生产力发展理论，“一带一路”建设既符合中国生产力发展需要，也符合沿线各国生产力发展需要。[25]郑伟和桑百川运用马克思主义世界市场失灵理论剖析“一带一路”的形成原因，他们提出，世界市场失灵在当今体现为发达国家对国际金融机构及先进生产技术的垄断；全球公共物品供给严重不足；“负外部性”问题频发；国际社会贫富差距拉大等。“一带一路”倡议的核心问题是把“一带一路”相关国家作为整体市场，而非一个个孤立的、分散的个体市场，完善其市场功能，解决其市场垄断问题，增加公共产品供给，缓解外部性问题，增进资源配置效率，促进落后国家经济开放开发，缩小各国发展差距，增进国际公平，实现世界经济长期稳定增长。[26]庄穆和吴美川则认为，“一带一路”所蕴含的思想实质是符合马克思主义的，在一定意义上是对马克思主义基本原理的运用和发展，马克思公共性思想能为现时代提供一种公共性理念，为“一带一路”建设提供一种公共性实践导向。[27]张峰以马克思、恩格斯的国际交往理论剖析“一带一路”的互动本质，指出“一带一路”是一种全方位的国际交往。[28]陈健认为，“一带一路”倡议具有深厚的马克思主义理论基础，其遵循马克思主义真正交往观、马克思主义美好生态观和马克思主义逆不平等观等理论逻辑。[29]苏岚从中国特色社会主义理论体系视角阐述“一带一路”，提出“一带一路”旨在提升中国在全球经济体系中的地位，从而促生有机性变革以满足中国自身发展的需求。同时，“一带一路”倡议为世界各国提供了一项充满中国智慧的共同发展的新方案。[30]

四、地缘经济视角

20 世纪 80 年代末 90 年代初，伴随着冷战的结束，未来的国际秩序走向开始引发学术界的广泛讨论。许多学者认为，经济力量的重要性正在显著增加，国家间博弈将逐渐由军事领域转向经济领域。美国国际问题专家爱德华・卢特沃克(Edward N. Luttwak)在 1990 年发表的论文《从地缘政治到地缘经济：冲突的逻辑、贸易法则》中首先提出

"地缘经济学"(geo-economics)概念,在三年后的著作《危机中的美国之梦:如何阻止美国变成一个第三世界国家和如何赢得工业霸权的地缘经济争夺》中,他又将概念进一步细化,奠定了现代地缘经济学的理论基础。他认为:"冷战的日渐式微使商业方式正在代替军事方式,即资本代替火力,民用创新代替军事技术进步,市场渗透代替海外驻军和基地。"[31]冷战结束后,国家之间的竞争和角逐并没有消失,而是以新的方式出现,"世界资源和世界市场成为国家之间争夺的焦点,地缘政治角逐正逐渐让位于地缘经济角逐"[32]。在这背后,是因为"国家本质上倾向于为相对优势而竞争"。之后,大多数学者赞同爱德华·卢特沃克的观点,将地缘经济作为一种追求地缘政治目标的政策工具,探讨一国如何使用经济手段来实现战略目标。桑贾亚·巴鲁(Sanjaya Baru)就将地缘经济作为一种大战略进行思考。[33]阿格尼丝·伯尼迦(Agnes Bernek)认为,地缘经济学是政治与空间互动关系的经济理解,21世纪的地缘政治大战略将主要通过经济手段来达成,大国地位将主要由经济力量来衡量,它是建立军事力量的基础。[34]

基于这一视角,不少学者认为,"一带一路"可以被称为中国当代全球地缘经济定位[35],是中国的地缘经济合作方略,强调地缘经济整合[36],体现地缘经济集体主义核心理念[37],能够拓展中国的地缘经济空间。[38]地缘经济视角有两个维度,一个维度将地缘经济视为地缘政治理论的经济版,同样遵循国家间冲突逻辑,强调"一带一路"对国际经济秩序和金融体系的挑战或替代。比如,米歇尔·杜(Michael M. Du)认为,"一带一路"旨在欧亚大陆腹地重塑地缘经济秩序。[39]还有学者提到,"一带一路"力求在东南亚和中亚形成人民币货币区,创造一个独特的金融体系,在贸易谈判中,中国也将从一个"温和者"转变为一个"强硬者"。[40]另一个维度较为温和,研究如何在固定的地理环境下通过经济互动来实现国家利益。学者们认为,推动中国东中西部均衡发展、扩大出口、陆上线路的多元化、减少对美国市场的依赖、确保资源的获取、增加对外投资、向经济价值链顶端攀升、向知识经济过渡、推动沿线各国发展等是"一带一路"的经济考量。当然,也有学者视"一带一路"为地缘经济理论的新发展,有助于"超出传统的地缘经济合作视野,将生产、货币、金融、贸易、投资、劳务等领域的整合性制度安排,推向全球所有对中国的发展或长期经济增长而言具备战略重要性的地区，增加中国与这些地区之间以及这些地区通过中国的相互依赖，使得中国成为联通这些重要领域和重要地区的一体化枢纽。”[41]孙吉胜认为，“一带一路”国际合作突破了同质性合作，是一种平等开放性合作和包容性合作；突破了简单的结果导向合作，是一种过程加结果导向的渐进性合作；突破了领域外溢合作，以互联互通推动多维合作；是共同利益合作对传统单方利益合作的超越，突出发展合作；是长期合作与短期合作相结合。[42]总的来看，西方学者更多认为“一带一路”为中国国内经济服务[43]，对地缘经济将产生较大影响。而中国学者则强调其对国内和沿线国家的双重贡献，是对国际经济秩序和金融体系的补充与完善，有助于促进南南合作、全球治理和全球化的再平衡。

此外，还有学者创造或运用制度分析[44]、“互联互通一体化模式”[45]、“战略经济”[46]、“新大陆主义”[47]、“全球价值双环流架构”[48]、“开放的地区主义”[49]、“全球供应链”[50]、“‘中国式’区域整合”[51]、“‘中国式’全球化路径”[52]、“全球品牌”[53]、“经济一体化”[54]、“尺度政治”[55]等概念阐述“一带一路”建设。应当来说，以上研究是对构建“一带一路”理论基础的重要尝试，具有较大的启发意义。有些分析对既有国际关系概念、框架和理论进行解构，在既有概念中融入新的内涵与价值；有些则尝试提出新的概念，着重阐述“一带一路”对传统国际关系知识的超越，这些都是非常有价值的探索。然而，以此对“一带一路”建设进行分析和阐释存在一定的不足。传统地缘政治学已是老旧过时的标签，遵循控制与冲突逻辑，隐含“中心—边缘”“核心—外围”的等级制结构，假设大国总是力图寻求世界的主导权和控制权，这难以体现“一带一路”所秉持的和平合作、开放包容、互学互鉴、互利共赢的价值观。立足于马克思主义相关理论的研究只是对“一带一路”的某个方面进行解释，还没有提出一个服务于“一带一路”的核心概念，有关研究也没有根据“一带一路”的创新实践对马克思主义相关理论进行继承性发展。国际公共产品理论虽然指明了“一带一路”建设的属性，很好地指明“一带一路”倡议的非排他性和非竞争性，但如陈伟光所言，在系统分析其起源、演进和发展的动态特征时，不易寻找到理论基点。[56]由于“一带一路”建设参与主体众多、合作内容丰富、合作形式多样，国际公共产品理论也仍然需要深度拓展。而已经在很大程度上被视为地缘政治理论经济版的“地缘经济学”也并不能很好地阐释“一带一路”建设；一体化理论涉及主权让渡，要求一个更高的机构对某一种秩序进行管理，这难以解释中国与“一带一路”沿线国家的合作，且容易让中小国家对与中国的合作感到疑虑和担心，“一带一路”的本意显然不在这里。事实上，既有研究中的一个关键问题是，当前的研究重点归根结底是在探讨“一带一路”建设的属性问题，即共建“一带一路”是什么？遗憾的是，许多研究就此结束，并没有对共建“一带一路”的框架和路径等议题做出进一步讨论，“一带一路”仍旧缺乏一个比较完整的理论分析。

第三节　本书的章节安排

从中国官方的定义来看，“一带一路”建设有五大重点合作领域，即政策沟通、设施联通、贸易畅通、资金融通、民心相通。其中，国际经济合作无疑是最重要且最显眼的。“一带一路”沿线大多是新兴经济体和发展中国家，总人口约 44 亿，经济总量约 21 万亿美元，分别约占全球的 63%和 29%，是世界上最具发展潜力的经济带。无论是“丝绸之路经济带”，还是“21 世纪海上丝绸之路”，都蕴含着以经济合作为基础和主轴的发展内涵。中国始终强调，共建“一带一路”是经济合作倡议。2015 年发布的《推动共建丝绸之路经济带和 21 世纪海上丝绸之路的愿景与行动》明确提出，共建“一带一路”旨在促进经济要素有序自由流动、资源高效配置和市场深度融合，推动沿线各国实现经济政策协调，开展更大范围、更高水平、更深层次的区域合作，共同打造开放、包容、均衡、普惠的区域经济合作架构。[57]

习近平总书记在 2016 年举行的推进“一带一路”建设工作座谈会上指出：“我们要厘清‘一带一路’建设的理论内涵，把道理说清楚、讲明白。要从全球价值链和产业链重构和延伸、区域合作等角度阐释‘一带一路’建设，突出‘一带一路’建设对加强区域整体振兴方面的积极作用。要结合构建以合作共赢为核心的新型国际关系，从周边外交、南南合作、全球治理等层面深挖‘一带一路’建设的理论内涵，形成一整套的理论成果。”[58] 与此同时，不少学者也将“一带一路”视为一种区域经济合作机制。比如,李向阳指出,“一带一路”倡议不是一个简单的自由贸易区协定,而是以发展为导向的新型区域经济合作机制,即以古丝绸之路为纽带、以互联互通为基础、以多元化合作机制为特征、以正确义利观为建设原则、以实现人类命运共同体为目标。[59]陈伟光、王燕认为:“一带一路”倡议应“最终打造以命运共同体为目标的新型区域经济合作机制。”[60]因此,从区域经济合作角度探讨共建“一带一路”是较为合适的,从这一角度出发的探讨在学术界仍然不多。

从实践看,“一带一路”建设确实以经济合作为主,中国与“一带一路”沿线国家在发展政策对接、基础设施投资、经济走廊、经贸合作区、产业园区、金融和贸易合作、创新和技术、海上合作、商业联系等领域取得了一系列合作成果,总体可以归纳为四个领域,一是推进基础设施互联互通;二是构筑互利共赢的产业合作;三是推进战略、规划、机制的对接,加强政策、规则、标准的联通;四是健全多元化投融资体系。其中,在基础设施建设领域,包括中老铁路、雅万高铁、瓜达尔港、中欧班列、蒙内铁路、亚吉铁路、匈塞铁路等;在产业合作领域,包括西哈努克港经济特区、中白工业园、马中关丹产业园、瓜达尔自由经济区等;在机制合作领域,包括“一带一路”国际合作高峰论坛、《“一带一路”融资指导原则》、中哈产能合作对话、中国匈牙利“一带一路”工作组等;在投融资体系方面,包括亚洲基础设施投资银行(以下简称“亚投行”)、丝路基金、“一带一路”产能合作投资基金、中国—东盟投资合作基金、中国—中东欧投资合作基金、中国—欧亚经济合作基金、中非产能合作基金等。

基于此,将共建“一带一路”简约为一项区域经济合作倡议,既能更好地将这一重大实践理论化,也能更广泛地涵盖其主要内容。需要说明的是,从区域经济合作角度,而不是从国际经济合作或多边主义等角度来阐释“一带一路”建设的原因有以下几个方面。首先,“一带一路”建设虽然越来越被视为一个国际合作平台,不具有排他性,但无疑具有地理范围的优先性,即亚欧非大陆。就像习近平主席在2023年10月第三届“一带一路”国际合作高峰论坛上所指出的,“一带一路”合作从亚欧大陆延伸到非洲和拉美,150多个国家、30多个国际组织签署共建“一带一路”合作文件。[61]共建“一带一路”旨在这一地区优先推动强连通的地理版图的形成。其次,产业合作是共建“一带一路”的重要内容,依托"一带一路"区域构建产业链合作体系是其重要目标。再次,"一带一路"建设旨在建立多元化的功能性合作机制,以满足各方在各个功能性议题中的渐进合作,但这些机制基本上还是在区域层面推进的。因此,本书从区域经济合作角度,以许多沿线国家都广泛接受和使用的"互联互通"为核心概念,尝试构建区域经济合作的互联互通理论,为"一带一路"建设提供理论基础。[62]

本书除导论和结论外共有六章。第一章在简述区域经济合作的一体化理论的基础上提出区域经济合作的互联互通理论,即一定区域内的主权国家以规划对接引领产业合作,并以基础设施建设为先导、以合作机制构建为支撑的一种区域经济合作模式,其中,产业合作是核心,基础设施建设与合作机制构建为产业合作服务。区域经济合作的最终目标是构建强连通的区域地理版图、区域产业链合作体系和多元化的功能性合作机制,区域经济合作遵循一条循环升级的发展路径。

第二章至第五章详细分析了互联互通理论的四个重要环节,即国家间合作发展规划引领、基础设施建设、产业合作、合作机制构建,并阐述了四者之间的互动联系。第二章以《"丝绸之路经济带"建设与"光明之路"新经济政策对接合作规划》和《建设中蒙俄经济走廊规划纲要》这两份具有典型意义的国家间合作发展规划为例,探讨其编制过程以及对区域经济合作的引领作用。第三章主要对基础设施建设进行阐述,分析了基础设施建设的发展过程和目标,并提出基础设施建设和产业合作是良性互动、适度匹配的,不仅遵循自身逻辑,也遵循互动逻辑,要探讨基础设施建设的产业基础和产业发展的基础设施条件。第四章聚焦区域产业链合作体系构建,主要分析了共建"一带一路"如何推动产业合作,以及中国与沿线国家如何依托"一带一路"从嵌入全球价值链向共建区域价值链转型发展,并阐述了这一过程中体现出来的资源整合模式,即国内层面的政银企合作和国际层面的第三方市场合作。与此同时,本章还分析了基建和产业的发展对机制建设的诉求。第五章探讨了"一带一路"的机制构建,在整理归纳了"一带一路"区域经济合作的现有机制的基础上,探讨了"一带一路"机制构建的主要特征和发展方向,以及对基建和产业的提升作用。

第六章主要阐述了"一带一路"区域经济合作中的中国作为,强调中国可以从资金、装备、标准、评价、规划这五个方面,为“一带一路”区域提供丰富的互联互通产品,推动区域经济合作进程,并逐渐提升中国在其中的作用。

注释

1.《国家发改委:中国已与152个国家、32个国际组织签署了200多份共建“一带一路”合作文件》,中国新闻网,http://www.chinanews.com.cn/cj/shipin/cns-d/2023/07-18/news965040.shtml。

2.《国新办“权威部门话开局”系列主题新闻发布会介绍“坚定信心,奋发有为,推动商务高质量发展迈出新步伐”》,国务院新闻办公室网站,http://www.scio.gov.cn/xwfb/gwyxwbgsxwfbh/wqfbh_2284/49421/49661/wz49663/202307/t20230704_724787_m.html。

3.《习近平在推进“一带一路”建设工作5周年座谈会上强调坚持对话协商共建共享合作共赢交流互鉴 推动共建“一带一路”走深走实造福人民》,载《人民日报》2018年8月28日。

4.《中华人民共和国国民经济和社会发展第十四个五年规划和2035年远景目标纲要》,国务院网站,http://www.gov.cn/xinwen/2021-03/13/content_5592681.htm。

5. 苏长和:《互联互通:理解国际关系的新词汇》,载《中国社会科学报》2015年12月8日。

6. Rumi Aoyama, "'One Belt, One Road': China's New Global Strategy", *Journal of Contemporary East Asia Studies*, Vol.5, No.2, 2016, p.7.

7. Christopher Hughes, "Reclassifying Chinese Nationalism: The Geopolitik Turn", *Journal of Contemporary China*, Vol.20, No.71, 2011, pp.601—620.

8. Alfred Mccoy, "The Geopolitics of American Global Decline", *The Unz Review*, July 7, 2015, http://www.unz.com/article/the-geopolitics-of-american-global-decline/.

9. Lucio Blanco Pitlo III, "China's 'One Belt, One Road' to Where?", *The Diplomat*, February 17, 2015, https://thediplomat.com/2015/02/chinas-one-belt-one-road-to-where. 持这类观点的还有,Priya Chacko and Kanishka Jayasuriya, "A Capitalising Foreign Policy: Regulatory Geographies and Transnationalised State Projects", *European Journal of International Relations*, Vol.24, No.1, 2018, pp.82—105。

10. 徐超、于品显:《金砖国家机制与“一带一路”倡议合作研究》,载《亚太经济》2017年第6期,第95页。

11. 科林·弗林特、张晓通:《“一带一路”与地缘政治理论创新》,载《外交评论》2016年第3期,第13页。

12. 孙灿、洪邮生:《国际体系视野下的“一带一路”倡议——国家经济外交运行的“平衡术”视角》,载《外交评论》2016年第6期,第12页。

13. 曾向红:《“一带一路”的地缘政治想象与地区合作》,载《世界经济与政治》2016年第1期,第52页。

14. 涂永红:《中国在“一带一路”建设中提供的全球公共物品》,载《光明日报》2015年6月22日,第5版。

15. 邹磊:《“一带一路”:合作共赢的中国方案》,上海:上海人民出版社2016年版,第2页。

16. 汪长明:《“一带一路”倡议的开放性》,载《国际观察》2018 年第 6 期,第 35—37 页。

17. 王亚军:《“一带一路”倡议的理论创新与典范价值》,载《世界经济与政治》2017 年第 3 期,第 4—14 页。

18. 石静霞:《“一带一路”倡议与国际法——基于国际公共产品供给视角的分析》,载《中国社会科学》2021 年第 1 期,第 162—163 页。

19. 黄河、戴丽婷:《“一带一路”公共产品与中国特色大国外交》,载《太平洋学报》2018 年第 8 期。

20. 沈铭辉、张中元:《“一带一路”机制化建设与包容性国际经济治理体系的构建——基于国际公共产品供给的视角》,载《新视野》2019 年第 3 期,第 109 页。

21. 陈明宝、陈平:《国际公共产品供给视角下“一带一路”的合作机制构建》,载《广东社会科学》2015 年第 5 期,第 10 页。

22. 田立加、高英彤:《“一带一路”建设中的公共产品供给研究》,载《晋阳学刊》2017 年第 4 期,第 114—119 页。

23. 杨海燕:《区域公共产品的供给困境与合作机制探析——基于合作博弈模型的分析》,载《复旦国际关系评论》,第十六辑,2015 年,第 16—33 页。

24. 许亮:《从“丝绸之路”到“一带一路”:一部人类共同体的演进史》,载《学术探索》2019 年第 3 期,第 139 页。

25. 董宇坤、白暴力:《“一带一路”战略的政治经济学分析——马克思主义政治经济学的丰富与发展》,载《陕西师范大学学报》(哲学社会科学版)2017 年第 3 期,第 18—25 页。

26. 郑伟、桑百川:《“一带一路”倡议的理论基础探析——基于世界市场失灵的视角》,载《东北亚论坛》2017 年第 2 期,第 94—105 页。

27. 庄穆、吴美川:《马克思公共性思想视域下“一带一路”的思考》,载《马克思主义研究》2017 年第 7 期,第 111 页。

28. 张峰:《马克思恩格斯的国际交往理论与“一带一路”建设》,载《马克思主义研究》2016 年第 5 期,第 68—75 页。

29. 陈健:《“一带一路”高质量发展的理论逻辑与实践方案》,载《财经问题研究》2021 年第 7 期,第 27 页。

30. 苏岚:《中国特色社会主义理论体系视角下的“一带一路”倡议》,载《东北亚论坛》2020 年第 2 期,第 102 页。

31. Edward N. Luttwak, “From Geopolitics to Geo-Economics: Logic of Conflict, Grammar of Commerce”, *The National Interest*, No.20, 1990, pp.17—23.

32. Edward N. Luttwak, *The Endangered American Dream: How to Stop the United States from Becoming a Third-World Country and How to Win the Geo-Economic Struggle for Industrial Supremacy*, New York: Simon & Schuster, 1993.

33. Sanjaya Baru, “Geo-Economics and Strategy”, *Survival*, Vol.54, No.3, 2012, pp.47—58.

34. Agnes Bernek, “The ‘Grand Chessboard’ of the 21st Century Geopolitical Strategies of the Multi-Polar World”, *National Security Review*, Special Issue/MMXV, 2015, pp.11—12.

35. A.阿姆列巴耶夫等:《上海合作组织与丝绸之路经济带建设前景》,载《俄罗斯研究》2015 年第 6 期,第 20 页。

36. 田文林:《“一带一路”:全球发展的中国构想》,载《现代国际关系》2017 年第 5 期,第 46 页。

37. 倪建军、陈旸:《“现代院论坛 2017:‘一带一路’的风险应对”会议综述》,载《现代国际关系》2017 年第 5 期,第 60 页。

38. 王生、张雪:《中美新型大国关系的构建:基础与障碍——基于对外战略核心理念的分析》,载《国际观察》2017 年第 5 期,第 39 页。

39. Michael M. Du, “China's ‘One Belt, One Road’ Initiative: Context, Focus, Institutions, and Implications”, *The Chinese Journal of Global Governance*, Vol.2, No.1, 2016, p.43.

40. Yakov Silin, et al., “China's Economic Interests in the ‘One Belt, One Road’ Initiative”, *SHS Web of Conferences*, Vol.39, No.3, pp.7—8.

41. 冯维江:《丝绸之路经济带战略的国际政治经济学分析》,载《当代亚太》2014 年第 6 期,第 79 页。

42. 孙吉胜:《“一带一路”与国际合作理论创新:文化、理念与实践》,载《国际问题研究》2020 年第 3 期,第 11—20 页。

43. Cem Nalbantoglu, “One Belt One Road Initiative: New Route on China's Change of Course to Growth”, *Open Journal of Social Sciences*, Vol.5, No.1, 2017, pp.87—99.

44. 陈伟光:《共建“一带一路”:一个基于制度分析的理论框架》,载《当代亚太》2021 年第 2 期。

45. 王玉主:《“一带一路”与亚洲一体化模式的重构》,北京:社会科学文献出版社 2015 年版。

46. 时殷弘:《中国对外战略的最新变迁:从战略军事为主到战略经济为主》,载《现代国际关系》2015 年第 1 期,第 21—23 页。

47. 杨成:《新大陆主义:跨欧亚一体化的战略图景》,载《文化纵横》2015 年第 3 期,第 20—29 页。

48. 张辉:《全球价值双环流架构下的“一带一路”战略》,载《经济科学》2015 年第 3 期,第 5—7 页。

49. 邵峰:《“一带一路”向世界发出明确信号》,载《人民论坛》2017 年第 27 期,第 84—86 页;Stephane Callens and Sofiane Cherfi, “The Intensive Exchanges Flows: About a ‘New Regionalism’: OBOR”, *Universal Journal of Management*, Vol. 5, No. 3, 2015, pp.124—132。

50. 丁俊发:《“一带一路”与全球供应链》,载《全球化》2016 年第 7 期,第 22—31 页;蔡进:《“一带一路”与国家供应链发展战略》,载《中国流通经济》2016 年第 1 期,第 25—30 页。

51. Peter Ferdinand, “Westward ho—the China Dream and ‘One Belt, One Road’: Chinese Foreign Policy under Xi Jinping”, *International Affairs*, Vol.92, No.4, 2016, pp.941—957.

52.《柯慕贤:“一带一路”是中国式全球化》,FT 中文网, http://www.ftchinese.com/story/001073197?full=y&ccode=2G172001。

53. Ravi Bhoothalingam, “The Silk Road as a Global Brand”, *China Report*, Vol.52, No.1, 2016, pp.45—52.

54. 谢来辉:《“一带一路”的理论本质是经济一体化》,载《辽宁大学学报》(哲学社会科学版)2019 年第 1 期,第 153—160 页。

55. 王丰龙等:《尺度理论视角下的“一带一路”战略解读》,载《地理科学》2016 年第 4 期。

56. 陈伟光:《共建“一带一路”:一个基于制度分析的理论框架》,载《当代亚太》2021 年第 2 期,第 25 页。

57.《授权发布:推动共建丝绸之路经济带和21世纪海上丝绸之路的愿景与行动》,新华网,http://www.xinhuanet.com/world/2015-03/28/c_1114793986.htm。

58.《习近平在推进“一带一路”建设工作座谈会上的讲话》,人民网,http://theory.people.com.cn/n1/2017/0703/c412914-29377905.html。

59. 李向阳:《论海上丝绸之路的多元化合作机制》,载《世界经济与政治》2014年第11期;李向阳:《“一带一路”的高质量发展与机制化建设》,载《世界经济与政治》2020年第5期。

60. 陈伟光、王燕:《共建“一带一路”:基于关系治理与规则治理的分析框架》,载《世界经济与政治》2016年第6期。

61.《习近平在第三届“一带一路”国际合作高峰论坛开幕式上的主旨演讲(全文)》,新华网,http://news.cn/politics/leaders/2023-10/18/c_1129922670.htm。

62. 虽然将“一带一路”建设视为一项区域经济合作倡议可能难以涵盖“一带一路”建设的方方面面,但理论化只能抓住“一带一路”建设的主要内容来进行,而从区域经济合作角度出发无疑能体现出“一带一路”建设的主要内容。此外,区域经济合作理论有许多种,互联互通理论仅是其中之一。

第一章
一体化与互联互通

15 世纪开始的地理大发现和新航线的开辟拉开了西方国家崛起的大幕,先后跨入工业革命的西方国家在极力壮大自身实力的同时展开了激烈的全球竞争,伴随而来的是西方的兴起与东方的衰落。同时,以西方概念为核心的社会科学知识逐渐涌入非西方世界,世界社会科学知识逐渐走向西方的一元论普遍主义,很多西方社会科学概念和知识成为世界上唯一的教科书,给非西方世界带来了重要的影响。作为区域合作的欧洲一体化实践就深刻地影响了世界上许多发展中区域的经济合作,而作为支撑这一实践的一体化理论也一直以来被誉为是区域合作的典范,如果没有遵循这一模式有可能被认为是失败的区域合作实践。然而,作为一定区域内增强经济联系密度的方式,基于不同的区情和条件,各个区域对区域合作的理解和实践并不完全一致。欧洲对区域合作的理解是一体化,而"一带一路"区域内国家对区域合作的理解更倾向于互联互通。作为东西方社会科学知识中的一个重要概念,需要从一开始就认识到区域合作在不同区域的不同理解和实践差异。

第一节　社会科学知识中的同"名"异"义"

西方兴起的历史,尤其是英国和美国的崛起过程表明,一个大国的崛起与维系离不开三大支柱,其一是物质力量的崛起与投射,其二是制度和治理能力的优势与推广,其三是社会科学知识体系的构筑与传播。大国崛起首先是以经济和军事实力为基础的物质力量的崛起,这是最为明显的。一个成功的崛起大国往往能够相对统筹与均衡地发展其经济和军事力量,并且以此促进原有的政治体制、社会结构、价值取向的深刻变革,这些变革又反过来为经济和军事力量的进一步提升以及经济结构的持续变革创造出新的空间和潜力。当然,物质力量的崛起显然同样是以其全球投射与运用为支撑的,这些西方国家或者与全球的自然资源富集地建立联系,或者直接建立殖民地,或者作为国际金融的枢纽,或者连通全球市场,甚至在很多情况下兼具各项。在这一进程中,国家与资本的紧密结合使得任何极端的手段都是可以被接受的。西方国家物质力量的崛起以及相比于世界上其他区域不断拉大的差距,在某种程度上似乎被认为凸显了西方国家在制度体系和治理能力上的优势,被按照物质力量划分出来的所谓先进国家和落后国家皆会在心理上倾向于将两者画上等号,即认为西方国家之所以先进,之所以物质力量发展迅速,正是因为其制度体系和治理能力更加健全且更有优势,这一优势不仅是与西方国家历史上的制度和治理比较得出的,也是与所谓落后国家的制度和治理比较而言的。因此,历史上发挥引领作用的西方国家时常会在投射物质力量的同时推广其制度模式。当然,西方国家的制度体系和治理能力在很大程度上是通过以概念为核心的社会科学知识来表达的。它们被高度提炼和抽象,清晰且简洁,形成系统性的知识体系,以此构筑起支撑西方国家快速崛起的坚不可摧的知识大厦。也正是加上了这一特性,切中当时时代之脉搏,契合西方国家具体实践的社会科学知识较为容易地向其他国家传播开来,国家发展的通用教材就一直以来以西方的版本为准。总的来说,西方世界的兴起不仅是物质力量的崛起,也是制度体系和治理能力的崛起,更是社会科学知识的崛起。回顾历史,英国和美国率先系统地建立起这三大支柱,并将三者统一于国家崛起与霸权维系之中。虽然,其他国家并非没有自己的文字、语词、概念、制度、思想、文化、文明,等等。但是,伴随着英国、美国等国的崛起及其在全球舞台上展开的竞争,西方世界的地方性知识、区域性知识逐渐依托相互作用和各种手段扩展为全球性知识,其不仅给世界各国的经济社会发展,也给世界各国的概念史、经济史、政治史、制度史、思想史、文化史等带来了广泛而深刻的影响。

“名非天造,必从其实。”对任何社会科学概念的理解都不应该仅有唯一的版本。事实上,伴随着近年来新兴经济体的群体性崛起,非西方国家已开始基于传统文化和发展实践创造性地提出新的概念和知识，他们正致力于结合自身实践重述这些概念，并尝试构造新的社会科学叙事。元叙事并非西方叙事的全球延伸，而是要从全球叙事中寻找。世界各国逐渐意识到社会科学知识中存在着同"名"异"义"的现象，开始重视社会科学概念的转换工作。同"名"异"义"即各国使用同样的语词，表达的含义具有相通的地方，但也有不同之处。如果用符号来表示，即一国的 A 不完全等于另一国的 A。社会科学知识中的同"名"代表着世界各国在一些议题上具有共通性，有些已上升为共同价值。这种共通性或共同价值之所以会产生，有些来自整个人类对事物理解的共同思维，有些来自西方与非西方世界的历史碰撞，有些沿着各国独立的历史轨道生发出来。而异"义"反映了各国对共同价值的表达基于各国特色的内生性实践，并不一定完全相同。

举例而言，东西方对理性的看法就有一定的不同。理性是西方经济学的核心假定，即个人能够权衡利弊，追求利益最大化。这种对理性的理解是以独立的个体为基础的。西方国际关系理论和公共选择理论同样从这一理解出发。而中国的理性是关系环境中的理性，是关系互动过程中的理性，利害权衡是在社会关系的网络场域之中展开的。[1]这样的理，用梁漱溟的话来说，不仅包括物理上的理，也包括人情上的理，即情理。[2]正因为东西方对理性的理解不同，将利益最大化视作理性的西方人很难理解中国人提出的正确的义利观，亲、诚、惠、容的周边外交理念，人类命运共同体等外交思想。而从内生性入手，从中国文化和精神出发，从关系理性来理解就迎刃而解了。

与"理性"类似的还有中西方对"法治"的不同看法，西方法学思想的目标是尽可能清楚地为概念下定义，并在实际案例中判别最精微的差异，法官的任务是决定一组既成事实是否为某一明确法律原则所辖、是否会引起明确的法律结果。[3]而中国人对"法"的理解是情、理、法的结合，既讲人情，也讲天理，又讲国法。当然，这里的人情并非人情世故和私情，而是特定社会时期人类普遍拥有的情感，是民情，是体现人性、反映民情、表达民意。[4]这也就是中国特色社会主义法治国家建设坚持依法治国和以德治国相结合的原因。中国人认为，法律是成文的道德，道德是内心的法律，法治和德治不可偏废、不可分离。[5]这无疑也受到了中国传统上礼法结合、以礼入法的影响。[6]

就各国都重视的“治理”而言，一些国家，尤其是发展中国家的合法性危机并不主要来自选举授权，而是来自无效政府，即执政党或中央政府把各方力量组织起来、整合到国家建设中去的能力不足。如果在这些国家仅推崇西方治理理论主张的“小政府”“去国家化”“没有政府的治理”“非政府组织”等概念，势必强化既有的国家与社会关系和固有的社会结构，使国家的资源整合能力更加弱化，国家建设也就更加难以展开。中国对治理的理解与西方有一定的差异。中国的治理不是为了解决市场失灵和政府失灵问题，而是针对社会主义市场经济体制不健全和政府职能转变不到位的问题。因此，在方法上，中国既坚持充分发挥市场在资源配置中的决定性作用，又坚持更好发挥政府作用，构建职责明确、依法行政的政府治理体系。[7]中国人对政府的理解是，政府的作用不在于大小，关键要做政府该做的事，分权和权威在国家治理中都是重要的，这是对西方治理理论和政府理论的重要补充。可以看到，中国的治理理论并不把政府和市场视为二元对立的关系，也不纠结于政府和市场孰好孰坏、政府与社会孰强孰弱的问题，而是从有机统一、相互补充、相互协调、相互促进的角度来理解和对待的。

再如“合法性”概念。西方国家之所以随意指责其他国家政府或执政党没有合法性，就在于其根据是西方世界流行的“选举授权产生合法性”这一命题，且将其视为唯一的标准。遗憾的是，当前中国学者在论及“合法性”这一概念时，要么同样引用“选举授权产生合法性”这一命题，要么溯源到马克斯·韦伯(Max Weber)对合法性的阐述，国内合法性探讨中最具影响力的都是西方学者。[8]实际上，中国政治哲学并非没有对合法性的讨论。天命、君正、民本构成了古代统治者和政府的合法性来源。当今世界，政治合法性已向世俗化转变，作为执政党的中国共产党一方面加强党的建设，另一方面保障和改善民生，这即为巩固党的执政地位。正如习近平总书记所说，人民拥护和支持是党执政的最牢固根基，人心向背关系党的生死存亡。[9]与民生相联系，中国还有一个极具特色的词是“民政”，中国共产党和中国政府通过民政这条纽带实际上调和了西方社会科学知识中国家与社会的二元对立关系。陈明明就将中国的政治发展战略称为“民生政治”[10]。可以看到，对合法性的理解应当是多元的，中国学者可以在基于自身实践和借鉴外国意义的基础上发展出自己对概念的新理解。苏长和就总结了合法性来源的五个方面，即价值体系、历史规律、民心向背、治理绩效、国际承认。[11]

“区域经济合作”概念同样如此。1950 年 5 月，法国“舒曼计划”拉开了欧洲一体化的序幕。冷战结束后，欧洲一体化被誉为当今世界最成功和发展程度最高的区域一体化，是区域一体化的典范。从广度上说，欧洲一体化从最早的法德煤钢联营发展到如今的欧盟，地理边界从西欧逐渐延伸到中东欧。从深度上说，经过一系列条约对欧共体/欧盟制度性框架的规定与改革后，欧洲经济一体化程度越来越深并逐步扩展到政治、安全与社会领域。在发展历程中，不仅其历史实践已成为欧洲最为荣耀的光辉履历，而且，支撑一体化进程的欧洲特色“理论产品”同样成为世界国际关系市场上拥有强大话语权的“畅销产品”之一。不过，区域经济合作的一体化理论显然是“欧洲中心论”的，以欧洲一体化为参照系比照其他区域的合作，认为应以欧洲一体化为模板，否则意味着区域经济合作的失败。因而，“制度化”“超国家性”等欧洲经验成为区域经济合作的“正统”变量。[12]这些学者要么习惯于用欧洲一体化理论工具解释其他区域的进展，要么借鉴欧洲经验对其他区域的合作提出政策建议。不少发展中区域深受欧洲一体化理论和实践的影响，紧跟欧洲一体化脚步，积极学习，甚至照搬照抄欧洲一体化的理论与经验。比如，南部非洲发展共同体和南方共同市场都将发展目标定为类似欧盟的政治经济一体化组织，把关税同盟作为重要的中期目标，但由于生产能力较为薄弱、基础设施建设水平较低等一系列因素，区域经济整合的步伐较为缓慢，关税同盟的建立时间表一拖再拖。实际上，世界上的各个区域虽然都使用“区域经济合作”这个语词，但对这个语词的理解并不是仅有欧洲一体化这一种版本，区域经济合作在本质上也并非基于特定的模式、标准或制度形态，只要国家之间的经济联系密度得到不断加深和增强，那就是区域经济合作。也就是说，各个区域完全可以根据具体的区情和条件走出自己的区域经济合作道路，进而发展出自己的区域经济合作理论。王正毅早就谈到，对于学术界而言，超越立足于欧洲区域合作经验的国际关系理论范式，在观念上重新建构欧美之外的区域合作经验，不仅在理论上是可能的，而且在现实中也是必要的。[13]总之,一体化只是区域经济合作的理论之一,在世界其他区域完全可以有其他的理论。

第二节　欧洲对区域合作的理解:一体化

任何区域合作理论始终无法脱离对现实的观察。欧洲的近代史是一部战争史,各国相互征战直至两次世界大战后才走上联合自强的道路,方法是把主权逐渐让渡给超国家机构,最终设想是建立一个政治联盟。欧洲学者很早就在探讨将欧洲建设为一种类似于联邦制的结构。欧洲的区域合作正是建立在一体化不断深化与扩展的基础之上。"一体化"的英文为"integration",更适合翻译为"整合"。也就是说,"一体化"或"整合"意味着欧洲各国从分散走向统一,从多元走向一致。"一体化"概念显然已经成为欧洲区域合作的理论内核。厄恩斯特·哈斯(Ernst Haas)认为,"一体化"指"说服来自不同国家的政治行为体将它们的效忠、期望和政治活动转向一个新的中心的过程,这个中心的组织机构拥有或要求掌握对已经存在的各民族国家的管辖权"[14]。这一定义无疑是聚焦于一个新的政治中心。

一体化理论作为欧洲对区域合作的理解或者说是概括欧洲区域合作模式的区域性知识体现了欧洲人的"求同"思维。根据一体化理论与实践,欧洲区域合作的发展遵循自由贸易协定、关税同盟、共同市场、经济联盟、政治联盟这一循序渐进的过程,其动力源于自动的"外溢"(新功能主义)和主动的政治谈判(自由政府间主义)的结合。一体化理论强调在越来越多"同"的基础之上达到区域整合。学者们经常用"多元一体"来描述欧洲一体化的进程与目标。[15]要最终确立"一体",消除大多数差异性是必要前提和过程。在欧洲一体化进程中,每提出一个新的阶段性目标,就会同时确立许多"同"的标准,比如"哥本哈根标准"。"同"的标准的确立和满足是一体化前进的动力。欧洲一体化试图在共同规则和共同价值基础之上建立政治联盟,因此,欧洲一体化是一个从分散走向统一,从多元走向一致的过程,它的核心是欧盟成员国的主权向新的政治中心的逐步让渡,而共同体则不断扩大其行动领域和权限,最终形成一个高于主权的统一的物质实体。这在很大程度上要求成员国之间的趋同。这一趋同过程主要体现在以下四个方面。

第一，构建欧盟政治体制。欧盟不仅规定欧盟法高于成员国国内法、确立了欧盟法对欧盟内所有法人的效力，推动了法律一体化，还建立了欧洲议会、欧盟委员会、欧洲法院以及欧洲中央银行、欧洲审计院、欧盟经济和社会委员会、欧盟地区委员会、欧洲警察局等机构。可以看出，欧盟政治架构完全是以国家为样板建立的。同时，对其透明度、民主、公众参与等问题的批评同样基于国家思维方式。尽管欧盟架构的权威性以及与国家相比在暴力垄断、征税权、外交权等方面的特征还相对薄弱，但统一有效的政治架构无疑是欧盟的长远目标。

第二，政策趋同。政策趋同主要体现在欧盟三大支柱的趋同建设。就经济政策趋同而言，《罗马条约》早就提出："应实施某些共同的原则和经济政策。对国内税率、竞争规则和财政收入等做出明确规定，在运输政策、贸易政策、经济发展政策和国际收支政策方面要求各国趋向接近和一致。"[16]此后十多年，欧洲经济共同体致力于削减内部关税、统一对外关税、建立共同农业政策。之后的《单一欧洲法令》旨在建立统一大市场，其中包括统一成员国之间的产品标准和技术规范、取消外汇管制、建立欧洲汇率体系等。《马斯特里赫特条约》提出的四项趋同标准，即物价趋同、政府预算趋同、汇率趋同和长期利率趋同，成为欧元进入正式流通的前提。当前，欧盟正在努力走向财政联盟。就司法与内务政策趋同而言，经过《阿姆斯特丹条约》《尼斯条约》《里斯本条约》的改革后，通过共同边境政策、共同避难政策、共同移民政策、警务合作政策等机制安排，司法与内务政策正在由"成员国主导的共同体机制"向"欧盟主导的共同体机制"逐渐转变。就共同外交和安全政策趋同而言，《马斯特里赫特条约》将其确立为欧盟三大支柱之一，并提出"共同立场""联合行动""共同声明"三个政策工具。《阿姆斯特丹条约》设置了共同外交与安全政策高级代表，新增"共同战略"政策工具。《里斯本条约》将"共同外交与安全政策高级代表"更名为"欧盟外交与安全政策高级代表"，并设立欧洲对外行动署。

第三，构建欧洲身份和认同。在一体化进程中，欧洲也使用一些超国家意义上的象征符号来构建欧洲身份。比如，现在使用的欧盟旗帜是早在1955年就由欧洲煤钢共同体设计的会旗。1972年，欧洲理事会开始使用贝多芬的《欢乐颂》作为会歌,欧洲还使用欧洲日、欧元、“让·莫内奖”、邮票、“欧洲电影节”、“欧洲文化月”、“欧盟地图”、“欧洲文学奖”、“欧洲环境年”等加强公民对欧盟的认同和归属感[17],试图以这些丰富的欧洲标识构建起一种超越国家边界的新身份和新认同。

第四,外围向中心的趋同。如果说前三类趋同体现在深化层面,那么这一趋同则体现在扩大层面。无论是西欧的扩大还是冷战之后的东扩,欧共体/欧盟对申请加入者都有相对应的条件。比如,1993 年欧盟哥本哈根首脑会议确定的入盟标准,简言之就是民主制度、市场经济,以及遵守欧盟经济货币联盟和政治联盟的标准。这些标准作为“欧洲化”力量对于外围国家向中心国家的趋同发挥着重要的标杆和引导作用,其他国家要加入欧盟必须在国内政策层面甚至是制度层面做出符合欧盟规定的改革。

当然,整个趋同过程并不统一,最大程度的趋同在经济领域,特别是欧元区;内务与司法、外交与安全领域虽然已部分“共同体化”,但政府间主义仍扮演着关键,甚至在危机时刻发挥了决定性的作用;在身份构建方面,各国的民族认同依然强烈,《欧盟宪法》遭遇否决、欧洲民粹主义的甚嚣尘上、英国脱欧等都是明显的案例;而外围向中心趋同的过程中,核心—边缘的等级化倾向愈发明显,“德法—欧元区—欧盟”形成的“多速欧洲”成为常态。此外,趋同过程并不总是一帆风顺、线性发展的。当今,欧盟成员国已经很多,其多样性和差异性与超国家层面统一的制度、规则和规范越来越难以协调。自 2009 年以来,伴随着接踵而至的欧洲主权债务危机、乌克兰危机、难民危机、英国脱欧、特朗普政府“美国优先”原则下的对欧政策以及民粹主义思潮和运动的风起云涌等多方面挑战,各成员国政府与超国家机构的博弈更加激烈。新冠肺炎疫情的暴发理应显现出一个强大和团结的欧盟,但疫情以来,欧盟成员国之间的离心力在增强,各成员国对欧盟的权威性和信任感有不同程度的下降,共同行动能力受到损害。“去一体化”已经成了当前欧盟研究的一个热点话题。[18] 当然,趋同过程本来就是在同与不同中矛盾发展。从总体来看,支持欧洲一体化的力量仍然占据主导地位,“去一体化”只是支流现象,[19] 目前遇到的问题并没有使趋同过程发生决定性逆转,对内统一、对外一致仍是欧洲一体化的目标。[20] 崔宏伟就认为,虽然多重危机导致欧盟超国家规制与成员国自主权之间张力加剧，但欧洲一体化具有一定的韧性，这种韧性主要源于高度相互依存的机制网络、法德引擎的推力及欧盟架构具有实现成员国能力目标的“功放器”作用。[21]

第三节　区域合作的另一种理解：互联互通

一、互联互通世界

中国同“一带一路”沿线国家对区域合作的理解显然更倾向于互联互通。从互联互通的角度看，整个人类至今的历史是一部互联互通的历史，只是不同历史阶段的互联互通程度有相当大的不同。在荒古时代，在现在中国境内，已有人种上之混合。[22]而在公元前3000年，美索不达米亚王朝的城邦就开始管理内部贸易以及与埃及和波斯之间的贸易。[23]在历史长河中，人类建立了各种形式的政治实体，包括部落、城邦、王朝、王国、帝国、主权国家等，无论何种实体，互联互通建设始终是重要任务。互联互通可以基于保卫疆界的需要。比如，从公元前220年开始，秦朝修筑了以咸阳为中心呈一巨大弧形向北面、东面和东南辐射的被称为驰道的公路，总长度达到6 800千米，这对于巩固统治至关重要。[24]同样的情况还出现于波斯帝国[25]和奥斯曼帝国历代诸王修建的道路网络和一些水路系统。互联互通也被当作扩大对外影响、征服他国领土的工具，这对于许多帝国来说尤其如此。罗马帝国修建了从首都通向帝国远方的道路系统，却是为持续的对外征战服务。另外，一些地理位置极佳并积极推动互联互通的王国能够从中获得比较优势甚至是垄断优势。比如，最终将索宁克王国提升到帝国的因素是它对地区贸易和穿越撒哈拉沙漠贸易的控制。[26]现在的新加坡亦是如此。当然，曾经的互联互通既有征服领土和维护统治的一面，也有互通有无和文化交融的一面。两汉开辟的丝绸之路把中国的丝绸运往罗马，也带回了罗马的玻璃、珍珠、亚麻布和黄金。在古希腊，畅通的海上贸易使比雷埃夫斯成为全希腊最大的港口和最便利的城市之一。[27]8世纪初，穆斯林从中国学到了造纸术，纸张的日渐普及使书写文字一时兴起。[28]

因此,从人类诞生到15世纪,神话、寓言、传说之流传;语言、习俗、血统之混合;文字、艺术、宗教、技术之传播;民族之迁徙、冲突与融合;商品、货物之交易;战争与和平之更迭等,均是历史长卷中的点点璀璨星光。只不过,在这一段长历史时期,这些事物之间的关联往往发生于并不算太远的地理范围,通常在部落、城邦、王朝、王国、公国、帝国等各种政治实体的内部、周边或区域中发生与进行,而区域与区域,或者说跨越洲际的相遇和接触则并不多见。即使存在一些,从现在的全球角度看,其频率和密度也是相当低的。因此,当人类还不知道世界的全貌之前,任何一个区域并没有显现出比其他区域更明显的优势,世界是无中心的或者说是多中心的,各个区域已习惯于独自建构以自己为主体的历史。

15世纪开始的地理大发现与新航线的开辟拉开了西方崛起的大幕。随后,凭借着对资本、资源、技术、信仰的追求与贪婪,先后跨入工业革命的几个西方国家在极力壮大自身实力的同时展开了越来越激烈的全球竞争,它们竞争的舞台也逐渐从西欧、北美最终拓展至了全球。人、财、物、智在"战争""现代性""结盟""统治""殖民""霸权"等词汇的出现和实践中开始紧密地发生着全球性联系,世界上的大多数国家就此不经意地被带入了以西方国家为主导的世界。这个世界再也不是由"分离的文明"所组成,它已成为从根本上相互关联的全球秩序。[29]"当今世界的文明体系正是曾经孤立的地区和文化体系相互激荡的结果,新技术、资本和地缘政治野心不断驱动并深化世界的联通。"[30]当然,从区域世界到全球世界,全球关联性的增强似乎不仅通过各种手段给各国带来了极为不平衡的现代化,更是在随后的几百年中创造出了相当大的不平等,东西方被认为不可避免地走向"大分流"。

冷战的结束拉开了真正意义上全球互联互通进程的大幕。世界基本上已由垂直整合的帝国和殖民体系让位于扁平的民族国家体系,建立主权国家这个"体"的任务基本完成,主权制度对国际秩序来说成为一项具有根本性原则的制度。一些国家喜好对抗、结盟、军备竞赛、分而治之、划分势力范围,以及滥用人道主义干预和"保护的责任"的做法越来越得不到国际社会的支持。如何在主权制度基础上推动国家之间更加平等、有序的互联互通成为一项新的议题,由"体"至"通"的转型正在推动国际秩序的进一步演化。每个国家和区域都在进行着丰富的互联互通实践。新的互联互通正在以功能性的发展合作建立起一个“合”的世界。世界各国正在通过互联互通激发出更大的生产力与生产效率,同时尽力规避互联互通中的一系列风险。互联互通已经成为这个时代的元模式,创造了治理和秩序的新可能[31],这也使互联互通具有更为积极与丰富的理论和实践内涵。苏长和对互联互通做出了概括:“互联互通改变着国家对权利、责任、利益的看法,主权仍然是良好全球治理和国际秩序的基石;当前困扰全球治理的国内制度障碍主要来自分权制衡的对立式制度体系,这类制度体系影响到全球治理和国际合作的质量;互联互通的发展为大国关系从传统对抗的治理结构走向协商的治理结构提供了机会;世界在互联互通的发展中逐步萌生出了人类命运共同体意识,通过人文交流和国际关系教育培育和谐共生的国际政治文化。”[32]在世界经济相互渗透、高度融合,国内国际经济的联动效益日益突出的今天,可以将互联互通的本质特征概括为“内外联动、关联共生”。“内外联动”是纵向协调,即对于任何国家,都要从更高层次统领国内国际两个大局。国内的制度设计与国际环境之间应当渐进调适、相互衔接、适度匹配。要统筹考虑和综合运用国际国内两个市场、两种资源、两类规则,推动国内关系与国际关系良性互动。“关联共生”是横向协调,即对于一个由主权国家构成的国际体系,各国发展不能仅仅注重本国利益。国际政治越来越是一种相互影响、相互联系的“关联政治”,强调在关联主权、关联责任、关联利益中构建集体理性的国际秩序,以构建利益共同体、责任共同体、命运共同体为最终目标。

二、“求通”思维

通常,我们想要认识两个事物,总是率先寻找它们的“同”与“不同”。欧洲一体化理论注重“求同”。然而,如果面对其他事物时,仅仅在表面上寻找其与自身的“同”与“不同”,那么,势必在思维和行动上与“不同”划清界限,甚至消灭“不同”,导向“敌”与“我”的二分法。“同”的方式很容易忽视各个事物之间的差异性。王玏指出,欧洲一体化理论几乎只考察一体化向前发展的单向运动,轻视了成员国之间在民族、宗教信仰、文化、经济等方面的复杂性与差异性,忽视了成员国及其民众在一体化实践中在成本—收益方面逐渐累积的不满与疑欧情绪,没有考虑到一体化进程可能出现的反复甚至倒退,更无法对离心事件进行前瞻预测并提供合理解释。[33]

如果面对其他事物,在“不同”中寻找共通性,则更容易导向“主体间”“我们”“共生”等思维,合作的广度和深度也会更大。互联互通正是这样一种思维方式。由于事物的普遍联系,无论物质世界还是理念世界,许多看似不同的事物背后都会存在一定的共通性。“通”是某些事物在“同”与“不同”方面的辩证统一。愚者求异,智者求同,仁者求通。[34]“求异”“求同”“求通”可以说是认识水平不断提升的三个阶段。国家与国家的交往不仅要寻找彼此之间的“同”与“不同”,更要寻找“通”的一面。中外很多名言表面上看似乎不同,但本质上具有一定的共通性。比如,欧洲有句谚语,“一盎司的行动胜过一吨重的语言”。中国古语说,“坐而言不如起而行”;中亚谚语说:“如果你的邻居富裕起来,你也从中受益。”中国人也常说,“朋友好,无价宝”;拉美谚语说:“众臂合力,无可匹敌。”中国也有句古话:“人心齐,泰山移。”非洲人常说,“一根原木盖不起一幢房屋”。中国人则说,“孤举者难起,众行者易趋”;阿富汗谚语说,“决心要攀登高峰,总能找到道路”。印度则常说:“水滴汇成溪,稻穗集成束。”缅甸人常说:“想,要凌云壮志;干,要脚踏实地。”中国人则经常提醒自己和他人,“千里之行,始于足下”。延伸到国家发展的议题上同样如此,世界各国的发展模式和发展道路虽然具有多样性,但同时又遵循不少共同价值,共同价值即共通性的表现。在多样性的基础上,各国在遵循共同价值的同时对其做出的表达并不相同,也就是说,共通性的存在代表了各国的发展基本上同向不同路,可谓条条大路通罗马,条条大路路不同。[35]“同向”为国际合作提供了前提和动力,“不同路”则提醒我们国家发展和国际合作没有统一的模式、唯一的标准、特定的版本。“通”可以说是代表了一种过程与目的的统一、形式与内容的统一、现象与本质的统一。

就区域合作而言,与欧洲一体化理论相对,互联互通是很多“一带一路”区域内国家[36]对区域合作的本土化理解,虽然也重视“同”,但更强调“通”,尊重差异性,注重差异性,致力于在差异性中寻找共通性。李景林指出,存在差异性本来就是世间万物的基本属性,而且,这种差异性具有肯定意义，道家称之为物之自然的“性”“命”，这是事物存在的界限[37]，也正是人类合理性的存在。这一论述实际上把差异性作为了一种本体论的存在。因此，“求通”的前提和过程是在最大程度上尊重和保留差异性。“‘通’所追求的不是标准化的‘同’或一致。简单地说，‘通’的意义是，成就差异以达成沟通，经由充分的个性化而构成‘共通性’的境域。”[38]在具有个性特色的个体之间形成“同”或“共同体”，这种“同”是完全脱离原来个体的外在内容，是对个性的磨灭。在具有个性特色的个体之间形成“通”或“共通体”，这种“通”则存在于原来个体之中，是对个性发展的鼓励，这也就是秦亚青所说的“共同进化”[39]，或者高奇琦所说的“开放性结合”或“差异性团结”。[40]与此同时，过快地、盲目地、刻意地追求“同”是看待世界的静态方法，虽然可能短期内达到表面上“同”的标准，但内部可能问题重重，变成“同而不和”。“通”是在充分沟通和理解基础之上的看待世界的动态方法，虽然缓慢，但更为合理，易被各方所接受，走向“和而不同”。实际上，近年来面对欧洲一体化进程中碰到的问题，欧洲政界和学者提出“差异性一体化”（Differentiated Integration）、“灵活性一体化”、“弹性一体化”等概念，将欧盟视为一个差异性整合的系统，这就是对欧洲“求同”方式的一种修正。

三、区域经济合作的条件差异

对区域合作的不同理解来自不同区域开展合作的条件差异，这些差异涉及地理形态、区域生产网络、各国发展和文化、历史条件，等等。这些差异使“一带一路”区域内国家开展区域合作几乎不可能像欧洲一样通过“同”的方式来解决。第一，地理形态差异。地理形态是“一带一路”沿线整体的地理格局。然而，很多研究都倾向于忽略地理形态，微观经济学也不会涉及空间的区位问题。“一带一路”建设的重点方向是亚洲，亚洲地域广阔，其面积是欧洲的4倍、欧盟的10倍，地势高、地表起伏大，中间高、周围低，隆起与凹陷相间是亚洲地形的总体特点，地形复杂多样，高原和山地约占总面积的75%。全洲大致以帕米尔高原为中心，一系列高大山脉向四方辐射延伸。大河大都源于中部高山地带，呈放射状向四面奔流。处于欧亚大陆中心的中亚国家均为内陆国家，高山较多,各国首都离出海口最近也要3 000公里以上。幅员辽阔的面积加上高原、沙漠等天然障碍,也造成沿线的中心地区和产业集群在地缘上的分离。亚洲的这些地质特征与以平原为主,平均海拔仅300米,总体面积不大,产业中心距离相近的欧洲有很大的差异。王玉主就此指出,西欧国家在推进区域合作进程中从地区实际出发形成的从自由贸易区建设起步的一体化模式并不适用于内部经济发展水平差异巨大、地缘上分散隔绝的亚洲。[41]

第二,区域生产网络差异。对于"一带一路"区域而言,虽然从地图上看这一区域作为一个互相毗邻的整体而存在。但相比于欧洲以水平分工和产业内分工为主的生产网络以及发达的区域内贸易,"一带一路"区域生产网络建立在各个经济体不同比较优势基础之上的垂直型分工,大多数区域内国家对外贸易和投资的重点是区域外市场,消费市场是区域外国家,被动地嵌入了以区域外发达国家的跨国公司为"链主"的全球产业链、供应链、价值链,美欧国家的市场需求尤其占据了主导地位。[42]一方面,"一带一路"区域内的贸易、投资和人员流动相当不充分,区域内贸易的份额大约仅30%出头。另一方面,"一带一路"区域内国家的双边贸易和投资关系相当不平衡。从双边贸易额来看,中国与"一带一路"区域内的贸易伙伴主要是马来西亚、越南、印度尼西亚、泰国、新加坡等东南亚国家,以及印度、俄罗斯等少数国家,与其他沿线国家的贸易联系非常少。中国与大多数沿线国家呈现贸易顺差并逐年扩大的趋势。从投资存量来看,中国在"一带一路"区域内投资存量较多的国家包括新加坡、俄罗斯、印度尼西亚、哈萨克斯坦、老挝、阿联酋、缅甸、巴基斯坦、印度、蒙古,在其他国家的投资存量较少。与此同时,"一带一路"区域内国家在贸易和投资不充分、不均衡的同时,贸易的质量也较低。近代以来,"海洋型"全球化在使"一带一路"的两端——欧盟和东亚——成为当今国际经济最活跃的两个主引擎的同时,也使内陆国家和沿边地区的发展始终滞后于临海国家和沿海地区,即大部分"一带一路"沿线国家事实上处在两个引擎之间的"凹陷地带",这些国家的工业基础较为薄弱,产业结构较为单一,地理条件较为不利,大多数国家只能以资源型产品和简单制造产品进入全球价值链,在经济全球化中获益有限。因此,这决定了中国与"一带一路"沿线国家的区域经济合作必须在开放的环境中展开，这较为有力地解释了亚洲坚持“开放的地区主义”的原因。

第三，各国发展和文化差异。正是“一带一路”区域内幅员辽阔以及天然屏障造成的区域隔离使得各国在发展道路、文化习俗、民族宗教、国家实力、营商环境等方面存在多样性。在发展道路上，既有资本主义道路，又有社会主义道路。在文化宗教上，“一带一路”区域内是世界各主要宗教的发源地。佛教、伊斯兰教、基督教、东正教、印度教等宗教在各国发展过程中扮演了重要的作用。在国际实力上，“一带一路”区域内既有新加坡等发达国家，也有老挝等欠发达国家，既有中国、俄罗斯等大国，也有文莱、马尔代夫等小国，国家综合实力和人均收入的差异很大。在营商环境上，一些高收入国家的投资条件、社会环境规则和法律制度已经相当完善和严格，另一些低收入国家或中等偏低收入国家的投资环境则存在较大的改善空间，社会环境规则等一系列制度和政策仍有待进一步完善和提高。

第四，历史因素包括政治因素和历史记忆等。历史遗产仍然是困扰国家间关系的重要因素。在欧洲，两次世界大战的历史遗产没有成为战后区域一体化的障碍，而在亚洲，这一历史遗产几乎影响到了所有的大国关系，如中日关系、韩日关系、俄日关系、印巴关系、中印关系等。[43]目前，“一带一路”区域内国家之间主要由历史遗产导致的政治争端和政治互信的不足仍然较为严重地阻碍了进一步的双边、多边和区域经济合作。与此同时，相比于欧洲，“一带一路”区域内国家的独立时间均不长，目前的主要任务依然是维护国家主权和独立，如果区域合作要求让渡主权，大多数国家就会缺乏兴趣。这一点对于理解“一带一路”区域内国家的区域合作和欧洲区域合作的差异非常重要。

以上这些差异使各方在区域合作中的认知态度、合作目标、利益诉求、妥协程度等方面有很大不同。因此，在理念上，要在保留较大的差异性中开展区域合作，必须寻求“通”的路径，区域合作必须在保证国家主权而不是在让渡国家主权的前提下进行，甚至对不少国家来说，国家主权并不必然就是区域合作和协同发展的障碍和壁垒，其本身可以被作为一种强大而重要的资源，很多时候能够为区域合作提供强大动力，发挥协同发展的优势。由此推导，“一带一路”区域合作一方面并非致力于形成一个超越各国主权的新的“实体”,而是以各主权国家的“体”为基础。另一方面,也不追求各国达成一致的“同”,而是更加重视彼此之间的“通”,以“共通体”为建设目标,实现“共”“通”“体”之间的统一,其中,“体”代表了国家主权是国际关系和区域合作的基础,主权平等是规范国家间关系最重要的准则。国家不分大小、强弱、贫富,主权和尊严必须得到尊重,内政不容干涉,都能平等地参与区域经济合作。通,“达也”[44],即在各国主权制度的基础上推进互联互通建设,中国提出的方法是“五通”,即政策沟通、设施联通、贸易畅通、资金融通、民心相通。“共”是中国外交中一个具有鲜明特色的词,中国经常在国际场合谈到“人类命运共同体”“共同价值”“共商共建共享”“和平共享”“合作共赢”“美美与共”等,共通体中的“共”代表了各个主权国家在区域经济合作中的获益是相对均衡的,在发展本国利益时兼顾别国的发展需要与合理关切。区域经济合作的“共通体”的目标并非致力于一体化理论的政治联盟,而是旨在国家主权基础上推进区域互联互通,并使各国得到共同发展。简单来说,即共建“一带一路”旨在“体”的基础上由“通”至“共”。互联互通不应仅被简单地理解为符合既有的一体化理论与欧洲实践,而应成为与“一体化”并行的一个区域经济合作理论。

第四节　区域经济合作的互联互通理论

一、亚洲的区域化

冷战结束后,伴随着信息技术的革命、全球市场的统一、以中国为首的新兴经济体加快对外开放,经济全球化迅猛发展。据统计,1990—2007年,全球贸易增速比实际国内生产总值(GDP)增速平均高出2.1倍。2008年国际金融危机后,尤其是2011年之后,全球贸易额年均增速大多低于实际GDP增速,全球分工明显放缓,全球产业链缩短,贸易强度下降。从全球价值链来看,全球价值链的扩张在2011—2013年达到顶峰,增加值部分占到全球贸易额的四分之三。但近年来全球价值链的扩张却一直停滞不前。全球化正逐渐由“快速”转为“慢速”,进入了“慢全球化”阶段。

与此同时，区域化、近岸化、本地化趋势明显。国际顶尖物流公司TNT公司首席执行官彼得·巴克（Peter Bakker）曾谈到，全球化正在消亡，当前的经济转型就是由全球化转向洲际化，商品和贸易的大部分增长是在洲际市场实现的。慢下来的全球化呈现出越来越明显的区域化趋势，邻国市场效应尤为明显。东盟成为中国第一大贸易伙伴，墨西哥成为美国第一大贸易伙伴，德国成为欧洲许多国家第一大贸易伙伴。2008年以来，区域间贸易增速以及其在全球贸易总额中的比重明显低于区域内贸易。新冠肺炎疫情暴露了全球供应链的脆弱。据统计，全球140多种重要产品中，有70％集中在一国生产，这就使各国更加注重供应链安全，制定法案和政策试图将供应链转移到近岸或本国。比如，拜登政府近年来出台《芯片和科学法案》、《削减通货膨胀法案》、“购买美国货”行政令等，欧盟推出《芯片法案》、《关键原材料弹性》、“REPowerEU”计划等，旨在推动半导体、清洁能源、新能源汽车、关键原材料等实现供应链的本地化，提高自主生产能力。中国则提出了加快构建新发展格局。这些都将推动区域化的演变。

在区域化过程中，亚洲区域化倾向尤为明显。从贸易来看，根据博鳌亚洲论坛《亚洲经济前景及一体化进程2023年度报告》，2021年亚洲经济体对亚洲的贸易依存度为57.4％，依然保持在较高水平，其中，东盟国家对亚洲经济体贸易依存度相对最高，维持在70％附近，其次是韩国和日本，分别为61％和60％，中国则保持在50％左右。同时，从全球看，世界对亚洲的货物贸易依存度整体保持上升趋势。[45]亚洲经济体之间双边贸易规模持续增加，中国和日本在亚洲贸易中扮演着重要角色。从投资来看，亚洲经济体的主要外资来源地仍是亚洲内部。2021年亚洲直接投资对自身的依存度接近60％，尽管低于2020年的65％，但显著高于疫情前2019年的44.78％。2021年，对亚洲外商直接投资流量依赖程度排名前三的经济体是澳大利亚、印度尼西亚、中国。从金融来看，截至2022年末，亚洲经济体签署的处于存续期的本币互换协议达到26份。其中，中国与亚洲经济体签署的本币互换协议规模达到1.973万亿元人民币，其他亚洲经济体间签署的协议规模达到1 135亿美元。[46]2020年底，《区域全面经济伙伴关系协定》正式签署，其逐步实施，尤其是原产地累积规则，为区域和全球经济增长注入了强劲动力，吸引内外部区域投资进一步向该区域聚集，推动形成东亚区域经济一体化。由此，从长期来看，大多数亚洲经济体对亚洲的贸易和投资依存度将继续增强，全球大多数主要经济体对亚洲经济体的依存度也将进一步提升。帕拉格·康纳(Parag Khanna)甚至认为:"西方作为亚洲国家投资的来源地和出口目的地，亚洲的发展中国家能否与其'脱钩'，不再依赖西方，答案越来越倾向于'是'。亚洲各国的经济情况多种多样，既能大批量生产商品，也能提供高端的产品和服务，而且亚洲内部还存在着巨大的收入差距，只有专注于满足彼此日益增长的需求才能获得最大收益。"[47]

作为亚洲最大的经济体，中国在亚洲经济发展中的地位进一步增强。2023年中国国内生产总值突破126万亿元，稳居世界第二位。在贸易方面，中国已经是大多数周边国家的第一大贸易伙伴，在亚洲中间产品贸易中占据主导地位，在交易量最大的22种中间产品中，中国有20种处于领先地位。2020年东盟首次成为中国第一大贸易伙伴，使中国与东盟的贸易关系在亚洲贸易中居于核心地位。在投资方面，2021年中国全年实际使用外资达到1 809.6亿美元的历史最高水平，增速达21.2%。新设外资企业4.8万家，同比增长23.5%。中国实际使用外资占全球跨国投资的比重从2017年的8.3%波动上升至11.4%。2022年，中国对外全行业直接投资9 853.7亿元人民币，在"一带一路"沿线国家非金融类直接投资1 410.5亿元人民币，主要投向新加坡、印度尼西亚、马来西亚、泰国、越南、巴基斯坦、阿拉伯联合酋长国、柬埔寨、塞尔维亚和孟加拉国等国家。在产业链方面，亚洲，尤其是东亚有许多优势产业，汽车及其零部件、钢铁、液晶电视、液晶面板、电话、智能手机、半导体等产业链均集中在这里。这就使零部件产品贸易成为近十年来亚洲经济体之间贸易增长的核心。中国在亚洲生产网络中始终起到关键作用，快速的经济发展促进了亚洲制造的崛起壮大。疫情的暴发虽然导致中国和亚洲部分生产网络的中断，也使各国在贸易和投资中更加注重区域化和安全因素。但中长期看，亚洲的制造业中心地位不会出现转移。亚洲主要经济体仍将高度依赖亚洲工厂，亚洲工厂对中国的依赖程度也将远高于美国、日本和其他经济体。中国及其周边地区在世界经济版图上的重要性将进一步提升。为此，亚洲区域合作仍在持续推进过程中，互联互通是一条主要的实践路径。

二、互联互通的提出

“互联互通”(connectivity)是根植于中国与“一带一路”沿线国家，尤其是亚洲区域的一个概念。互联互通实践在冷战结束后就已展开。亚洲开发银行很早就开始使用互联互通概念，主要用来指涉基础设施建设项目。东盟较早提出互联互通概念并确立其内涵。2010 年，第十七届东盟首脑会议通过《东盟互联互通总体规划》，确立了东盟互联互通的三大支柱，即基础设施互联互通、机制互联互通和民间互联互通，作为推进东盟共同体建设的重要手段。其中，基础设施互联互通包括交通运输、信息与通信技术、能源网络等；机制互联互通包括贸易和投资的便利化和自由化、区域运输协议、劳动力自由流动等；民间互联互通包括人口流动、教育、文化、旅游业的交流与合作等。此后，东盟的互联互通开始向“东盟—中国”，“东盟—中日韩”扩展，得到了区域各国的支持和认可，互联互通也成了区域合作领域的一个时髦概念。2013 年，作为东道国的印度尼西亚把互联互通概念引入亚洲太平洋经济合作组织的合作进程，使这一概念的使用范围继续扩展。

中国虽然不是互联互通的首创者，却是互联互通的积极推动者。“互联互通”最早出现在党的十八大报告中，报告指出：“统筹双边、多边、区域次区域开放合作，加快实施自由贸易区战略，推动同周边国家互联互通。”[48] 2013 年 9 月，中国国家主席习近平在提出“一带一路”倡议的同时，首次阐述互联互通的基本内涵，即政策沟通、道路联通、贸易畅通、货币流通、民心相通。2014 年 11 月，习近平主席在“加强互联互通伙伴关系”东道主伙伴对话会上进一步对“互联互通”做出深刻阐述。他指出，我们要建设的互联互通是基础设施、制度规章、人员交流三位一体，是政策沟通、设施联通、贸易畅通、资金融通、民心相通五大领域齐头并进。[49]同期举行的亚洲太平洋经济合作组织第二十二次领导人非正式会议又提出硬件、软件和人员交往互联互通三大支柱的具体举措，会议通过《亚太经合组织互联互通蓝图(2015—2025)》，并决心在

2025 年前实现无缝、全面联接和融合亚太的远景目标。同时,为落实和加强互联互通建设,中国发布《推动共建“一带一路”的愿景与行动》,创设了亚洲基础设施投资银行和丝路基金,中国与东盟成立了互联互通合作委员会,设立了中国—东盟投资合作基金、中国—东盟海上合作基金和中国—东盟基础设施专项贷款,并倡导建设周边命运共同体。丰富的实践基础、广泛的民众认同、热门的外交词汇、迅速的规划部署和制度建设使互联互通成为共建“一带一路”和亚洲区域合作的代名词。

不少学者已经对“互联互通”做出界定。比如,隆国强认为,互联互通有广义和狭义之分。广义上包括实体、政府和民间的互联互通,狭义上指交通、通信、能源等基础设施的互联互通。[50]王玉主提出,互联互通是“一种符合区域一体化要求的,包括传统的基础设施建设、制度性自由化安排以及人员互动和交流三个领域,服务区域经济体加强沟通合作的措施或手段,及这些措施落实后达到的状态”[51]。可以看到,学者们主要从合作的内容对互联互通进行定义,但并没有提出互联互通的过程、目标和本质。“一带一路”区域内部的自由流动既不充分也不均衡,其重要原因在于大多数国家的产业没有发展起来,较强的生产能力还不具备。毕竟,离开货物强调流动是没有意义的。从实际的发展条件来看,“一带一路”沿线有不少地区拥有地理优势,不少地区蕴藏丰富的资源能源,不少地区拥有较大的劳动力成本优势,不少地区拥有一定的高素质人力资源,具有很大的发展潜力。基于此,共建“一带一路”不仅致力于增强区域内部的自由流动,更要将比较优势转化为产业优势和发展优势,推动构建互利共赢的产业链合作体系,并且让自由流动为产业链合作体系服务,也就是说,“一带一路”区域合作既要促进流动,也要发展产业,流动是基础,产业是核心,两者缺一不可。

三、互联互通理论

为了与欧洲一体化理论相区别,本书将各国都广泛接受的“互联互通”作为核心概念,将“一带一路”区域经济合作称为互联互通理论,将其界定为：一定区域内的主权国家以规划对接引领产业合作，并以基础设施建设为先导、以合作机制构建为支撑的一种区域经济合作。其中，规划对接是引领，产业合作是核心，基础设施建设与合作机制构建为产业合作服务，相互之间适度匹配。区域经济合作的最终目标是构建区域共通体，具体包括构建强连通的区域地理版图、区域产业链合作体系和多元化的功能性合作机制。这一区域经济合作在总体上呈现循环升级的发展过程。

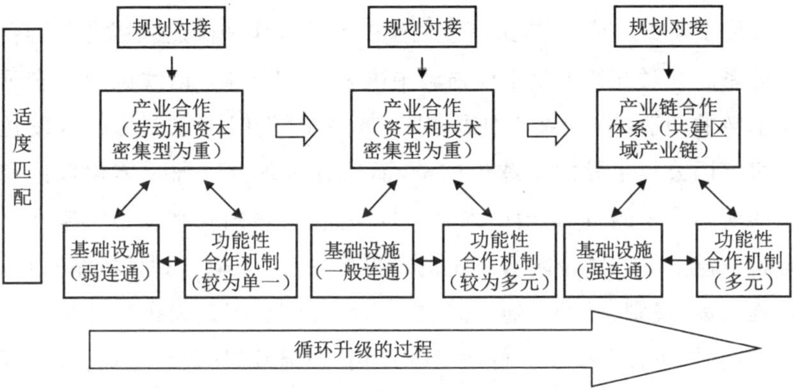

图 1.1　区域经济合作的互联互通理论

规划对接反映了区域内各国中长期发展规划中的契合点，是基于各国发展战略和比较优势形成国家间共同规划的过程，是产业合作的前提，对国家间和区域内的产业合作形成指引、支撑和约束，也对基础设施建设与合作机制构建做出指导。产业合作及产业链合作体系构建是“一带一路”区域经济合作的核心内容，主要包括三个方面：其一，中国继续深度嵌入发达国家跨国公司的全球价值链并在其中不断攀升；其二，中国推动“一带一路”沿线国家嵌入全球价值链或与中国协同嵌入全球价值链；其三，中国与沿线国家依托“一带一路”共建区域供应链、产业链、价值链。实际上，共建“一带一路”高质量发展的一个重要标准就是中国是否能够依托“一带一路”构建起一个中国深度融入和发挥主导作用的互利共赢的产业链合作体系，推动中国与沿线国家在一些领域向全球价值链的高端迈进。基础设施建设与合作机制构建旨在畅通和提升产业合作水平，其中，基础设施建设通常是先导，为产业合作和产业链构建消除物理障碍,合作机制构建是保障,旨在畅通产业合作和产业链构建过程中的机制性障碍。

区域经济合作的互联互通理论具有五个特点,分别为整体性、过程性、平等性、开放性、延伸性。第一,整体性。互联互通理论涵盖了共建“一带一路”的主要合作内容。作为一项区域经济合作倡议,共建“一带一路”主要涉及四大领域,首先,推进基础设施建设。这是欧洲一体化忽视的重要内容。欧洲一体化对制度障碍尤为重视,致力于消除全部的关税和非关税壁垒,建设统一大市场,但对于基础设施这一物理障碍的关注度较少。其次,推进互利共赢的产业合作和构建区域产业链合作体系。互联互通理论不仅强调中国和“一带一路”沿线国家对全球价值链的塑造,也强调了中国和“一带一路”沿线国家深度融入发达国家跨国公司主导的全球价值链,而后者是既有欧洲一体化理论和实践所不涉及的,这是由中国、“一带一路”沿线国家和发达国家在全球价值链上的不同位阶来决定的。再次,推进战略、规划、机制对接,加强政策、规则、标准联通。共建“一带一路”在强调发挥企业主导作用的同时,也强调要发挥好政府的作用,加强政府间合作,而战略、规划、机制的对接,政策、规则、标准的联通是政府在“一带一路”建设中更好地发挥作用的重要体现,在区域经济合作中具有鲜明特色。最后,健全多元化投融资体系。资金是顺利实施互联互通项目,尤其是基础设施项目的关键条件,由于基础设施建设具有投资规模大、建设周期长、收益较少等特点,市场一般不愿意投资,而仅靠政府投资也是不够的。为此,互联互通理论强调大国在区域经济合作中的作用,尤其是资金支持能力,以及大国通过搭建平台,引导、组织、调动其他国家和社会资本加入的动员能力,以多元化的投融资体系推动项目的实施。可以看到,推进战略、规划、机制对接,加强政策、规则、标准联通以及健全多元化投融资体系正是对应了互联互通理论中合作机制的构建。因此,互联互通理论将这四大领域囊括其中,并且强调这些领域之间的紧密联系和发展特性,尝试将整体性和过程性植入区域经济合作理论。

第二,过程性。欧洲一体化有一个不断上升的线性发展过程,即自由贸易协定、关税同盟、共同市场、经济联盟、政治联盟这一循序渐进的过程。互联互通理论强调依托区域经济合作由嵌入全球价值链向共建区域价值链发展。这是由中国与大多数"一带一路"沿线国家仍然处在全球价值链中低端的位置决定的。毕竟,当前,大多数产业的权力仍高度集中在发达国家的大型跨国公司,其掌控着绝大部分市场、最先进的技术和高附加值,尤其是在技术能力和品牌能力上领先。因此,中国和"一带一路"沿线国家的经济和产业合作,属于一种外向型的经济合作,需要纳入外部要素,区域经济合作的首要任务是嵌入全球产业链,之后随着合作的深化依托区域逐渐在一些领域塑造具有主导性的区域产业链。与此同时,规划对接、基础设施建设与合作机制构建伴随着嵌入全球产业链到主导部分区域产业链的发展过程,并在每一个阶段遵循规划对接先行,以基础设施建设为先导,以产业合作为核心,以合作机制构建为支撑的过程。因此,区域经济合作的互联互通理论呈现出一个循环升级的发展过程。

第三,平等性。欧洲一体化理论的关键词是"趋同",区域经济合作要求各成员国让渡相当一部分主权,在政策、认同等多方面形成趋同,而且对于希望加入欧盟的国家也提出了相应的要求,只有满足了所有要求才能加入。德国和法国在欧洲一体化实践中影响较大。互联互通理论尊重各国的国家主权、发展模式和发展道路,区域经济合作不由区域大国的意志来决定。"对接"是平等性的重要体现。为尽可能保留国家主权,互联互通理论通过对接来推动合作,即通过战略和规划的对接,形成各国在产业、市场、机制、规则、标准、数据、项目等方面的对接,这些对接并不改变一国的发展模式和发展道路,而是寻求各国发展过程中的"互助点",通过一国优质资源和另一国发展需求的结合形成合作领域和项目,在助力各国发展战略和道路的基础上形成互利共赢的产业链合作体系。

第四,开放性。欧洲一体化建立在最优货币区理论、关税同盟理论等基础之上,对内确实极大促进了人、财、物、智的自由流动,但也以标准为限拒绝他者进入,更像是一个区域经济集团,具有歧视性和排他性。区域经济合作的互联互通理论强调区域经济合作的开放性,即产业合作并不封闭于特定区域内部,而是与全球产业链发生紧密联系。因此,区域经济合作对参与国家的属性没有要求,也不谋求形成区域经济集团,不设定特殊的利益惠及对象,不搞强制性利益分配、转移和补偿。而是欢迎所有国家参与其中,中国也致力于同世界各国对接发展战略和发展规划,与世界各国开展合作,各方都能从参与、合作中获益,各方的获益和自身禀赋、参与深度紧密相关,以此形成一个平等、通达、共享的关系网络。这一点类似于区域合作理论所讲的“开放的地区主义”。

第五,延伸性。区域经济合作的非排他性也衍生出了一个新的特点,即延伸性。在现有的区域经济合作组织和实践中,大多数都是以政治划定的区域地理为界,在地理上相互毗邻的国家之间发展起来,限定在一个区域或次区域,如欧盟的前身是西欧国家组建的欧洲经济共同体,当前也仍然局限于欧洲;北美自由贸易区是以美国、加拿大和墨西哥三国为基础组建的;南方共同市场最初由阿根廷、巴西、乌拉圭和巴拉圭四国组建,现在也局限于南美洲国家;东盟则集中于东南亚国家。南亚区域合作联盟、阿拉伯国家联盟、非洲联盟、加勒比国家联盟、西非国家经济共同体、太平洋岛国论坛、澜沧江—湄公河合作等均是如此,这些地理上相互毗邻的国家,一方面在经济上的联系比较密切,另一方面更容易组建区域经济合作组织,如自由贸易区、关税同盟、共同市场等。即使有亚太经合组织、《跨大西洋贸易与投资伙伴协定》、《全面与进步跨太平洋伙伴关系协定》、《区域全面经济伙伴关系协定》等跨越洲际的超大型区域经济合作在近年来频繁出现,但参与成员仍具有一定的区域限定性。而共建“一带一路”既强调以亚欧非大陆为重点,又强调向所有志同道合的国家开放,区域经济合作兼顾了优先性和开放性,不再以政治划定的区域地理为界,因“通”的维度不受限制而具有了动态层面的延伸性,这种延伸性的范围取决于区域内国家在发展战略、比较优势和政治互信等方面的契合度。

注释

1. 秦亚青:《关系与过程:中国国际关系理论的文化构建》,上海:上海人民出版社2012年版,第63页。

2. 梁漱溟:《中国文化要义》,上海:上海人民出版社2011年版,第123页。

3. [美]弗雷德里克·沃特金斯:《西方政治传统:近代自由主义之发展》,李丰斌译,桂林:广西师范大学出版社2016年版,第11页。

4. 张书勤:《司法过程中如何处理情理法关系》,载《检察日报》2018 年 8 月 21 日,第 3 版。

5.《习近平谈治国理政》(第二卷),北京:外文出版社 2017 年版,第 133 页。

6. 瞿同祖:《中国法律与中国社会》,北京:商务印书馆 2010 年版。

7.《中共中央关于坚持和完善中国特色社会主义制度推进国家治理体系和治理能力现代化若干重大问题的决定》,新华网,http://www.xinhuanet.com//mrdx/2019-11/06/c_138532143.htm。

8. 曾敬涵:《合法性研究:中西方学界看法为何如此不同》,载《经济社会体制比较》2014 年第 5 期,第 111—112 页。

9.《习近平谈治国理政》,北京:外文出版社 2014 年版,第 386 页。

10. 陈明明:《以民生政治为基本导向的政治发展战略》,载《江苏社会科学》2012 年第 2 期,第 129—133 页。

11. 苏长和:《正确认识和使用合法性概念》,载《光明日报》2017 年 1 月 23 日,第 7 版。

12. 比如, Ernst B. Haas, "International Integration: The European and the Universal Process", *International Organization*, Vol.15, No.3, 1961, pp.366—392。

13. 王正毅:《国际政治经济学通论》,北京:北京大学出版社 2010 年版,第 481 页。

14. Ernst B. Haas, *The Uniting of Europe: Political, Social, and Economic Forces 1950—1957*, California: Stanford University Press, p.16.

15. 伍贻康:《多元一体:欧洲区域共治模式探析》,上海:上海社会科学院出版社 2009 年第 1 版。

16. 李世安、刘丽云等:《欧洲一体化史》,河北:河北人民出版社 2003 年版,第 80 页。

17. 李明明:《论欧洲一体化进程中的象征政治》,载《国际论坛》2009 年第 4 期,第 7—10 页。

18. 李明明:《欧洲去一体化:理论逻辑与现实发展》,载《外交评论》2018 年第 6 期,第 99—118 页。

19. 潘兴明:《关于欧洲一体化的新思考——以英国脱欧为视角》,载《人民论坛・学术前沿》2018 年第 18 期,第 41 页。

20. 当然,欧洲并非在任何方面都寻求趋同,比如语言文化、种族和民族的多样性是难以一致的,但欧盟的趋同相较于亚洲要多得多。而且,语言文化、种族和民族的多样性并不妨碍欧洲最终建立统一的物质性实体。

21. 崔宏伟:《"主权困惑"与欧洲一体化的韧性》,载《当代世界与社会主义》2019 年第 5 期,第 123 页。

22. 方豪:《中西交通史》(上),上海:上海世纪出版集团 2015 年版,第 25 页。

23. [美]帕拉格・康纳:《超级版图:全球供应链、超级城市与新商业文明的崛起》,周大昕译,北京:中信出版社 2016 年版,第 32 页。

24. 牛秋实、葛臻明:《秦汉帝国与罗马帝国的交通及社会比较研究》,天津:天津人民出版社 2014 年版,第 11—26 页。

25. [美]米夏埃尔・比尔冈:《古代波斯诸帝国》,李铁匠译,北京:商务印书馆 2015 年版,第 105 页。

26. [美]戴维・C.康拉德:《中世纪西非诸帝国》,李安山译,北京:商务印书馆 2015 年版,第 23—32 页。

27. [英]J. B. 伯里:《希腊史Ⅱ》,陈思伟译,长春:吉林出版集团有限责任公司 2016 年版,第 450 页。

28. [美]罗宾・多克:《伊斯兰世界帝国》,王宇浩、李晓曈译,北京:商务印书馆 2015

年版,第 122 页。

29. [美]伊恩·夏皮罗、卡西亚诺·海克考登:《民主的边界》,张熹珂、孟玫译,北京:中央编译出版社 2016 年版,第 117 页。

30. [美]帕拉格·康纳:《超级版图:全球供应链、超级城市与新商业文明的崛起》,周大昕译,北京:中信出版社 2016 年版,第 32 页。

31. 苏长和:《互联互通世界的治理和秩序》,载《世界经济与政治》2017 年第 2 期,第 27 页。

32. 同上文,第 25 页。

33. 王玏:《多重危机下欧洲差异性一体化理论研究》,载《国外理论动态》2019 年第 5 期,第 91 页。

34. 苏长和:《以分歧治理谋划国际关系的新准则》,载《新华文摘》2015 年第 19 期,第 3 页。

35. 房宁:《中国的民主道路》,北京:中国社会科学出版社 2014 年版,第 2 页。

36. 区域内国家指中国和“一带一路”沿线国家,大多数文献在阐述后者时不包括中国,本书同样做此界定。

37. 李景林:《通以显体——从老庄道论看中国古代哲学的本体学说》,载《孔子研究》2003 年第 3 期,第 60 页。

38. 李景林:《共通性与共同性——从中国哲学看人的超越性存在》,载《齐鲁学刊》2006 年第 2 期,第 6 页。

39. 秦亚青:《国际政治的关系理论》,载《世界经济与政治》2015 年第 2 期,第 10 页。

40. 高奇琦:《民族区域与共通体:欧洲转型的两个阶段》,载《欧洲研究》2014 年第 5 期,第 41 页。

41. 王玉主:《“一带一路”与亚洲一体化模式的重构》,北京:社会科学文献出版社 2015 年版。

42. 这类经济原因的解释,参见 Sebastian Krapohl and Simon Fink, “Different Paths of Regional Integration: Trade Networks and Regional Institution-Building in Europe, Southeast Asia and Southern Africa”, *Journal of Common Market Studies*, Vol.51, No.3, 2013, pp.472—488; Shujiro Urata, “The Shift from ‘Market-led’ to ‘Institution-led’ Regional Economic Integration in East Asia in the late 1990s”, *RIETI Discussion Paper*, Tokyo, 2004。许多学者认为,相比于欧洲一体化的“政府导向型”模式,亚洲是“市场导向型”模式,而且由于亚洲与全球化的普遍联系,使亚洲各国在关税及贸易总协定和世界贸易组织框架下达成的多边贸易协定中获得较大利益,从而在 20 世纪 90 年代之前并没有推动地区协定的动力。

43. 李向阳:《论海上丝绸之路的多元化合作机制》,载《世界经济与政治》2014 年第 11 期,第 6 页。

44. 许慎:《说文解字》,北京:中华书局 2013 年版,第 34 页。

45.《亚洲经济前景及一体化进程 2023 年度报告》,博鳌亚洲论坛,北京:对外经贸大学出版社 2023 年版,第 35—42 页。

46. 同上书。

47. [美]帕拉格·康纳:《亚洲世界:世界即将亚洲化》,丁喜慧、高嘉旋译,北京:中信出版集团 2019 年版,第 114 页。

48.《胡锦涛在中国共产党第十八次全国代表大会上的报告》,新华网, http://www.xinhuanet.com//18cpcnc/2012-11/17/c_113711665_5.htm。

49.《习近平主席在“加强互联互通伙伴关系”东道主伙伴对话会上的讲话》,人民网, http://politics.people.com.cn/n/2014/1109/c1024-25997464.html。

50. 隆国强:《亚洲经济体应加速推进互联互通》,载《博鳌观察》2013 年第 10 期,第 46 页。

51. 王玉主:《“一带一路”与亚洲一体化模式的重构》,北京:社会科学文献出版社 2015 年第 1 版,第 24 页。

第二章

规划对接先行

共建“一带一路”重视规划的引领作用，这里的“规划”是国与国之间共同编制的国家间合作发展规划，这也是“共建”一词的实践体现。世界上的大多数国家均会制定中长期国家发展规划，对国家今后一段时期的发展做出整体性的布局和安排，中国与大多数“一带一路”沿线国家作为发展型国家亦是如此。由于自上而下的整体性布局和安排短时期内在“一带一路”区域内难以达成，以规划对接形成的国家间合作发展规划来引领区域经济合作，尤其是产业合作和产业链合作体系构建，成为“一带一路”区域经济合作的前提和基础，这体现了相互尊重、平等互利的合作原则，对于更好地将优质资源和发展需求相结合，促进各国共同发展具有重要的作用。

第一节　国家发展规划

规划是对未来较长一段时期的总体布局和安排，在现代社会中的作用日益重要，往往具有综合性、前瞻性、指导性和方向性等特点。中国的快速发展离不开国家总体层面及各个领域的发展规划。中国特别重视规划，尤其是五年发展规划在国家经济社会发展中的引领作用，五年发展规划已经成为主要阐明国家战略意图、明确政府工作重点、引导规范市场主体行为的纲领性文件，成为全国各族人民共同的行动纲领和政府履行经济调节、市场监管、社会管理、公共服务、生态环境保护职能的重要依据。科学编制并有效实施发展规划，是中国共产党治国理政的重要方式，是中国特色社会主义的重要体现，也是完善社会主义市场经济体制的一个必然要求。通过阐明建设社会主义现代化强国奋斗目标在规划期内的战略部署和具体安排，国家发展规划对于新中国成立以来，尤其是改革开放40多年来中国取得的辉煌成就发挥了必不可少的作用。从总体来看，中国的国家规划已经基本形成了四类三级规划体系，即以国家发展规划为统领，以空间规划为基础，以专项规划、区域规划为支撑，由国家、省、市县各级规划共同组成，其中，国家发展规划居于规划体系最上位，是其他各级各类规划的总遵循。2018年11月，中共中央、国务院发布《关于统一规划体系更好发挥国家发展规划战略导向作用的意见》，其中明确提出要建设“定位准确、边界清晰、功能互补、统一衔接的国家规划体系”。这成为中国规划体系建设的新目标。

国外规划最早出现在工业革命时期，为了应对城市化、工业化带来的人口快速聚集、生产及生活环境恶化等负面影响，早期工业化国家尝试采用“蓝图式规划”解决城市发展问题。因此，规划并非中国独有。世界上的大多数国家均会制定各种类型的规划，通常也形成了较为完善的规划体系和编制流程，有些国家还成立了专门的发展规划机构。越南、老挝、印度、阿曼、伊朗、韩国、沙特、土耳其、赞比亚、坦桑尼亚、马来西亚、孟加拉国、阿塞拜疆、玻利维亚、科特迪瓦、纳米比亚、印度尼西亚等国同样编制经济社会发展五年规划，不少国家和区域还提出了更长时段的愿景、构想或蓝图，包括东盟互联互通总体规划、哈萨克斯坦“光明之路”新经济政策、土耳其“中间走廊”倡议、蒙古国“草原之路”倡议、塔吉克斯坦“2030年前国家发展战略”、越南“两廊一圈”构想、印度尼西亚“全球海洋支点”构想、柬埔寨“四角”战略、菲律宾“雄心2040”战略、文莱“2035宏愿”、乌兹别克斯坦“行动战略”、“泰国4.0”战略和“东部经济走廊”战略、波兰“琥珀之路”、沙特阿拉伯“2030愿景”、英国“英格兰北方经济中心”战略、欧洲容克计划等。这些愿景和规划都提出了今后一段时期国家和区域希望达到的目标和重点发展的领域。例如，“泰国4.0”战略旨在巩固原有优势产业的基础上推动工业机器人、航空与物流、生物能源与生物化工、数字经济、医疗中心五大未来产业。马来西亚“工业4.0”政策重点支持电子电气、机械设备、化工、航空航天、医疗设备等产业，旨在2025年打造成为亚太地区智能制造战略合作伙伴、高科技产业投资目的地、高技术解决方案提供国。总体规划之下，各国还制定了具体领域的规划，如基础设施规划、城市规划、产业规划、创新发展规划、能源发展规划、资源开发与利用规划、开发区规划等，对总体规划进行细化。

对发展型国家来说，规划的主要作用在于促进经济增长、充分发挥市场机制、扩大就业、推动经济平衡发展、减少贫困和消除不平等。发达国家对发展阶段较为忽视，不太注重规划的时间维度，对规划的理解侧重于空间规划。欧洲是空间规划的发源地。德国的空间规划起源于19世纪末，联邦政府负责编制具有指导性和长期性的联邦国土规划、全国性的专业规划如铁路、联邦级的公路和高速公路、主要水路、国家公园等。[1]法国是第二次世界大战后资本主义国家中最早实行经济计划的国家之一，在1946年就颁布了中长期规划法令，但在20世纪90年代初被废止，空间规划在之后得到了重点发展，以促进发展的均衡性与可持续性。[2]美国不对规划做集中统一管理，也就没有严格意义的自上而下的国家总体规划，但却有大量为适应经济社会需求而产生的专项规划，规划对象限于社会安全、交通运输、市政设施、环境保护等公共领域，呈现“分散化”特点。

据统计，从20世纪50年代初到90年代，世界各国制定了超过300个不同的发展规划。[3]不过，由于在政治经济制度、价值取向、发展阶段、文化传统等方面存在很大的差异，各国规划在内容、目标、形式等方面既有共同特征，又有较大不同。中国对规划的理解或多或少源于之前对“计划”的延伸与发展。在中国的制度环境下，规划被作为实施国家宏观调控的工具之一，是一种政策手段，发挥战略导向和约束引导作用。牛淑珍等学者认为，规划是弥补市场失灵的有效手段。在市场经济条件下，市场是引导资源配置的强大力量，但市场中行为个体的目标是追求个人利益的最大化，很容易造成市场失灵，影响经济运行质量和社会稳定。规划是政府站在公允者的角度，来纠正市场机制不足，如避免资源的过度开发、经济危机中的失业问题、区域发展不协调问题等。[4]这和西方主流经济学教科书的内容不太一样，其在阐述宏观管理工具的时候，几乎不涉及国家规划。[5]

第二节 国家间合作发展规划

“对接”是近年来中国国家领导人在出访和签署合作协议时经常会提到和用到的一个词。规划对接是中国特色大国外交和共建“一带一路”的鲜明特征，也是互联互通理论有别于欧洲一体化和其他区域经济合作的地方。规划对接即国家之间基于各自发展规划共同编制国家间合作发展规划，以此作为开展务实合作的指引和基础。由于发展规划往往反映了一个国家的中长期发展战略，规划对接也就可以说是各自发展战略的对接。

规划对接可以被看作是致力于国家间有序、协调、共同发展的长远契约，也是落实好领导人之间达成的共建“一带一路”共识的重要举措和具体表现，体现了相互尊重、互利共赢的合作原则。从相互尊重来说，对接规划的前提是承认国家主权原则是国际社会的根本原则，各国均有自己的发展模式和发展权利，不应受到他国的干涉和改变，也不应向别国输出自己的模式、制度和理念。在世界上的一些区域中，区域经济合作通常由大国主导，合作的话语权掌握在大国手中，小国的经济利益有时难以被表达，甚至存在大国经济霸权的行为。而规划对接中的“规划”是各国既有的规划，能够保证合作各方无论国力大小、强弱、贫富都是平等的参与者，相互尊重彼此关切和利益，按照本身意愿和实际需要提出和选择发展项目，符合、体现和拓展各自利益，围绕共同利益开展合作，助力两国各自的发展战略和道路。从互利共赢来说，冷战结束后，随着全球化的深入推进和互联互通的不断增强，一国的发展不能仅从本国利益和企业需求出发，而是要从跨国、区域和全球层面的关联利益出发，对国际和区域合作有一个总体的把握。这就使原本的“国家主义方法论”，即将利益、责任、行政等概念局限于国家边界范围内的做法，逐渐让位于关联利益、关联责任、行政合作等跨越边界的“跨国主义方法论”。总体来说，规划对接就是寻找各国发展道路上的利益契合点，通过优势资源与发展需求的结合为区域经济合作创造条件和平台。国务委员杨洁篪曾在博鳌亚洲论坛 2015 年年会上指出：“对接不是你接受我的规划，也不是我接受你的规则，而是在相互尊重的基础上，找出共同点与合作点,进而制订共同规划。"[6]

在提出"一带一路"倡议之前,中国已经与许多国家就双边、多边和区域合作编制相应的中长期合作发展规划。第一个多边层面的国家间合作发展规划是 2002 年签订的《大湄公河次区域经济合作十年战略框架(2002—2012)》,第一个双边层面的国家间合作发展规划是 2003 年签订的《中华人民共和国和哈萨克斯坦共和国 2003 年至 2008 年合作纲要》。从那时起,中国与韩国、印度尼西亚、菲律宾、柬埔寨、马来西亚、泰国、吉尔吉斯共和国、俄罗斯等许多国家都签订了类似的合作发展规划、行动计划或合作纲要。中国提出"一带一路"倡议后,很多国家间合作发展规划被纳入"一带一路"框架下进行制定,与中国签订共建"一带一路"合作规划[7]的国家呈现快速增长之势,这推动了共建"一带一路"向落地生根、持久发展的阶段迈进。中国在共建"一带一路"中鲜明突出"规划对接先行",一开始就在"一带一路"框架下就各方的经济发展规划进行充分交流,协商制定共同规划,对接规划也成了政策沟通的重要内容。在"一带一路"框架下,签署发布的第一个双边合作规划——《中华人民共和国政府和哈萨克斯坦共和国政府关于"丝绸之路经济带"建设与"光明之路"新经济政策对接合作规划》(下文简称《"丝绸之路经济带"建设与"光明之路"新经济政策对接合作规划》)已经成为两国加强发展战略对接、深化务实合作的一项顶层设计,而《建设中蒙俄经济走廊规划纲要》则标志着"一带一路"框架下首个多边经济合作的正式实施。这些合作规划都是综合性规划,涉及多个合作领域,为国家间开展重大合作搭建了一个基础性的框架,为国家间共同利益的发展铺就了可预期和渐进式的合作路线图,为国家间互联互通提供了权威的文本指南。

中国参与国家间合作规划编制工作的牵头部门主要是国家发展改革委、商务部、外交部、农业农村部、国家能源局等,这些政府部门通常委托金融机构、规划设计单位、咨询服务机构具体承担或与之合作开展规划项目,以保证规划编制的质量和科学性。因此,国家间合作发展规划的形成往往依赖多个政府部门和企事业单位的统筹协调与分工协作。近年来,商务部已参与或会同其他单位共同参与编制了中缅(甸)经济走廊规划、中尼(伯尔)跨境合作区规划、中越(南)经贸合作 5 年规划、《中俄远东地区合作发展规划(2018—2024 年)》等规划咨询类项目。作为国家发展改革委、商务部等政府部门进行规划对接的重要合作伙伴,中国国家开发银行于 2003 年提出“规划先行”理念,2009—2010 年先后成立规划局、规划院、科学发展规划委员会,开始介入和参与国际规划,2011 年正式成立了国际规划部。国家开发银行近年来通过与政府部门签署《规划合作协议》,组建国际规划咨询团队,积极推动跨国规划、国际规划咨询和国别咨询,全方位、多层次积极和创造性地开展规划工作,至今已经参加了大量政府合作框架下多双边合作规划的研究和编制工作,包括中巴、孟中印缅、中蒙俄 3 个经济走廊规划,以及《中哈产能与投资合作规划》(2017—2021 年)、《中印经贸合作五年发展规划》、《中越陆上基础设施合作专项规划》等,在服务国家经济外交战略、助力合作国经济社会发展、推动国际业务深入拓展及预警和防范市场风险等方面发挥了积极有效的作用。作为推动落实“一带一路”倡议的重要技术支撑单位,中国国际工程咨询有限公司从 2006 年开始研究编制国别、行业、产业发展规划,近几年完成了《中马经贸合作五年规划(2013—2017 年)》《中菲工业园区合作规划》等规划的编制工作。

第三节　规划对接过程

国家发展规划的编制是一个集思广益、群策群力的过程。研究和编制国家间合作发展规划同样不是闭门造车编出来的,而是从丰富和艰难的实践中一步一步“走出来”的,是根据实际提出问题、研究问题、分析问题、解决问题的结晶。[8] 这一节将以《“丝绸之路经济带”建设与“光明之路”新经济政策对接合作规划》和《建设中蒙俄经济走廊规划纲要》这两份规划为例,归纳国家间合作发展规划的编制过程,探讨合作领域和具体项目是如何在规划对接中产生的。

一、《“丝绸之路经济带”建设与“光明之路”新经济政策对接合作规划》

哈萨克斯坦共和国地处欧亚大陆的“中心地带”,是世界上最大的内陆国,国土面积和经济总量居中亚地区首位。作为友好邻邦和全面战略伙伴,中国和哈萨克斯坦始终把发展中哈关系置于各自外交政策的优先方向,两国具有良好的政治、经济、文化合作基础。2013 年 9 月 7 日,习近平主席在纳扎尔巴耶夫大学发表演讲时,首次提出共同建设"丝绸之路经济带"倡议,哈方给予积极响应,纳扎尔巴耶夫总统表示哈方完全赞同习近平主席提出的建设"丝绸之路经济带"战略构想,愿同中方加强经济、交通、人文互联互通,共同构筑新的丝绸之路。[9] 2014 年 11 月,纳扎尔巴耶夫总统宣布实施"光明之路"新经济政策,中国给予充分的肯定,该政策的核心是国家基础设施发展规划,旨在激发经济活力和促进就业。[10] 这与中国提出的"一带一路"倡议不谋而合。两国随即着手推进两大倡议的对接合作。12 月,李克强总理在访问哈萨克斯坦时指出,中方愿积极参与哈方为振兴经济制定的"光明之路"计划,利用中国装备制造质量好、性价比高等优势,同哈方共同开展钢铁厂、电厂、铁路等基础设施建设合作。纳扎尔巴耶夫总统则表示,哈方支持中方提出的建设丝绸之路经济带和 21 世纪海上丝绸之路的倡议,愿同中方开展经贸、互联互通、能源深加工等合作。[11] 会后,中国国家发展改革委员会与哈萨克斯坦国民经济部签署《关于共同推进丝绸之路经济带建设的谅解备忘录》,双方商定深入探讨"一带一路"倡议与哈萨克斯坦"光明之路"新经济政策内涵,以合作编制战略对接文件为抓手,推动新时期两国合作。[12] 该备忘录签署后,中国国家开发银行作为国家发改委牵头成立的政府间合作规划编制工作组的成员,开展规划的前期研究工作。之后,国家开发银行深入分析哈国情及重点行业发展形势,了解中哈合作现状与潜力,广泛征求相关部委及中资企业建议、意见和需求,对重点沿边省市和项目进行深入调研,与此同时积极了解哈方的诉求。[13]

2015 年 5 月,习近平主席在访问哈萨克斯坦时强调:"愿在平等互利基础上推进丝绸之路经济带建设同哈方'光明之路'新经济政策的对接。"纳扎尔巴耶夫总统则表示:"哈萨克斯坦支持中方提出的'一带一路'倡议,愿成为丝绸之路经济带建设的重要伙伴,做好丝绸之路经济带建设同'光明之路'经济发展战略的对接。"[14] 这次会谈标志着对接合作进入实质性阶段。同年 7 月,哈国民经济部国际合作司司长一行访问国家发改委西部司，就尽快成立“丝绸之路经济带”联合工作组和抓紧启动联合编制发展合作文件的问题进行了沟通与协商。[15]在次月举行的中哈合作委员会第七次会议中，两国副总理也就此达成共识。[16]同年 12 月，中哈两国总理友好会谈期间，双方签署了《中华人民共和国政府和哈萨克斯坦共和国政府联合公报》，提出“尽快启动‘丝绸之路经济带’建设与‘光明之路’新经济政策对接合作规划联合编制工作”。两国总理还认定中国国家发展改革委员会和哈萨克斯坦国民经济部作为牵头部门负责协调筹建和启动联合工作组。[17]其中，中方工作组由西部司司长担任组长，外交部、商务部、交通部等十多个部门参与其中。

为了解中方单位与哈萨克斯坦开展合作的具体情况、未来计划、遇到的难题，以及需要国家层面进行沟通和解决的事宜。2016 年 4 月，国家发改委西部司举行座谈会，邀请中国电信、中投海外、中石油、中广核、中国有色金属、中国路桥、华为技术、天辰工程、亿赞普和北京理工大学的代表介绍新情况、新问题，并听取相关的意见和建议，获得了不少有益的资讯。[18]在此基础上，西部司提出了规划框架的初步设想，并多次与哈国民经济部国际司以视频会议的方式就规划提纲、工作计划、组建编制工作组等事宜进行沟通，双方就中方提出的规划框架，包括合作背景、合作原则、合作愿景、合作重点、实施机制五个部分逐渐达成共识。[19]次月，西部司司长田锦尘主持召开对接合作规划编制工作会议，研究规划起草工作，就规划内容和重大项目咨询外交部、商务部、国家开发银行、教育部、财政部、交通运输部、能源局、新疆等单位的意见和建议。[20]之后的几个月，中方工作组与哈方进行了多次会谈和十多次视频会议，并多次征求了国内有关政府部门、企业和智库的建议。经过广泛且频繁地沟通，中方率先提出了规划大纲和工作计划。6 月底至 7 月初，《“丝绸之路经济带建设”与“光明之路”新经济政策对接合作规划》提供给哈方进一步讨论，双方在中方建议稿的基础上，吸收哈方意见，基本形成了统一规划稿。会谈由中国规划编制工作组组长、国家发改委西部司司长田锦尘主持，国家发改委国际司、外交部欧亚司、商务部欧亚司、交通部国际司、开发银行规划局的同志参加了会谈。哈萨克斯坦国民经济部国际合作司司长托列巴耶夫率领的人员则涉及投资、运输、能源、金融等方面。[21]

在2016年举行的二十国集团峰会期间,习近平主席和纳扎尔巴耶夫总统共同见证了中哈政府间《“丝绸之路经济带”建设与“光明之路”新经济政策对接合作规划》的签署。根据这一规划,两国将在四大领域总共30项内容上开展全面务实的合作。作为“一带一路”框架下签署发布的第一份双边合作规划,这既是中哈两国加强发展战略对接、深化务实合作的一项顶层设计,也是推动构建中国—中亚—西亚经济走廊的重要一步。同时,这一规划也为中国的“一带一路”倡议与沿线国家发展规划和战略对接做出了非常有益的探索。在规划编制过程中,中国得到了锻炼,积累了经验,这对后续中国与其他国家共同开展规划编制工作提供了很大的帮助。[22]

二、《建设中蒙俄经济走廊规划纲要》

俄罗斯横跨欧亚大陆,东西最长9 000公里,南北最宽4 000公里。西北面与挪威、芬兰相邻,西面与爱沙尼亚、拉脱维亚、立陶宛、波兰、白俄罗斯相邻,西南面是乌克兰,南面有格鲁吉亚、阿塞拜疆、哈萨克斯坦,东南面有中国、蒙古国和朝鲜,其海岸线长达33 807公里,大部分地区处于北温带,以大陆性气候为主,人口1.46亿,民族194个,自然资源丰富、种类繁多、储量巨大,自给程度很高。蒙古国是位于亚洲中部的内陆国,东、南、西与中国接壤,北与俄罗斯相邻,属典型的大陆性气候,人口约320万,全国划分为首都和21个省,其主要产业包括矿业、农牧业、交通运输业、服务业等,国民经济对外依存度较高。近年来,中蒙俄三国投资贸易合作快速增长,三国的经济发展结构也具有较强的互补性。2012年,蒙古国政府就开始思考如何通过基础设施连接中俄两国,提出了“草原丝绸之路”建设计划,并成立了专门的工作组,负责推动项目实施。中国提出“一带一路”倡议后,蒙古国将其视为增强区域经济合作与蒙古国经济发展的重要机遇。[23]在2014年2月的中俄首脑会晤中,中国正式邀请俄罗斯参与“一带一路”建设,俄罗斯总统普京积极回应,表示愿意推动跨欧亚铁路项目与之对接。同年3月,俄罗斯提出旨在开发西伯利亚和远东的“跨欧亚发展带”构想。5月,中俄两国元首在上海签署的联合声明强调:“俄方认为,中方提出的建设丝绸之路经济带倡议非常重要，高度评价中方愿在制定和实施过程中考虑俄方利益。双方将寻找丝绸之路经济带项目和将建立的欧亚经济联盟之间可行的契合点。”[24]在俄蒙关系上，俄罗斯也逐渐认识到蒙古国的资源和地理优势是俄罗斯远东和亚洲发展战略中不可忽视的伙伴和盟友，是其“欧亚经济联盟”乃至“欧亚联盟”在远东的重要伙伴，非常重视并主动调整与蒙古国的关系。[25]

在此背景下，整合中俄蒙三国发展规划，协调三国发展利益，推动三国共同发展显得尤为必要。为此，在2014年上海合作组织杜尚别峰会期间，三国元首举行了被认为具有重要历史意义的首次会晤。[26]蒙古国总统额勒贝格道尔吉明确表示：“希望加强同中、俄的合作，拉动交通基础设施互联互通和跨境运输。”普京总统则表示：“三方要把各自发展计划结合起来，在能矿、交通基础设施建设等领域建立长期稳定合作关系。”对此，习近平主席提出：“可以把丝绸之路经济带同俄罗斯跨欧亚大铁路、蒙古国草原之路倡议进行对接，打造中蒙俄经济走廊，加强铁路、公路等互联互通建设，推进通关和运输便利化，促进过境运输合作。”[27]可以说，三国领导人在首次会晤中交换了各自对发展基础设施和跨境运输以增强互联互通的看法，就共建中蒙俄经济走廊达成了初步共识，启动了三国发展规划的对接工作。

为研究项目的可行性，国家发改委委托国家开发银行开展中蒙俄经济走廊规划相关研究工作，并成立中蒙俄经济走廊战略规划研究专题调研组，开展前期课题研究，规划研究及编制工作由此启动。从2014年11月开始，国家开发银行专题调研组赴内蒙古、黑龙江、辽宁、新疆、吉林等重点省区调研，系统梳理了各部委、地方提出的优先事项。比如，2015年1月，作为调研组成员的中国科学院地理科学与资源研究所到黑龙江开展专题调研，与省发改委、工信委、商务厅、外办等17家单位进行座谈，了解了黑龙江与俄罗斯合作的现状、方向与前景，以及希望国家帮助解决的重大问题，并表示在下一步研究编制规划时将对黑龙江省开展对俄合作予以重点关注。[28]3月，调研组还到绥芬河市口岸、边合区等进行调研，并听取绥芬河市参与丝绸之路经济带、沿边开放的相关情况。与此同时，三国的外交部门和交通运输部门也加强了沟通与协调，从2014年9月至2015年6月，三国外交部副部长在乌兰巴托、北京、莫斯科三次会面,强调基础设施的互联互通是三边合作的优先领域,同意在矿业、跨境运输、基础设施建设、旅游、环保等领域加强合作[29],2015 年 4 月,中蒙俄铁路运输合作三方磋商会议在蒙古国首都乌兰巴托举行,确认在"丝绸之路经济带""跨欧亚发展带""草原之路"倡议的框架内开展铁路过境运输合作。[30]三方的积极和密切沟通推动编制工作达成了进一步共识。

凭借三国的频繁互动和前期课题研究,2015 年 7 月,中俄蒙三国在上海合作组织乌法峰会期间正式签署《关于编制建设中蒙俄经济走廊规划纲要的谅解备忘录》,由中国国家发展改革委员会、俄罗斯经济发展部、蒙古国外交部担任牵头部门,联合组建编制工作组。[31]新一轮的专题调研随即展开。7 月末至 8 月,国家发改委西部司副司长苏园林率国家"一带一路"战略规划调研组到黑龙江绥芬河市,内蒙古呼伦贝尔市、满洲里市、呼和浩特市,新疆青河县等地开展专题调研工作,听取各个地方就建设中蒙俄经济走廊的功能诉求和政策诉求,致力于把各个地方提出的好的想法、诉求、意见和建议吸纳到《中蒙俄经济走廊建设规划》中,用于完善战略规划内容,争取把规划做得更加符合实际、更加务实。[32]10 月,首次联合编制工作组司局级磋商在蒙古国乌兰巴托市举行,中蒙双方就编制原则问题达成了初步共识,为编制工作奠定了基础。同年 12 月,国家发改委西部司司长田锦尘、副司长肖渭明会见蒙古国交通部国务秘书巴特尔德尼一行,蒙方希望在建设中共同实施若干铁路、公路、机场等重大项目。我方则表示可联合推动涉及三边、双边合作的重大项目纳入规划纲要统筹实施,争取实现早期收获。[33]之后,中方开始牵头起草《规划纲要》建议稿,并推动三方有关部门举行多轮磋商。2016 年 5 月,三国牵头部门召开第三次《建设中蒙俄经济走廊规划纲要》联合编制工作组司局级会议,对《规划纲要》文本及所附项目清单逐条讨论,最终达成共识,形成了统一合稿。[34]之后,三国副外长举行进一步磋商使规划纲要基本定稿。

在 2016 年上合组织塔什干元首峰会期间,中蒙俄三国元首共同见证了《建设中蒙俄经济走廊规划纲要》的正式签署。这份规划纲要是"一带一路"框架下第一个多边合作规划纲要,体现了三国经济发展战略的高度契合,明确了三方合作的具体内容、资金来源和实施机制,商定了 32 个重点合作项目，其中，超过半数为交通基础设施合作项目，此外还包括产能合作、口岸现代化改造、能源合作、海关及检验检疫合作、生态环保合作、科技和教育合作、人文合作、农业合作以及医疗卫生等十大重点合作领域。[35]

三、国家间合作发展规划的编制过程

从这两份国家间合作发展规划的编制过程中能够看到一些共同的特征，可以归纳为五个基本的步骤：即高层达成共识，组建专家团队，开展前期研究，正式编制规划，签署规划文本。值得注意的是，这五个步骤对于后来中国同其他国家编制国家间合作发展规划产生了很大的影响。

（一）高层达成共识

“一带一路”框架下的合作规划编制工作大多数属于政府间性质。因此，国家领导人之间达成合作意向是首要的。从以上案例可以发现，合作意向的达成在很大程度上受到国家间政治关系的影响，良好的政治关系和长期的合作基础能够促进合作意向较为容易达成。共建“一带一路”的合作意向主要由国家元首或政府首脑在互访或多边舞台上提议并商定，政府部门随之签署共同编制国家间合作发展规划的谅解备忘录，这意味着编制工作的正式启动。各方将认定具体的政府机构作为牵头部门负责具体的编制事宜。在中国，这一工作大多由国家发改委牵头负责。

（二）组建专家团队

作为牵头部门的政府机构很少直接开展国家间合作发展规划的实际编制工作，通常在其中发挥指导和监督作用，编制工作大多通过委托研究或公开招标的方式交由国内具体单位承担或与之合作进行。开展编制工作的第一步就是组建专家团队，建立工作机制，其中，国家开发银行、中国宏观经济研究院等是主要的参与方。比如，《中哈产能与投资合作规划(2017—2021 年)》由国家开发银行会同中国国际工程咨询公司组成的中方工作组具体参与,《中俄在俄罗斯远东地区合作发展规划(2018—2024年)》由中国商务部会同国家开发银行与俄罗斯远东发展部共同编制等。

(三)开展前期研究

工作组实际参与国家间合作发展规划编制有赖于规划的前期研究,这有助于为之后的工作提供可行性依据。前期研究在很大程度上是对国情资料的收集和研讨,主要包括:(1)了解各方的基本国情,产业的发展现状、今后计划、发展潜力、合作诉求等;(2)掌握各方的总体或某一领域的合作情况,面临的困难,拟重点推进的合作项目,面对的机遇和挑战,需要解决的问题;(3)重大问题的研究工作等。这一阶段,工作组为了解情况并听取建议,通常与国内有关的中央和地方部委、企业、智库、高校、协会等进行座谈或专题调研,同时赴合作国实地考察,收集相关资料,在综合国内与合作国信息的基础上形成可行性报告。不过,也有不少前期研究工作在合作协议签署之前就以课题的形式委托具体单位展开,在完成可行性报告后再商定合作协议的签署。

(四)正式编制规划

这是规划工作的核心。国家间合作发展规划的编制并非一方之事,而是一个复杂的互动过程,包括编制工作组与国内相关单位的互动、编制工作组与合作国相关单位的互动,政府之间的磋商等。这些互动在规划编制过程中频繁进行,其中,对接是贯穿始终的核心概念。对接意味着国家间合作发展规划是双方共同制定的规划,这体现在编制工作的各个阶段。第一,商定合作规划的框架。合作规划的编制首先要确定框架,这是对规划方案的初步设想,是规划文本的基本架构。规划框架主要由各方编制工作组或政府部门通过协商确定,一般包括序言、合作背景、基本原则、规划远景、合作领域、资金来源、实施机制等,大多数内容较为宏观,各方较易达成共识。第二,谋划具体的合作项目。编制国家间合作发展规划的中心任务是进一步推动与深化互利合作。因而，规划文本大多附有项目清单，而这实际上是编制工作的重点环节，涉及各个层面的互动。大体而言，中方工作组通过与国内有关政府、企业、智库的沟通整理中国的优先项目，通过与合作国的互动梳理对方的优先项目与合作诉求。之后，双方编制工作组在多轮沟通中对所有项目按照一定标准进行筛选和排列，从而形成项目库，也就是说，互动过程旨在寻求各方的最大公约数，即在双方提出的优先合作项目中遴选出符合两国利益且有意愿、有能力推动的重大项目和标志性项目。同时，国家间合作发展规划的编制工作要将之后对规划的实施考虑在内，其中的一个关键问题就是资金保障。为此，各方还要就项目的推进方式和资金问题进行商谈。双方各单位在这一阶段的互动是最为频繁的。第三，更高层级的磋商。编制工作组与参与方各单位的沟通与交流为更高层级的政府间磋商奠定了基础。政府高官将依据国家发展需要和优先顺序进一步从项目库中遴选出重点合作项目，将其纳入最终的规划文本。国家开发银行在编制《建设中蒙俄经济走廊规划纲要》过程中，通过在三国的实地调研、召开研讨会、参与多轮政府间磋商，按照项目重要性、建设时序及成熟度，甄选出 200 余个重点合作项目[36]，而通过高层磋商，规划纲要最终确定了 32 个重点合作项目。第四，规划初稿形成后的磋商。中国在不少合作中往往率先提出规划初稿（或称为中方建议稿），初稿形成后还需交由其他合作国进一步讨论。一方面，编制一份国家间合作发展规划的时间一般较长，此时可能还要根据最新变化做出调整或开展补充勘察。另一方面，要进一步吸纳对方的建议和意见，并探讨一些技术性问题，使规划内容更加完善且符合各方意愿，这也为之后更好地执行规划奠定了基础。因此，国家间合作发展规划的编制过程蕴含丰富的互动实践，许多时候是一个异常艰难的过程。

（五）签署规划文本

经历了以上大致四个步骤之后，国家间合作发展规划文本正式定稿。之后一般由政府高官在正式场合签署。国家间合作发展规划进入实施阶段，规划的推进工作随即展开。

第四节　国家间合作发展规划对区域经济合作的引领

各国对接既有规划形成国家间合作发展规划,并且让这一规划充分发挥引领作用,可以说抓住了区域经济合作的发展源头,具有多重优势。当前,中国正以“十四五”规划引领中国经济社会高质量发展,在对外关系上将以国家间合作发展规划,尤其是共建“一带一路”合作规划引领“一带一路”区域经济合作。凭借着规划的权威性和全局性激发规划对经济合作的引领作用,并且在一定程度上保证了规划在执行过程中的有序性及稳定性。

从权威性来说,国家间合作发展规划作为政府间合作内容,其编制工作得到了各方领导人的共识和高度的重视,并且由各方政府部门牵头,共同参与,编制程序科学合理,基本上需要经过前期研究、编制草案、听取意见、沟通协调、论证咨询、高层决策、规划签署等多个环节才能形成。这样的规划编制工作旨在极力避免各方(企业)的合作仅仅瞄准具体项目的经济收益,使合作更好地服务于各国发展中具有战略性和长远性的重大项目和关键项目,为各方的共同发展服务,为合作从短期走向长期奠定扎实的基础,也为产业合作创造了条件。

从全局性来说,作为各方开展务实合作的顶层设计和权威指南,国家间合作发展规划不是简单的策划,也不是局限于某些领域的专门规划,而是覆盖今后一段时期双边或多边合作发展的综合性、全局性规划,着眼于各方经济社会发展的现实情况、发展需求和资源优势,要统筹兼顾,不能顾此失彼或有所偏废,既有政治考量,也有经济考量;既有空间考量,也有时间考量;既有公平考量,也有效率考量,要处理好国家间合作发展规划同参与国国内规划的协调。其中的重点是明确指出国与国之间的合作领域和重点合作项目,涉及面较广,这其实也就是对今后一段时期,国与国之间如何开展基础设施建设和产业合作等各方面的整体考虑。比如,《“丝绸之路经济带”建设与“光明之路”新经济政策对接合作规划》提出,两国合作的重点是交通基础设施领域、贸易领域、制造业领域等。其中,在基础设施领域提出,致力于继续积极推动中国—哈萨克斯坦—西亚、中国—哈萨克斯坦—俄罗斯—西欧和中国—哈萨克斯坦—南高加索/土耳其—欧洲交通走廊建设，加强机场基础设施建设和空管合作等。在制造业领域中则提出要在新一代生物、新能源及新材料、工程机械、汽车、建材、纺织工业、轻工、食品业等领域加强合作。《建设中蒙俄经济走廊规划纲要》则将重点合作领域设定为交通基础设施、口岸建设和海关、检验检疫监管、产能与投资合作等。其中，在基础设施领域提出，加强在国际运输通道、边境基础设施和跨境运输组织等方面的合作；加强三方口岸软、硬件能力建设，推动基础设施翻新和改造。在产能与投资合作中提出，加强三方在能源矿产资源、高技术、制造业和农林牧等领域合作。规划还对资金来源做出规定，即规划纲要涉及项目的投融资将就具体情况以单独协议的形式落实，包括利用国家投资、私营机构投资，引入公私合营模式等可能性。共同推动国际金融机构融资，包括但不限于亚投行、金砖国家开发银行、上海合作组织银行联合体、丝路基金等金融机构的投融资支持。而中国和波兰签订的《关于共同编制中波合作规划纲要的谅解备忘录》提到，要将基础设施、产业投资、贸易、能源资源、运输与物流等领域纳入重点合作领域，在产业投资领域则要重点关注电信、航天技术、高端设备等。

正是基于国家间合作发展规划的权威性和全局性，从而能够激发出规划对区域经济合作的引领作用。应当说，在经济合作之前开展前期的规划研究和编制工作，指明合作领域和重点项目，首先能够增进了解，增强互信，凝聚共识，密切与各方的关系，这对于相互投资额较少的国家之间开展合作尤其具有较大的意义。其次，能够提高资本利用效率。在一国国内，企业投资的一项重要参考和指南是政府制定的总体规划和专门规划，而面对知之甚少的海外市场，国家间合作发展规划成为企业对外投资的重要依据，规划的最大作用在于促进各方的资源倾向性地进入规划指出的合作领域和重点项目，提高资源的利用效率和针对性。同时，在研究和编制规划中，实际上也通常能够锁定一批前期项目，包括基础设施建设和产业合作项目，更为之后装备和标准进入他国市场，为贸易发展与机制合作打下基础。再次，能够引导企业有序地参与区域经济合作。在合作之前开展前期规划能够了解和把握各方市场的信息，正确认识和客观看待各方市场的现状和需求，避免不顾市场需求和国家整体形势,企业对外盲目投资,政府对外盲目引资,政府和企业盲目建设,从而导致产业冒进、产业集中、无序竞争、低效发展、产能过剩、过度开发、资源浪费等各种问题。政府和企业依据规划,把控好推进项目的规模、速度和节奏,做到风险提前防范和超前管控,发现其中的问题和难点,达到事半功倍的效果,这本身也有助于投资结构的优化。最后,能够保持经济合作的稳定性。规划无疑是一种合作的稳定预期,有利于各方有计划、有步骤地共同落实规划。当前,一些国家的国内制度体系经常影响到国际合作的质量,这些制度性影响因素包括政权更迭、分权制衡、央地冲突等。此外,利益集团、社会环境以及第三国干扰也会对国际合作产生很大影响。国家间合作发展规划往往基于国内共识,规划的对接能够使这些影响因素尽可能地避免或者在前端加以协商解决。与此同时,国家间合作发展规划对于某些终止合作的行为也能起到一定的约束作用,不过,中国与他国制定的此类规划一般都会注明:“本规划并非国际条约,对双方不产生受国际法管辖的权利和义务。”因此,规划所能起到的更多是一种软约束。总体而言,区域经济合作坚持规划对接先行,能够对基础设施建设、产业合作和合作机制构建起到重要的引领作用,为具体合作项目的展开奠定较为扎实的前期基础。

注释

1. 牛淑珍、齐安甜、黄兴:《规划先行在金融机构的应用》,上海:复旦大学出版社 2018 年版,第 30—31 页。

2. 中国工程咨询协会:《发展规划咨询理论方法和实践》,北京:中国计划出版社 2014 年版,第 19 页。

3. Anis Chowdhury and Colin Kirkpatrick, *Development Policy and Planning: An Introduction to Models and Techniques*, Taylor & Francis e-Library, 2005, p.2.

4. 牛淑珍、齐安甜、黄兴:《规划先行在金融机构的应用》,上海:复旦大学出版社 2018 年版,第 18 页。

5. 徐林:《中国规划体系及其编制方法的改进和思考》,新浪网, http://finance.sina.com.cn/roll/20151014/214723475756.shtml。

6.《杨洁篪在博鳌亚洲论坛 2015 年年会上的演讲(全文)》,人民网, http://world.people.com.cn/n/2015/0329/c1002-26766380.html。

7. “一带一路”合作规划包括共建“一带一路”合作协议、“一带一路”政府间合作备忘录、共建“一带一路”谅解备忘录等。

8. 樊建民:《规划与谋划》,北京:中国经济出版社 2014 年版,第 110 页。

9.《发改委解读“一带一路”框架下首个双边合作规划》，中国一带一路网，https://www.yidaiyilu.gov.cn/zchj/xzcjd/7651.htm。

10. A. A. 努尔谢伊托夫：《哈萨克斯坦与中国的区域经济合作：“光明之路”新经济政策和“丝绸之路经济带”》，高晓慧译，载《欧亚经济》2015年第4期，第3页。

11.《李克强会见哈总统纳扎尔巴耶夫》，载《人民日报海外版》2014年12月15日，第1版。

12.《发改委解读“一带一路”框架下首个双边合作规划》，中国一带一路网，https://www.yidaiyilu.gov.cn/zchj/xzcjd/7651.htm。

13.《国开行：“融智”先行服务“一带一路”》，载《中国金融家》2017年第5期，第99页。

14.《习近平同哈萨克斯坦总统纳扎尔巴耶夫举行会谈》，新华网，http://www.xinhuanet.com/politics/2015-05/08/c_1115214175.htm。

15.《西部司有关领导会见哈萨克斯坦国民经济部代表团》，发改委网站，http://xbkfs.ndrc.gov.cn/gzdt/201507/t20150703_710680.html。

16.《张高丽与哈萨克斯坦第一副总理萨金塔耶夫举行中哈合作委员会第七次会议》，中国政府网，http://www.gov.cn/guowuyuan/2015-08/25/content_2919608.htm。

17.《中华人民共和国政府和哈萨克斯坦共和国政府联合公报（全文）》，外交部网站，https://www.fmprc.gov.cn/web/gjhdq_676201/gj_676203/yz_676205/1206_676500/1207_676512/t1324209.shtml。

18.《西部司召开座谈会研究编制中哈“丝绸之路经济带”建设与“光明之路”新经济政策对接合作规划》，发改委网站，http://xbkfs.ndrc.gov.cn/gzdt/201604/t20160427_799881.html。

19.《西部司与哈萨克斯坦国民经济部国际司研究中哈合作规划编制工作》，发改委网站，http://www.ndrc.gov.cn/gzdt/201604/t20160427_799883.html。

20.《西部司研究“丝绸之路经济带”建设与“光明之路”新经济政策对接合作工作》，发改委网站，http://www.ndrc.gov.cn/gzdt/201605/t20160524_804373.html。

21.《中哈举行〈“丝绸之路经济带建设”与“光明之路”新经济政策对接合作规划〉编制工作会谈》，发改委网站，http://www.ndrc.gov.cn/gzdt/201607/t20160704_810368.html。

22.《发改委解读“一带一路”框架下首个双边合作规划》，中国一带一路网，https://www.yidaiyilu.gov.cn/zchj/xzcjd/7651.htm。

23. Damba Ganbat, Silk Road Forum 2015 Essay, Internal Document, 2015, p.1, http://en.drc.gov.cn/DambaGanbat.pdf.

24.《中俄关于全面战略协作伙伴关系新阶段的联合声明》，新华网，http://www.xinhuanet.com/world/2014-05/20/c_1110779577.htm。

25. 范丽君、李超：《俄蒙关系对“中蒙俄经济走廊”建设的影响》，载《东北亚学刊》2016年第2期，第17页。

26. Alicia Camps, "Transforming Mongolia-Russia-China Relations: The Dushanbe Trilateral Summit", *The Asia-Pacific Journal*, Vol.12, No.1, 2014, p.4.

27.《习近平出席中俄蒙三国元首会晤》，新华网，http://www.xinhuanet.com/world/2014-09/11/c_1112448718.htm。

28.《国家中蒙俄经济走廊战略规划研究专题调研组来黑龙江开展专题调研》，黑龙江省发改委网站，http://www.hljdpc.gov.cn/art/2015/1/12/art_350_14781.html。

29. Damba Ganbat, Silk Road Forum 2015 Essay, Internal Document, 2015, p.1, http://en.drc.gov.cn/DambaGanbat.pdf.

30. 李永全:《"一带一路"建设发展报告(2016)》,北京:社会科学文献出版社 2016 年版,第 68 页。

31.《国开行:"融智"先行服务"一带一路"》,载《中国金融家》2017 年第 5 期,第 100 页。

32.《国家发改委西部司副司长苏园林率"一带一路"战略规划调研组来绥芬河市调研 市委书记李大义、市长王居堂参加调研座谈》,黑龙江省人民政府网站,http://www.hlj.gov.cn/zwfb/system/2015/07/27/010732728.shtml。《国家"一带一路"办公室调研中蒙俄经济走廊建设情况》,内蒙古自治区人民政府网站,http://www.nmgfgw.gov.cn/fggz/qyjj/201508/t20150818_110934.html。

33.《西部司与蒙古国交通部共商推进中蒙俄经济走廊建设》,发改委网站, http://xbkfs.ndrc.gov.cn/gzdt/201512/t20151223_768344.html。

34.《中蒙俄三国召开关于〈建设中蒙俄经济走廊规划纲要〉联合编制工作组司局级会议》,发改委网站, http://xbkfs.ndrc.gov.cn/gzdt/201606/t20160601_806221.html。

35. B. R. Deepak, *China's Global Rebalancing and the New Silk Road*, Springer, 2018, pp.101—118.

36.《国开行:"融智"先行服务"一带一路"》,载《中国金融家》2017 年第 5 期,第 100 页。

第三章

强连通的区域地理版图

区域经济合作中,"流动"是一个关键词。产业合作离不开自由流动作为重要支撑,而产业合作也总是发生在具有一定连通性的地区,两者之间有着紧密的联系与互动。可以说,自由流动的速度越快、范围越广,为产业合作就创造了更多的机会,区域经济合作的能量就越大。促进自由流动的物理载体主要是交通、管网、通信等基础设施。凭借着设施联通对区域经济合作的重要作用,基础设施建设迅速成了共建"一带一路"的优先合作领域,也成为各国参与"一带一路"建设的早期收获。

第一节　基础设施改变世界

历史上,人类不断地改变着地理条件和空间的运用方式。"很大程度上,地理条件决定了历史发生的地点,但创造历史的永远是人。"[1]海洋覆盖了地球约71%的面积,蕴藏着地球至少65%以上的自然资源,一直以来都是人类活动的重要空间。15—16世纪,航海技术的不断进步为世界进入大航海时代奠定了基础,世界连成一体,全球化进程就此拉开大幕。之后,海洋逐渐成为大国竞争角逐的重要舞台,从16世纪的海上霸主西班牙,17世纪的"海上马车夫"荷兰,再到之后的海上帝国英国,以及"二战"后建立海上霸权的美国,西方国家凭借海洋向全球扩张贸易和投资,形成了以西方为中心的世界经济体系。海洋始终伴随着国际关系史的发展,并见证了大国的兴衰,"海兴则国强民富,海衰则国弱民穷"成为临海国家发展兴衰的一条铁律。[2]

海洋是舞台,海运是载体。当今,在全世界的国际贸易中共有约120万名船员[3],世界贸易的总运量中有三分之二以上通过海运来完成;东亚与欧洲的贸易中,通过铁路运输的仅占3%—3.5%;[4]中国外贸货物中海运的占比更是达到90%,地缘空间的利用仍然侧重于海洋。[5]海运的便利程度和成本优势虽然是其他运输方式无法比拟的,但其缺陷在于时间成本较高。为进一步促进贸易和投资增长,世界各国逐渐意识到构建一个综合连通结构的必要性,这正是对21世纪互联互通时代的反映。在海运仍旧作为国际运输主要方式的同时,一些改变已在悄然发生,公路、铁运、空运以及多式联运正在互联互通的版图上被加以创造性地利用,以满足不同的时间和成本需求。为此,设施联通越来越体现出其对一个国家和地区发展的重要基础性作用。

根据世界经济论坛发布的《全球竞争力报告2019》,全球竞争力排名靠前的国家和地区,其设施水平和质量也较高。一方面,基础设施本身的发展可以直接推动产业发展,促进经济结构的变革;另一方面,作为中间投入物和提高生产率的媒介间接提高国家工业化水平。许多发展中国家受新自由主义影响,聚焦发达国家的政治经济制度,在世界银行、国际货币基金组织和西方援助国的“指导”下,对国家制度进行结构性调整,却较少注意到发达地区内部的连通网络。就产业园区建设来说,一些发展中国家致力于消除投资壁垒、出台优惠的税收政策,以期吸引资本进入,却忽视了对道路、铁路、通信、水、电、煤、排污等设施的铺设和维护,致使有些园区的入驻率较低,甚至荒废。当前,几乎所有非洲的工业园区都有这一束缚,只是程度不同。[6]基础设施是社会先行资本,必须先建立通畅、便利的运输通道,加速资源的跨区域流动,进而促进区域间的分工与合作。[7]近年来,全球基础设施建设投资额大幅增长,各国(地区)越来越重视基础设施的建设与更新,这已成为政府的一项突出职能。

表3.1 全球竞争力前20名国家/地区的基础设施排名情况

国家/地区	2019年		国家/地区	2019年	
	全球竞争力排名	基础设施排名		全球竞争力排名	基础设施排名
新加坡	1	1	中国香港	3	3
美国	2	13	荷兰	4	2

（续表）

国家/地区	2019年 全球竞争力排名	2019年 基础设施排名	国家/地区	2019年 全球竞争力排名	2019年 基础设施排名
瑞士	5	4	韩国	13	6
日本	6	5	加拿大	14	26
德国	7	8	法国	15	9
瑞典	8	19	澳大利亚	16	29
英国	9	11	挪威	17	44
丹麦	10	15	卢森堡	18	17
芬兰	11	22	新西兰	19	46
中国台湾	12	16	以色列	20	23

资料来源：根据《全球竞争力报告 2019》(Global Competitiveness Report 2019)。

如果说，过去全球需要的是国际安全，那么今天全球更加迫切需要基础设施等实实在在的获得感。当今，世界各国通过与市场、高科技、原材料建立更紧密的联系，以更大程度的互联互通来提高国际竞争力。与国际社会有着紧密连接的国家往往能够成为体系的中心，扮演突出角色，大国、小国皆是如此。连通中国和欧洲的铁路和管道的修建夯实了土耳其作为欧亚要冲的地位。没有国内市场、没有腹地、没有资源的新加坡在充分利用其天然海港后，逐渐发展为国际航运中心、金融中心、贸易中心、服务中心、炼油中心，获得远超过其国土规模的影响力。[8] 越是发达国家和地区，互联互通程度就越是紧密。欧洲内部有着纵横交错的道路、铁路和水路网络，拥有星罗棋布的机场和港口，有着数量众多的天然气和石油管道，人、财、物、智等正是凭借这些媒介自由流动，这对于欧洲经济的发展与整合至关重要，一点也不亚于欧盟的制度建设成果。可以说，一国的连通性决定了该国的国际竞争力。纵观全球，许多国家特别是发展中国家对基础设施的供给意识和能力是不足的，这涉及资金、民族、宗教、技术水平、政府能力等许多问题。由于未能有效互联，有些国家虽然看上去是一个赋有主权性质的整体，但内部的割裂程度远比地图上显示出来的严重。跨国和跨区域的基础设施由于涉及多个国家,供给效率更是低下。"基础设施赤字"是许多国家和地区经济社会发展中存在的重要问题,致使区域地理版图的连通性较为薄弱。

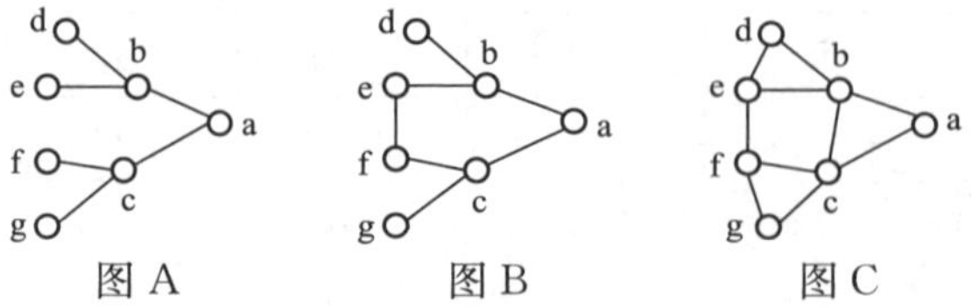

图 3.1

实际上,基础设施项目不仅对本国或涉及的国家有利,对于整个区域的连通性也有利。在这方面,可以从简化图中得到启发。在图 3.1 的三张图中,每张图都有 a、b、c、d、e、f、g 这 7 个节点和一些连接线。我们可以把图看作是一个区域,把图中的 7 个节点视为国家、城市或产业园区,把图中的各条连接线视为交通、能源、通信等基础设施。其中,图 A 是树枝状网络,大多数交通运输网都是从树枝状网络开始的,因为首先要做的就是把各个点连接起来。图 B 是将 e 和 f 连接起来后形成的图,已经是环状网络。图 C 继续连接了 d 和 e、f 和 g、b 和 c。

如果现在把各条线的距离假设为相等,均设为 1。那么,可以简单计算出三个图中某节点到其他各节点的距离之和、每个节点到其他各节点的距离之和,以及两节点之间的平均距离。

表 3.2　某节点到其他各节点的距离

节点	图 A 中的距离	图 B 中的距离	图 C 中的距离
a	10	10	10
b	11	10	8
c	11	10	8
d	16	15	11
e	16	11	9
f	16	11	9
g	16	15	11
总距离/平均距离	96/2.29	82/1.92	66/1.57

可以看到：(1)连接线的增加可以逐渐缩短总距离，以及两节点之间的平均距离；(2)从图 A 到图 C，b、c、e、f 这四个节点到其他各节点的距离之和有所缩短，还从长于节点 a 的总距离变成短于节点 a 的总距离，因为这些节点的相对区位在中心位置。因此，联系区域经济合作来看，这几张图能够带来至少两点启示：(1)区域内部的基础设施建设不仅对涉及的国家有利，对于区域整体也是有利的，能够缩短区域内部总体的运输距离；(2)基础设施建设可能会提升中间区位的国家和地区的地位。因此，区域内部的每一项基础设施项目都对区域互联互通具有意义，推动区域地理版图走向强连通。

第二节　基础设施的中国供给

一、中国国内互联互通

在基础设施建设的技术和资金方面，中国拥有一定的实力，从而使中国国内的互联互通迅速提高。中国历来重视公路、铁路、机场、港口等基础设施建设，资金投入巨大，总额从 1993 年的 2.72 万亿元上升到 2012 年的 20.38 万亿元，年均增长 11%[9]，基础设施投资在国家投资中的比重从 2012 年的 17%左右提高到 2016 年的 25%左右。在这些年间，基础设施投资占到国内生产总值的 8.6%，与此同时，西欧、美国和加拿大的这一数据仅为 2.5%。这也被认为是中国经济保持强劲增长的关键所在。中国国内互联互通在较短时期达到了较高的水平。首先，互联互通已形成基本网络。截至 2022 年底，中国高速公路总里程约 17.7 万公里，建成了全球最大的高速公路网络，覆盖 95%城区超过 20 万人的城市和地级行政中心；全国铁路营业里程达到 15.5 万公里，其中高速铁路 4.2 万公里，西部地区铁路营业里程 6.3 万公里。铁路复线率和电化率分别达到 59.6%和 73.8%；中国定期航班通航运输机场 253 个，定期航班通航城市 249 个，100 公里服务半径覆盖全国 90.2%的人口和 92.6%的地级行政单元。其次，互联互通程度的提升极为迅速。比如，中国高速铁路的营业里程从 0 到 2.2 万公里仅用了 10 年，已占到世界高铁总里程的 60%以上；油气管道里程已达 13.9 万公里，这一数字在“十五”计划末为3.2万公里,到2025年将达到24万公里;光缆线路总长已达5 958万公里,其中有60%都是近几年铺设的,千兆光网已经具备覆盖超过5亿户家庭的能力,建成开通5G基站231.2万个。2019年,中国工业和信息化部向中国移动、中国电信、中国联通和中国广电颁发了5G商用牌照。中国成了继韩国、美国、瑞士、英国之后,全球第五个正式商用5G的国家。中国从4G到5G仅用7年。

高速铁路、高速公路、机场基本上处于国家中心地区,不少国家在这些地区之间往往互联互通程度较高,但中心与边境却未能有效连接。互联互通不仅是中心地区之间的连接,也是全国整体性的连通。“连通到边界”成为考察一国互联互通水平的另一个面向。口岸是国家对外开放的门户,人员和经贸往来的桥梁,连接和利用两个市场、两种资源的重要渠道。“十三五”时期,口岸在国家经济由高速增长转向高质量发展中发挥了重要作用,全国新增开放口岸28个,扩大开放口岸38个,口岸进出口货运量221.9亿吨,进出口货值146.37万亿元人民币,出入境人员26.27亿人次,出入境交通运输工具1.47亿辆(架、列、艘)次,截至2020年底,全国经国务院批准的对外开放口岸共313个。[10]

近年来,为适应对外开放新形势新要求,中国不断加大口岸建设。其一,建设或升级一些新口岸。2011年,勐康口岸正式建成,被国务院批准为一类口岸;2014年,集安口岸升格为国家对朝一类口岸;2016年,平孟口岸在历经五年改造后正式开通,升级为对越一类口岸。“十三五”时期,国家发展改革委安排中央预算内投资9.5亿元支持55个国家正式开放口岸查验基础设施建设。其二,增强口岸通过能力。满洲里口岸是实行24小时通关的国际口岸之一,经过扩建,年通关设计能力达到1 000万人次,车辆120万辆,货物600万吨;绥芬河口岸在2012年整体改造后,过客能力从年100万人次提升至600万人次,铁路年过货能力由不足1 000万吨提升至3 300万吨。[11]其三,实施新的通关模式。广深港高铁西九龙站“一地两检”、港珠澳大桥珠海口岸“合作查验、一次放行”及客货车“一站式”通关、北京大兴国际机场海关与机场安检部门安全检查合作等通关模式相继实施。其四,加强与边境口岸的设施联通,通向口岸的公路基本达到三级以上,大部分口岸连通了铁路,有些还接入了高速铁路。今后几年,中国还将续建、开建和规划更多连接边境口岸的铁路和公路，并对现有的等级公路和铁路进行升级，推动更大范围和更高程度的互联互通。2021年发布的《国家“十四五”口岸发展规划》明确提出，全面落实新时代口岸高质量发展要求，以口岸综合绩效评估为抓手，统筹推进平安、效能、智慧、法治、绿色“五型”口岸建设。到2025年，基本建成口岸布局合理、设施设备先进、建设集约高效、运行安全便利、服务完备优质、管理规范协调、危机应对快速有效、口岸经济协调发展的中国特色国际一流现代化口岸。到2035年，建成与基本实现社会主义现代化相适应的现代化口岸，高质量完成“五型口岸”建设。[12]

虽然，目前铁路网的布局尚不完善，中国仍有900个县没有国道连接。与发达国家相比，中国的机场还不多，油气管网的规模也较小，但基于较快发展速度而不断拓展的覆盖面，中国国内互联互通产品供给已成为世界典范，为许多国家提供了重要经验。如今，中国交通运输的基本网络已经形成，紧张状况已得到有效缓解，瓶颈制约基本消除，互联互通有效促进了城乡区域的协调发展，显著提升了中国的综合国力和国际竞争力；油气管网的布局基本成型，建设和运营水平大幅提升，技术装备达到国际先进水平，基本适应和满足了经济社会发展的需要，这些都反映了中国较强的互联互通能力。

二、基础设施的区域供给

中国在技术和资金方面的实力，也为“一带一路”建设提供了强有力的支撑。根据《中国交通运输发展》白皮书，中国基础设施建设技术世界领先：高速铁路、高寒铁路、高原铁路、重载铁路技术迈入世界先进行列；特大桥隧建造技术达到世界先进水平；离岸深水港建设关键技术、巨型河口航道整治技术、长河段航道系统治理技术以及大型机场工程建设技术世界领先。与此同时，装备制造技术快速进步。以高速列车、大功率机车为代表的一批具有自主知识产权的高性能铁路装备技术达到世界先进水平，部分达到世界领先水平；自主研制的支线客机、通用飞机、直升机已交付使用，C919大型客机获民航局颁发适航证并已交付全球首家客户，量子科学试验卫星“墨子号”成功升空；大型专业化码头装卸设备制造、海工机械特种船舶、集装箱成套设备制造技术领先世界。[13]架桥机、挖隧道机、铺轨机等巨型机械正在助力世界的连通。此外,中国在高原冻土、膨胀土、沙漠等特殊地质的铁路、公路建设技术也克服了一系列的世界级难题。当前,随着物联网、云计算、大数据等先进技术实现物理世界的网络化、信息化和智能化,“万物互联、智能互通”正在从梦想变为现实。大型基础设施还要依靠巨额资金。“一带一路”建设参与国中有众多新兴市场国家和发展中国家。这些国家一方面具有促进经济建设和社会发展的强烈愿望,另一方面又因资金实力和资本积累不足,无力推进基础设施互联互通等重大项目建设。当前,中国拥有充足的外汇储备,正在想方设法通过直接投资、商业贷款、无偿援助、无息贷款和优惠贷款等多种方式的整合缓解这一问题,同时还发挥资金的杠杆撬动作用,从而更好地调动其他国家、国际金融机构的资金以及私人资本为“一带一路”建设提供资金保障。

“一带一路”区域内国家对交通、能源、通信等需求正急剧增加,而发达国家和国际组织的供给意愿和供给能力却相当有限,很多时候自身还有很大的更新需求。全球基础设施中心和牛津经济研究院发布的《全球基础设施展望报告》(Global Infrastructure Outlook)估计:(1)2016—2040年,全球基础设施投资需求将达到94万亿美元。为满足需求,全球要将对基础设施投资占国内生产总值(GDP)的比例提高到3.5%,而在目前投资趋势下,这一比例为3%;(2)亚洲仍将主导全球基础设施市场,2040年,亚洲占全球需求的比例约为54%,仅中国就占30%。[14]

中国对基础设施的供给最早可以追溯到20世纪70年代援建的坦赞铁路,这条铁路帮助内陆国家赞比亚获得了通往坦桑尼亚出海口的交通命脉,将赞比亚丰富的矿产资源与世界市场连接了起来。随着综合国力的迅速提升,中国已经成为全球和区域基础设施建设的最大贡献者之一,正在创建和开拓一种新的世界组织方式,以此为基础的互联互通外交已经成为中国经济外交的一大亮点,成为中国整体外交战略中的优先议题之一。以交通互联互通为代表的基础设施是“一带一路”建设的基础支撑、重要保障,扮演着“先行官”的关键角色。共建“一带一路”倡议提出以来,中国大力加强在“一带一路”沿线开展基础设施合作,“六廊六路多国多港”互联互通架构不断完善,为“一带一路”建设发挥了重要的基础和先行作用。按区域范围可以划分为跨国基础设施、跨区域基础设施以及为其他国家国内建设的基础设施。

从跨国基础设施来看,由中国承建的中老铁路、中泰铁路、匈塞铁路、中塔公路、塔乌公路、喀喇昆仑公路、尼泊尔沙拉公路、澜沧江—湄公河国际航道等合作项目,既推动了区域内国家经济社会发展,扩大了当地就业,也更好地连接了区域内国家的市场;中哈原油管道、中国—中亚天然气管道、中缅原油天然气管道、中俄原油和天然气管道则将丰富的资源与广阔的市场更紧密地联系在一起。中国联通与缅甸电信关于威双登陆站的合作将成为中国拥有的首个印度洋国际通信出口,除中国和缅甸自用外,还将缩短日本、韩国等与中东、非洲、欧洲的传输距离 3 000 千米至 4 000 千米,并降低通信延时,提高传输质量。

从跨区域基础设施来看,最明显的例子是中欧班列。作为中国与沿线国家经贸合作的重要载体,中欧班列的开通无疑是联通中国与欧亚市场的重要举措[15],也使铁路成为海运、空运之外连接欧洲的第三条运输大通道。[16]自 2011 年开行以来,班列数量呈爆发式增长。满洲里口岸开通的中欧班列由 2013 年的 1 列增加到 2020 年的 3 079 列,线路已达 53 条;二连浩特口岸则由 2013 年的 2 列增加到 2022 年的 4 818 列;经阿拉山口口岸往返的中欧班列 2021 年更是超过 6 211 列。2020 年,中欧班列突破“万列”大关,全年开行 12 406 列,运送 113.5 万标箱,同比分别增长 50%和 56%[17],是 2016 年开行量的 7.3 倍,尤其是回程重载运输得到较大改善,综合重箱率达 98.4%,同比提高 4.6 个百分点,其中回程重箱率提升显著,同比提高 9.3 个百分点。全年中欧班列运输货物货值达 500 亿美元,是 2016 年的 6.3 倍,除电子产品、食品、木材、化工产品等传统品类外,国际产业链重要中间品运输需求迅猛增长。[18]中欧班列已通达境外 25 个国家的 208 个城市,形成了贯通欧亚大陆的国际贸易大通道。值得一提的是,除中国货物外,来自韩国、日本、东南亚国家的货物也越来越多地借助中欧班列输往欧洲。

从为他国国内建设的基础设施来看,由中国承建的斯里兰卡南部铁路、塔吉克斯坦“瓦赫达特—亚湾”铁路、乌兹别克斯坦“安格连—帕普”铁路卡姆奇克隧道、阿尔及利亚东西高速公路中、西标段、格鲁吉亚

E60 高速公路、肯尼亚蒙内铁路、印度尼西亚雅万高铁、土耳其安伊高铁、孟加拉国帕德玛大桥、马尔代夫中马友谊大桥、柬埔寨斯登特朗—格罗奇马湄公河大桥等,均被视为他国国内的交通大动脉和提升地区枢纽作用的关键举措,解决了该国历史性的大问题,正在助推其现代化建设,在缓解国内交通瓶颈,增强国内市场联通的同时,也增强了与周边国家的联系。中国对埃及塞得东港二期码头、希腊比雷埃夫斯港、巴基斯坦瓜达尔港、以色列海法新港、斯里兰卡科伦坡港和汉班托塔港的建设或运营也将推动其占据未来国际大通道和国际贸易的中心位置,对这些国家来说具有战略意义。"道路通,百业兴。"中国正在推动区域形成强连通的地理版图,解决无路可通、有路不通、虽通不畅的问题[19],通过基础设施供给引领区域走向"合"的世界、"通"的世界。

第三节　由弱连通到强连通

世界各国已经在推动基础设施的建设。基础设施,尤其是大型基础设施正在改变"一带一路"区域内复杂的地理形态,以及区域供应网络的连通性、速度及容量。公路和铁路正在穿过更大的高山和更宽的大海,加速覆盖自然环境更为恶劣的地区,越来越长的能源管道历经复杂环境连接消费国与需求国。这些首先要依靠以技术进步为核心的基建技术和装备制造技术,使曾经技术不可行的工程成为可能。其次是需要较大的资金供给。借助技术和资金,在基础设施层面,互联互通旨在塑造一个强连通的区域地理版图,使区域内部由非连通性、脆弱的连通性走向强劲的连通性,其具体包含互联、多元、快速、经济、枢纽强劲这五大要素。

一、互联与多元

"一带一路"沿线至今仍有许多"不通"的地方。比如,中国与南亚至今仍然没有连通的铁路,与东南亚国家的铁路和公路连接断点不少;海湾国家铁路网建设进展缓慢,阿曼、巴林、卡塔尔、科威特等国没有铁路;广袤的中亚地区,公路里程仅占亚洲公路网的 19.3%;乌兹别克斯坦、土库曼斯坦、黑山、格鲁吉亚、柬埔寨、老挝等国迄今尚无高速公路[20]；今天非洲的铁路总里程也只比“二战”结束时增加了不到50%。除了南非建成了相对发达的铁路网外，非洲大部分国家，特别是索马里、尼日尔、乍得等面积较大的国家甚至无一寸铁路；泛亚铁路网、泛亚公路网、泛欧铁路网建设仍有待推进；“一带一路”沿线国家之间的直航航线仍有较大发展潜力；通信网络和能源管道建设仍有巨大需求，这些流动中的“梗阻”严重制约着国家经济发展和国家间贸易往来，非连通之处也就成了“发展洼地”。“一带一路”建设首先致力于连接有较大潜力但当前还未通达以及仅有单一通达方式的地区。一直以来，欧洲、西亚、南亚、东亚之间的贸易往来以经过马六甲海峡的水路为主，而如今，中巴经济走廊、“中欧陆海快线”、中欧班列、“双西公路”（中国西部至欧洲西部）、中新（重庆）战略性互联互通示范项目、“冰上丝绸之路”等规划和建设正在开辟多元的运输走廊，推动区域运输通道的网络化发展。此外，更多设想正被提出并付诸实践，中国和乌兹别克斯坦在2014年的联合声明中提出要建设连接两国的最短的铁路和公路通道。哈萨克斯坦、俄罗斯等国一直提议开掘一条贯穿中国西部、哈萨克斯坦、里海、欧亚运河以及黑海的运输走廊，进一步缩短和降低运输距离和成本。伊朗作为中国重要的石油进口国，石油贸易传统上通过海运，为降低贸易成本，目前正计划建设一条连接伊朗、中亚和中国的陆路航线，这也能使中亚国家更加便捷地进入波斯湾和阿拉伯海。自2016年尼泊尔总理奥利访华后，连接两国的跨喜马拉雅铁路规划开始加速推进。中国、老挝、越南电网互联互通取得实质性进展。中巴、中吉、中俄跨境光缆信息通道合作项目取得明显成效。2018年开通的中尼跨境光缆为中国和东亚国家提供了通达中东和非洲的最短互联网路径。正在推进的中泰铁路、中吉乌铁路则将助益泛亚铁路网的完善。综合运输通道的建设将进一步提升中国与“一带一路”沿线国家的投资和产业合作水平。

二、时间与成本

如果说，连通的多元性反映了整个区域的连通密度。那么，时间与成本之比则反映了连通的效率。企业总是根据产品特性和市场需求选择合适的运输方式，运输通道建设则以更短的时间和更低廉的运费为目标。一般来说，海运成本较低但时间较长，空运时间较短但成本较高，铁路和公路介于两者之间，运输成本比空运低，运输时间比海运少。[21] 基于这一优势，“一带一路”倡议正在使铁路和公路运输走向新的高度，这也推动了区域连通的多元性。中巴经济走廊建设将使长达 1.2 万公里的传统路线缩短为 2 395 公里，这条陆运捷径能节省一半的时间和费用；凭借跨里海运输通道，仅需 5 天就可以把货物从中国新疆运至阿塞拜疆巴库[22]；“中欧陆海快线”将使货物从远东到中欧的全程运输时间比其他传统路径缩短 7—10 天[23]；“双西公路”已全线贯通，成为亚太国家到达欧洲市场的最短运输路线。从中国连云港出发运往欧洲的货物，只要 10 天就能运到欧洲西部。新亚欧大陆桥比第一大陆桥在运距上缩短了 2 000—2 500 公里，运费比海上运输节省 20%—25%，而时间将缩短一个月左右。[24] 此外，升级改造的喀喇昆仑公路，改造修复的中塔公路、中吉乌公路、中吉哈公路、塔乌公路等都能起到类似的作用。

三、强劲的枢纽

长距离的运输通道必定产生物流集群，作为一种经济地理现象，它是物流活动在地理上的集聚。由于自然地理的优势，早期的物流集群往往集中在沿海地区，服务于“海洋型”全球化。随着各种提议中的、预期中的运输通道的建设和贸易路线的改变，新的物流集群将会快速崛起，包括铁路枢纽集群、内陆物流集群、多式联运型物流集群以及新的海港集群等。中欧陆海快线将使希腊成为海陆交界的中枢节点；中欧班列的运营正在使中国内陆的乌鲁木齐、霍尔果斯、重庆等地成为开放型经济高地和向西、向南开放的门户；身处“双西公路”交通大动脉中枢的哈萨克斯坦，仅仅从过境货物中，每年就将获得数亿美元的收入[25]；中巴经济走廊将使瓜达尔港的国际化程度陡然跃升；“一带一路”合作具有使马尔代夫和斯里兰卡成为印度洋贸易枢纽的潜力；中国—中亚—西亚经济走廊建设将使乌兹别克斯坦从传统的内陆国变成节点国。可以看到,"一带一路"倡议追求的强连通图景正在使"末梢"变成"前沿"。地缘政治视野中所谓边缘地带,如今正在成为连接东西的枢纽、物流集结的中心、互联互通的要冲。[26]"一带一路"倡议正在成为提升沿线地区地缘优势的重要平台。当然,随着贸易量的扩大以及运输工具的规模经济发展,交通工具的大型化趋势要求更大能力的枢纽,这就要求已有的和新建的物流枢纽持续升级基础设施以提高吸引力、适应力和竞争力。货机正变得越来越大,这需要更长的跑道、更厚重的路面和更大的分拣中心以适应满载的要求;集装箱船的吃水越来越深,这需要更大的码头泊位、起重机、港池、航道、库区来配套;货车和列车正变得越来越长,这需要更宽敞的道路设施,更大型的吊机,更长的车站,更便利的多式联运服务来配合。[27]此外,更短的装卸和转运时间等软性条件同样是一个强劲枢纽的能力体现。今后,物流枢纽之间的竞争将更为激烈。

随着技术进步和资金供给的增加,基础设施合作正在打造一条条全新的交通运输走廊,逐步改变着"一带一路"区域内的地理条件中许多不利的因素,使得这些地区的地缘优势得以显现与提升。中国与沿线国家旨在进一步提高区域内部的运输效率,借此扩大亚洲、欧洲和非洲之间以及三大洲内部的贸易总量,并积极锻造区域产业链合作体系。强连通的发展图景正在将三个大洲迅速连接成一个连贯的市场,从地缘政治版图走向互联互通版图,从政治地理走向功能地理。[28]

第四节　基础设施建设与产业发展的互动与提升

产业合作并非孤立发生,在哪些产业领域和产业项目上开展合作,与合作国的产业发展现状和发展规划紧密联系,基础设施建设也就与产业发展形成了一定的互动。根据一些学者的研究发现,交通基础设施与经济增长呈现显著的"倒 U"关系,交通基础设施条件的改善和投资的增加均能显著促进沿线国家的经济增长,但这种促进效应的大小与各国经济发展水平和基础设施条件有关。经济越落后、交通基础设施质量越差的国家,交通基础设施改善对经济增长的促进作用越大。[29]也就是说,基础设施对经济发展的作用在不同国家和地区有差异化的效应。虽然发达国家的基础设施水平一般而言都较高，基础设施与产业发展较为匹配，但并不意味着增加基础设施投资就一定会使产业得到快速提升，还有可能因盲目增加基础设施投资而抑制产业的发展。较之发达国家，交通基础设施建设对“一带一路”沿线国家，尤其是发展中国家的经济增长可能具有更为积极的作用。这也就是共建“一带一路”以基础设施建设为优先领域的原因，在以发展中国家为主导的区域经济合作中，需要超前投资基础设施，以交通等基础设施建设促进人力与物资的跨区域及跨国流动，扩展市场和贸易，对发展、增长和繁荣进行催化，特别是大型基础设施或关键性基础设施是一个具有正的外部性的公共产品，西方经济学理论的成本—收益分析不足以计算这一公共产品的溢出效应，尤其是考虑到其规模经济效应的时候。

基础设施建设和产业发展的互动逻辑更有可能是一个由不匹配，逐渐到匹配，再到不匹配，再到匹配的循环过程。这一过程可以拓展为三点，第一，基础设施对产业发展起到先导作用，其作用在发展中国家大于发达国家。第二，产业发展往往处在具有一定基础设施条件的地区。第三，产业的发展壮大会催生新一轮的基础设施建设需求。具体来说，由于基础设施建设具有投资期和使用期。发展中国家的产业发展首先需要对基础设施进行适度的超前投资，但其必须基于所在地区拥有一定的产业基础、优势或潜力，使投资可以显现出产业的优势，释放出产业的潜力，为产业发展提供机遇。在进入基础设施的使用期后，产业项目开始逐渐落地、生根、发芽，配套产业和上下游产业逐渐发展起来，一些产业链得到延伸，产业体系得以发展，产业发展水平逐步与基础设施水平相匹配。张金珠等学者的研究发现，中国在“一带一路”沿线国家的基础设施投资，大多显著拉动了建筑、批发、采掘、交通运输、商务服务、水电气部分和金融等产业的发展，并且帮助东道国加快实现产业结构的转型升级。[30]经历一段时期后，当产业转型升级到新的高度之后，则又进入新一轮的基础设施投资期，使产业能够得到继续发展的动力，基础设施更新以及更高水平的基础设施建设逐渐展开。在这里需要注意的是，以基础设施为先导，并不是说基础设施建在任何地区都能引发产业创造效应。基础设施建设和产业发展是紧密联系的，如果在没有产业基础、优势和潜力的地区盲目地投资基础设施，那么这一基础设施将很难发挥拉动该地区产业发展和经济增长的作用，反而有可能会形成债务，增加债务风险。

与产业发展同步，基础设施建设和产业合作的互动也是如此。产业合作首先要基于合作国的产业发展的现状与未来规划，最好在具有一定的基础设施水平的地区进行，或者，如果一个地区具有产业基础、优势或潜力，那么可以先行进行基础设施建设，激发该地区的产业发展，激活地区经济活力。当前，“一带一路”框架下的产业合作也确实基于这一逻辑。大多数产业合作集中在各种类型的境外经贸合作区中，这些产业园区基本上都拥有优越的地理位置，有些位于首都或大城市，比如，中白工业园位丁白俄罗斯首都明斯克近郊，直线距离 25 公里，紧邻明斯克国际机场(5 分钟车程)，M2 高速公路连接明斯克市区，欧洲高速公路 E30(白俄罗斯境内 M1)穿过园区；华凌自由工业园位于格鲁吉亚第二大城市、也是格最大的工业城市库塔伊西市老城区以西 6 公里处，东临埃及工业园、南临城市干道汽车厂路、西临工业集团、北临铁路线，距库塔伊西国际机场 5 公里，距离波季港 90 公里；赛色塔综合开发区位于老挝首都万象市主城区东北方 14 公里处，是万象新城区的核心区域，北临 13 号国道，南临 450 周年大道，距老泰友谊大桥口岸约 14 公里，距瓦岱国际机场 19 公里，距中老铁路货运站的直接距离约 1.5 公里；中国印尼经贸合作区距离印尼首都雅加达 37 公里等。有些产业园区则靠近口岸，如中塔工业园位于塔吉克斯坦和乌兹别克斯坦边境恰纳克口岸 60 公里；中哈霍尔果斯国际边境合作中心横跨中国和哈萨克斯坦两国边境；亚洲之星农业产业合作区位于吉尔吉斯斯坦楚河州，距离吉哈边境口岸仅 3 公里；俄罗斯乌苏里斯克经贸合作区距中国东宁口岸 50 公里。更多的产业园区则紧挨港口，如埃及苏伊士经贸合作区紧邻苏伊士运河，距埃及第三大港口因苏哈那港 2 公里；泰中罗勇工业园靠近泰国廉差邦深水港；西哈努克港经济特区位于柬埔寨唯一的国际港口城市西哈努克市郊；越南龙江工业园距离西贡港 50 公里，其他在港口附近的产业园区包括斯里兰卡科伦坡港口城、马中关丹产业园区、缅甸皎漂特区工业园、孟加拉中国经济工业园、斯里兰卡科伦坡港口城、巴基斯坦瓜达尔自贸区等。企业之所以选择这些地区，主要是基于其较好的基础设施条件以及与全球市场较为紧密和便利的联系。

一般而言,拥有优越地理条件的发展中地区容易发展出口导向型经济,也更容易嵌入全球供应链、产业链、价值链,借此承接一部分国际产业转移而拥有一定的产业基础和优势。例如,在首都、大城市、港口或处于交通枢纽的产业园区,对基础设施投资的需求并不是特别大,大多只需提升园区内部或周边的基础设施水平即可。但有些地区拥有优越的地理条件却没有得到开发,没有较好的基础设施条件,这也是不少发展中国家的常态。此时,就需要超前进行较大规模的基础设施投资,再推动相关产业的合作与发展。比如,瓜达尔港位于巴基斯坦较为贫穷和动荡的俾路支省,但具有较大的区位优势,在瓜达尔港进行必要的基础设施建设是首要的。与此同时,瓜达尔自由经济区与基础设施建设是同步提出来的,在基本的基础设施完成之后,自由经济区的建设及招商引资就提上了日程。目前中国已开发了25英亩的起步区,建成了集道路、水、电、通信、安全围网、垃圾处理等功能齐全的现代园区。实际上,中巴经济走廊第一阶段的重点就是基础设施建设,第二阶段将以自由经济区为载体的产业合作为重点。缅甸皎漂特区工业园、斯里兰卡科伦坡港口城、柬埔寨西哈努克港经济特区等都与之相似,在基础设施建设的同时,必须充分利用当地的产业优势和区位优势,"捆绑"一定规模的园区建设,使得基础设施建设发挥拉动产业发展的积极作用。还有一种情况是,可能没有特别好的区位优势,但拥有一定的产业基础、优势和潜力,以及其他优势,如劳动力成本较低、优惠政策较多等,那么,同样可以进行超前的基础设施投资,再推动产业规模的扩大,产业链的延伸,以及产业的集群化发展。比如,埃塞俄比亚没有出海口,但劳动力成本较低,适合发展劳动密集型产业,亚吉铁路的建成不仅连通了埃塞俄比亚和吉布提港口,打开了出海通道,还在两地之间形成了一条经济带。埃塞俄比亚政府在铁路沿线规划了15个工业园,其中有8个工业园沿着这条铁路建设。目前,已经有来自中国、美国、印度尼西亚、斯里兰卡等多个国家的企业入驻这些园区。连接肯尼亚两大城市蒙巴萨和内罗毕的蒙内铁路建成后,中国公司与肯尼亚也一道在铁路沿线规划工业园区,以铁路带动当地产业发展,致力于打造蒙内铁路、蒙巴萨港、蒙巴萨经济特区三位一体的合作新格局。莫桑比克马普托大桥的建成也将使南岸的卡腾贝地区与北岸的首都马普托一样,迅速吸引到产业的投资和发展的机会。中欧班列的开通以及大量货运班列的开行也将使更多的企业将工业园区布局于这条中欧间重要通道的沿线。

总结而言，基础设施建设和产业发展（产业合作）是良性互动、适度匹配的，不仅遵循自身逻辑，也遵循互动逻辑，要探讨基础设施建设的产业基础以及产业发展的基础设施条件。就这对关系而言，一要注重基础设施建设，特别是大型基础设施和关键性基础设施的作用，强调在发展中国家对这些基础设施进行适度的超前投资的必要性。有效的基础设施建设会引导生产要素的聚集从而为产业发展创造有利条件或推动产业的进一步发展壮大。当然，基础设施建设应以一定的产业基础、优势或潜力为依据，服务于产业的发展与合作，这能使基础设施建设在财务上得到维持，使合作国的经济发展具有可持续性。二要强调产业发展与合作应在拥有一定基础设施条件的地区进行，这对于降低互联互通成本以及更加便利地融入全球和区域供应链、产业链均有益，否则很难吸引到资源的集聚，可能不利于产业的可持续发展。三是产业的发展与壮大会催生新一轮的基础设施建设或基础设施更新，以此为产业的规模扩大或转型升级提供进一步的支撑。

注释

1. [美]詹姆斯・多尔蒂、小罗伯特・普法尔茨格拉夫：《争论中的国际关系理论》，阎学通等译，北京：世界知识出版社 2013 年版，第 185—186 页。

2. 《刘赐贵：坚决扛起建设海洋强国的历史使命》，人民网，http://theory.people.com.cn/n1/2016/0802/c40531-28604161.html。

3. [美]林肯・佩恩：《海洋与文明》，陈建军等译，天津：天津人民出版社 2017 年版，第 605 页。

4. Balázs Sárvári and Szeidovitz Anna, "Political Economics of the New Silk Road", *Baltic Journal of European Studies*, Vol.6, No.1, 2016, p.9.

5. 2017 年，在中国对"一带一路"国家出口中，水路运输的出口额占中国对"一带一路"国家出口额的 73.4%；在中国对"一带一路"国家进口中，水路运输的进口额占中国对"一带一路"国家进口额的 57.7%，进出口均以水路运输为主。参见《"一带一路"贸易合作大数据报告(2018)》，第 30 页，国家信息中心网站，http://www.sic.gov.cn/archiver/SIC/UpFile/Files/Default/20180509162109827517.pdf。

6. 曾智华：《经济特区的全球经验：聚焦中国和非洲》，载《国际经济评论》2016 年第 5 期，第 138 页。

7. 范欣、宋冬林、赵新宇：《基础设施建设打破了国内市场分割吗?》，载《经济研究》2017 年第 2 期，第 25 页。

8. Sit Tsui, et al., "One Belt, One Road: China's Strategy for a New Global Finan-

cial Order”, *Monthly Review*, Vol.68, No.8, 2017, p.38.

9. 范欣、宋冬林、赵新宇:《基础设施建设打破了国内市场分割吗?》,载《经济研究》2017 年第 2 期,第 24 页。

10.《国家“十四五”口岸发展规划》,海关总署网站,http://shenzhen.customs.gov.cn/customs/302249/zfxxgk/zfxxgkml34/3896488/index.html。

11.《绥芬河口岸对俄通过能力大幅提升》,黑龙江省人民政府网站,http://www.hlj.gov.cn/ztzl/system/2017/08/10/010841842.shtml。

12.《国家“十四五”口岸发展规划》,海关总署网站,http://shenzhen.customs.gov.cn/customs/302249/zfxxgk/zfxxgkml34/3896488/index.html。

13.《中国交通运输发展》,中国政府网站,http://www.gov.cn/zhengce/2016-12/29/content_5154095.htm#1。

14.《全球基础设施中心(GIH):2040 年全球基础设施投资展望》,搜狐网,http://www.sohu.com/a/162189820_810912。

15. 事实上,之前欧亚之间就已有这样的尝试,比如 2005 年的“如意号”和 2008 年中、蒙、俄、白、波、德六国国际联运专列,但都没有发展为定期开行的班列。

16. Peter Ferdinand, “Westward Ho—the China Dream and ‘One Belt, One Road’: Chinese Foreign Policy under Xi Jinping”, *International Affairs*, Vol.92, No.4, 2016, p.954.

17. Ibid.

18.《国家发改委:2020 年中欧班列首破“万列”大关运输货物货值达 500 亿美元》,中国网,http://news.china.com.cn/txt/2021-01/19/content_77130786.htm。

19. Yu Ning, “Cooperation on Belt and Road Initiatives”, *China Today*, 2015, p.20.

20. 肖振生:《数说“一带一路”》,北京:商务印书馆 2016 年版,第 11、16 页。

21. 以中国至欧洲为例,采用海运方式,一个 40 英尺箱全程费用约为 4 500 美元,运输时间需要 35—38 天;采用空运方式,全程只需约 2 天,但费用最高折合每个 40 英尺箱达 4 万美元以上;采用铁路运输,全程运输时间需要 10—20 天,一个 40 英尺箱全程费用约为 8 000—10 000 美元。参见崔艳萍等:《亚欧国际铁路联运》,北京:中国铁道出版社 2017 年版,第 3 页。

22.《首列从中国新疆出发的集装箱货运班列抵达巴库》,中国新闻网,http://www.chinanews.com/cj/2015/08-04/7447523.shtml。

23.《“陆海快线”相连,中欧携手逐梦“海丝”》,新华网,http://www.xinhuanet.com/mrdx/2017-05/09/c_136267884.htm。

24. 王润球:《新亚欧大陆桥经济走廊》,北京:中国经济出版社 2018 年版,第 6 页。

25. 肖振生:《数说“一带一路”》,北京:商务印书馆 2016 年版,第 15 页。

26.《“一带一路”超越地缘政治》,载《人民日报》2016 年 6 月 24 日。

27. [美]尤西・谢菲:《物流集群》,岑雪品、王微译,北京:机械工业出版社 2017 年版,第 141—163 页。

28. [美]帕拉格・康纳:《超级版图:全球供应链、超级城市与新商业文明的崛起》,崔传刚、周大昕译,北京:中信出版集团 2016 年版,第 12—16 页。

29. 张艳艳、于津平、李德兴:《交通基础设施与经济增长:基于“一带一路”沿线国家铁路交通基础设施的研究》,载《世界经济研究》2018 年第 3 期,第 56 页。

30. 张金珠等:《基础设施 ODFI 对东道国的经济与环境影响——以“一带一路”六大经济走廊重点国家为例》,载《国际经济合作》2021 年第 5 期,第 57—62 页。

第四章

区域产业链合作体系

共建“一带一路”已历经多年发展，在基础设施建设方面取得了重大的成就，但总体而言仍然任重而道远。不过也要看到，在一些国家，基础设施建设已经阶段性地满足了当地的发展需要。基础设施发挥作用的对象是产业，要充分发挥基础设施对产业的服务和促进作用。“十四五”规划明确提出，推动共建“一带一路”高质量发展的重要一条是构筑互利共赢的产业链供应链合作体系，深化国际产能合作，扩大双向贸易和投资。[1]因此，产业合作是共建“一带一路”的核心内容，构建区域产业链合作体系是产业合作的中长期目标。

第一节　国际产能合作

对中国来说，40 多年改革开放的一条重要经验就是参与国际分工、嵌入全球产业链、融入经济全球化浪潮，以制造业发展为经济增长提供持续动力，实现国民经济和社会发展的不断进步。2016 年 12 月，由商务部等七部门联合下发的《关于加强国际合作提高我国产业全球价值链地位的指导意见》指出：“一国能否从参与全球化中获益，日益取决于能否成功融入全球价值链、能否在全球价值链中某一特定环节占据新的竞争优势。”[2]这一融入战略对中国的发展意义是重大的。当今，中国已进入工业化中后期，形成了产业门类全、技术水平高的工业体系，是全球唯一拥有联合国产业分类目录中所有工业门类的国家，工业竞争力指数在 152 个国家中排名第二位，多种主要工业品产量位居世界第一，装备制造业产值超过全球三分之一，其中，中国机床产量占世界的 40%左右，发电设备产量占全球的 60%左右，钢、铁、水泥等原材料产量占比也很高。但是，尽管中国是少数真正深度参与全球价值链的发展中国家之一，并且已成为发展中国家在全球价值链中的领头羊，但相关产业总体仍处于全球价值链的中低端，具有向全球价值链中高端攀升的诉求。而工业化中后期的定位也意味着中国的工业化还远未结束，中国仍要继续走工业化道路。

“一带一路”区域内的国家大多数都是发展中国家和新兴经济体，虽然在劳动力、自然资源等基本生产要素方面较为充裕，有些国家还有较为优越的地理条件，但由于工业基础薄弱，不少国家的制造业并未发展起来，制造业产业链体系并未组建完善，主要以资源型产品和简单制造产品进入全球产业链，在全球价值链中的地位不高，在经济全球化中的获益有限，也容易受到国际政治和世界经济的影响。例如，作为传统的农业国，阿尔巴尼亚农业生产力水平整体不高，工业体系建设也较为落后，主要工业产品为纺织品、鞋类等轻工产品，以及矿产、石油等资源类产品，这也是阿尔巴尼亚的主要出口产品。蒙古国除畜牧产品外，各类生活和生产资料均依赖进口，经济增长过度依赖矿业，并受制于国际原材料价格波动的影响。矿产资源即便丰富，但在地质勘探方面缺乏专业队伍、技术装备落后，地质勘探水平总体较低。印度尼西亚工业化水平相对不高，产业链上下游配套不完备。虽然自然资源较为丰富，比如铝土矿储量较大，但全国没有氧化铝生产企业，石油勘探开发基本依靠国外石油公司。孟加拉国的支柱产业是服装业，约有 500 万人从事该行业，其轻重工业基础均十分薄弱。文莱缺乏自身的产业基础，经济结构单一，多年来主要以石油和天然气开采与生产为主，约占国内生产总值的三分之二、财政收入来源的 90%和外贸出口的 95%以上，制造业几乎空白。马来西亚钢铁企业的技术水平与自动化程度很低，钢铁年产量在 500 万—600 万吨之间，而年需求量为 1 000 万吨，缺口较大。[3]东帝汶没有工业体系和制造业基础，80%以上的财政收入来源于油气收入。虽然拥有丰富的海上油气资源，但由于缺乏开采与加工技术，这些油气资源主要由澳大利亚公司负责开采与加工，东帝汶只能得到较少的利润分成，甚至还要花高价从澳大利亚进口成品油。[4]吉尔吉斯斯坦工业基础薄弱，矿业是其经济支柱，黄金产业是其经济命脉，外贸结构长期以矿产出口为主、以能源和工业制成品进口为主，其中，金矿出口额占到出口总额的40％左右。库姆托尔金矿的产值更是占国内生产总值的10％和工业产值的35％—40％。同时，吉尔吉斯斯坦自身采矿业较为落后，勘探、开采等领域基本由外资包揽。哈萨克斯坦的支柱产业是采矿业，石油加工和石化工业等是其主要的加工工业，但油气加工基础相对薄弱，制成品几乎全依靠进口。[5]巴布亚新几内亚的支柱产业和主要出口产品是矿产和油气，分别占出口总额的30％和40％以上，经济发展容易受到全球油气市场需求影响，等等。

工业化是一国经济起飞的必经之路。产业是经济之本，是强国之基。生产和制造能力的提升要靠产业的发展，产业发展是国家现代化建设的物质基础。当前，新一轮科技革命和产业变革正在加速演进，世界经济和全球产业结构仍处于深刻调整期，国际经济格局加速变革，各国都在寻求经济发展的新动力。发达国家加速推出再工业化、制造业回流、近岸生产等战略举措，抢占新一轮科技革命和产业革命的高地，广大发展中国家和新兴经济体也在加快推进工业化、城镇化进程，寻求更深度地融入全球和区域产业链，并致力于在某一领域有所突破，推动产业结构转型升级。各国经济发展都在以产业，特别是制造业为支撑，建立起符合本国比较优势的产业或在战略性新兴产业中寻求创新发展。比如，2014年，阿塞拜疆发布《2015—2020年工业发展纲要》，要求扩大支持工业生产的措施；提高和改善工业基础设施；促进非油气工业引进国内外投资；建立工业园、科技园；加强公有和私有经济合作，发展出口导向型非油气产业等。2016年，波兰政府在发布的《负责任的发展计划》中提出促进发展的五大支柱，第一根支柱即为再工业化，政府将把资源集中于有竞争力、可能取得全球领导地位的产业。为满足国内电力生产和工业企业对天然气的潜在需求，阿曼政府大力发展上游天然气行业，鼓励本地及外资企业开展油气勘探、生产、气基项目及支持性服务，推动经济多元化，改变单纯对原油出口的依赖。哈萨克斯坦近年来出台了一系列发展战略规划，要求通过国家工业化和基础设施建设加速发展实现经济的多元化，使哈萨克斯坦从原料供应国转变为工业国。拜登政府上台后，在新兴技术领域不断发力，《芯片和科学法案》《削减通货膨胀法案》等着眼于大力支持美国人工智能、半导体、

5G、量子计算、生物技术、先进能源、先进材料等领域的发展,提高美国竞争力。近年来,欧盟同样致力于构建更加自主可控的产业链,特别是涉及新一代信息技术、人工智能、半导体等领域,这也是欧盟战略自主的重要一部分。

不过,一国产业链的完善、转型和升级,难以仅仅通过被动地融入全球价值链实现,也难以由一个国家孤立地构建起来。打造一条完整的产业链通常要依托一定的区域,通过密切的区域经济合作来搭建和运行起来。为此,制造业存在产业级差的“一带一路”区域内国家开展合作必须以产业对接将资源优势、比较优势转化为产业优势、生产能力,将一国的供给和另一国的需求相连接。换句话说,区域经济合作必须为区域经济发展服务,为区域产业结构的升级服务,为提升区域生产能力服务。共建“一带一路”坚持发展导向,产业合作是“一带一路”的建设之基,可通过区域性的产业合作,达到区域产业链的延伸和升级。从规划对接的实践中也可以看到,项目制是共建“一带一路”的主要运作方式,大多数项目都涉及产业的合作。

对此,中国提出了一个新概念——“产能合作”。2013 年 10 月,李克强总理在访问泰国时首次提到“产能合作”。2014 年 12 月,李克强总理在访问哈萨克斯坦期间首次正式对外提出“产能合作”倡议,与哈领导人就加强中哈产能与投资合作达成重要共识,并见证签署了《中哈产能合作框架协议》。2015 年 5 月,国务院发布了《国务院关于推进国际产能和装备制造合作的指导意见》,明确了钢铁、有色、铁路、电力等 12 大重点行业,提出了推进国际产能和装备制造合作的政策措施。国际产能合作是围绕生产能力新建、转移和提升开展的国际投资和经贸合作,以企业为主体,以互利共赢为导向,以制造业及相关的基础设施建设、资源能源开发为主要领域,以直接投资、工程承包、装备贸易和技术合作为主要形式。[6]作为由发展中国家提出的国际开发与经济合作新模式,国际产能合作既符合国际产业转移的一般规律,又融入了一些新内涵。其一,国际产能合作是国际产业转移与经济地理学的结合。产能合作是中国的优势产能、先进产能、富余产能结合先进技术和充裕资本向那些产业互补、意愿强烈、市场合适、基础较好的国家转移,主要集中于传统产业和某些新兴产业领域。根据《国务院关于推进国际产能和装备制造合作的指导意见》以及与中国签署产能合作协议的对象国来看，中国开展机制化产能合作的主要方向是“一带一路”沿线国家。当然，产能合作也同时面向全球各大区域，聚焦重点国家、重点产业、重点企业。中国还可以同发达国家开展第三方市场合作，实现1+1+1>3的效果。其二，国际产能合作是产业转移与能力建设的结合。产能合作并不是简单地把产品卖到国际市场，而是整体产业体系的转移，帮助区域内国家将资源优势转化为产业优势，提升东道国的自主发展能力，让“一带一路”建设更好地造福沿线各国人民。

第二节　传统产业合作

由于产业发展和优势往往通过资源和产业的集聚来显现，创新也通常发生在集聚生态中，因此，能够发挥集聚作用的产业园区通常成为国际产能合作的主要载体。而中国在“一带一路”沿线地区建立的产业园区，有些则被称为境外经贸合作区。为此，无论是入驻“一带一路”沿线国家的产业园区，还是建立境外经贸合作区，都成了中国开展国际产能合作的重要抓手，这些境外经贸合作区也成了经济走廊上的重要节点。如果说修路架桥等基础设施是“一带一路”建设中的枝干，那么要想树大根深、枝繁叶茂，还需要通过贸易和投资活动，带动所在国本地的就业和经济发展，而经贸合作区建设就是其中“茂密的绿叶”[7]。在已确认通过中国商务部、财政部考核的20个国家级境外经贸合作区中，有16家分布在“一带一路”区域内。《推进共建丝绸之路经济带和21世纪海上丝绸之路的愿景与行动》明确指出：“探索投资合作新模式，鼓励合作建设境外经贸合作区、跨境经济合作区等各类产业园区，促进产业集群发展。”[8]随着“一带一路”建设的推进，中国政府积极推动境外经贸合作区建设，下发了一系列鼓励扶持境外经贸合作区建设的政策性文件[9]，中国企业依据投资机会和要素机会成本的变化主动在沿线国家布局境外经贸合作区，这成了对沿线国家国际投资的新增长点。同时，有些国家也提出希望与中国合作参与产业园区的开发建设，国内产业园区经验就此加速向世界复制。对许多沿线国家来说，由于基础设施并不完善、资本要素还不充裕、体制机制仍不健全，通过设立产业园区创造良好的基础设施和营商环境，推进改革创新，先行先试，以园区内优势产业的集聚式发展辐射带动周边地区和整个国家的经济发展，仍是当前较为现实可行的发展思路。对投资国来说，境外经贸合作区有助于企业更低成本地引进上游原材料和输送下游制成品，还可以通过东道国与其他国家签订的自由贸易协定和优惠贸易安排避开关税壁垒，辐射他国市场。同时，产业集群中的企业在相互竞争、分工协作、资源共享、知识交流中能够获得整体竞争优势和规模经济效应，为市场创造出低成本、高效率、多样化的产品和服务。整体竞争优势一旦形成，会吸引更多企业进入，推动产业集群规模的进一步扩大，并促进成本的进一步降低。对东道国来说，产业园区可以催生制造业投资并扩大就业。[10]

当前，大部分“一带一路”沿线国家的总体实力和科技水平较为薄弱，以劳动密集型和资本密集型等传统产业为重点合作领域较为合适，这些传统产业合作主要是在中国的要素成本不断上升、制造业原有比较优势逐步削弱的背景下，企业将生产活动扩散到沿线低成本区域，在那里呈现地理集聚，从而形成产业集群的过程。就劳动密集型产业合作而言，近年来，有越来越多的中国企业赴“一带一路”沿线国家投资、建设或入驻当地的产业园区，中国也与沿线国家共建了一批经贸合作区，以加工制造、服装纺织、机械五金等行业为主，为东道国提供了大量的工作岗位并吸引更远地区的劳动力迁移就业。不少纺织企业借助越南的劳动力成本优势进入越南龙江工业园，投产企业已为前江省提供了约 1 万个就业岗位。[11]园区年工业产值约 6 亿美元，占前江省工业总产值的 25%以上，已入区企业全部投产后年产值约 30 亿美元，年出口额 20 亿美元。一些新能源、机械、电子电气、建材五金等企业利用泰国的制造业基础和区位优势入驻泰国泰中罗勇工业园，工业园的目标是成为中国传统优势产业在泰国乃至东盟最大的产业集群中心和制造业出口基地。作为传统的农业国，柬埔寨人口年龄结构趋于年轻化，平均年龄 24 岁左右，与其他东盟国家相比，柬埔寨劳工成本低，2021 年最低工资标准为每月 192 美元。[12]为此，凭借柬埔寨的劳动力成本优势、区位优势、优惠贸易地位、政治稳定性等条件，中柬企业在西哈努克省共同开发建设经济特区，已经吸引了不少中国的纺织、服装、箱包、皮具、木业制品等企业加入，特区旨在为企业搭建“投资东盟，辐射世界”的集群式投资平台。据统计，西哈努克港经济特区已累计引入 109 家企业，区内从业人数 1.6 万人。[13] 埃及苏伊士经贸合作区吸引了大量的纺织、电器、家具、五金、食品、汽车制造等企业，已初步形成了新型建材、石油装备、高低压设备、机械制造四大产业。吸引协议投资额超 10 亿美元，实现年销售额 3.2 亿美元，进出口额 4 亿美元，上缴埃及政府税收 10 亿埃镑，带动就业超 3 300 人。[14] 其他类似的产业园区还包括老挝万象赛色塔综合开发区、中国印尼经贸合作区等。促进经济发展和增加就业机会是东道国推动园区建设的重要目标之一。

在劳动密集型产业合作蓬勃发展之时，资本密集型产业合作也在快速推进，能源和矿产合作是其中的重要内容。2015 年，作为“一带一路”倡议与科威特“2035 国家愿景”相对接的重点工程之一，科威特阿祖尔炼油厂项目正式开工，中国石化炼化工程集团广州(洛阳)工程公司等中国企业以联合体的方式参与其中，完成了合同份额的一半以上。阿祖尔炼油厂投入运营后，将为当地新增就业岗位 1 000 个，每年可加工 3 150 万吨原油，促进该国经济从资源出口型向产品出口型转变，助推科威特成为中东地区最大的清洁油品生产国。2016 年，中国重型机械有限公司与老挝国家电力公司在老挝万象签署色贡煤电一体化项目 EPC 合同，合同金额约 21 亿美元，包括一个年产原煤 300 万吨的煤矿和一座设计总装机容量为 700 兆瓦的坑口电站，这一项目有效改善老挝旱季缺电状况，满足老挝日益增长的电力能源需求。2017 年，哈尔滨电气国际工程有限责任公司承建的阿联酋哈斯彦清洁燃煤电站项目开始动工，这是丝路基金在中东地区的首次投资，实现了中国投资、中国融资、中国总包、中国设计、中国制造、中国建造，该项目改变了阿联酋迪拜现有电力供应绝大部分依靠进口天然气发电的现状，也成为中东地区的首个清洁燃煤电站。同年，历时两年多，由中国有色金属建设股份有限公司承建的哈萨克斯坦阿克托盖铜选厂项目正式竣工，这是哈近年来实施的投资额最大的项目之一，也是中哈产能合作框架下的标志性项目。该铜选厂总投资额为 21 亿美元，矿石年处理量为 3 700 万吨，将极大推动哈萨克斯坦工业进程和经济发展。除此之外，自进入哈萨克斯坦市场以来,中色股份还陆续完成了哈萨克斯坦电解铝项目、石油焦项目、硫化装置项目、石化延迟改造项目和巴夏库铜矿选厂等一系列精品工程,累计纳税超过1.6亿美元,为促进当地社会经济发展以及增进两国人民之间的友谊做出了巨大贡献。[15]这样的产能合作项目不胜枚举,正在"一带一路"区域内遍地开花。

延伸产业链是传统产业合作的核心内容,不少园区都致力于打造全产业链合作区,借此逐渐改变资源依赖型国家和简单制造型国家单一的、以原料为主的传统结构,促进经济转型和多元化发展战略。年产350万吨、总投资56亿林吉特的联合钢铁项目作为中马关丹产业园首个入园项目,是马来西亚最大的钢铁厂,采用了世界领先、中国最先进的全流程钢铁生产工艺,不仅可以填补马来西亚市场的空白,还能推动形成钢铁产业基地,并带动马来西亚的钢铁冶炼和制造业升级。中国巨石集团入驻苏伊士经贸合作区有助于培育和带动埃及国内复合材料工业的技术进步和快速发展,并带动埃及成为仅次于中国、美国的全球第三大玻璃纤维出口国。恒顺众昇工业园整合中国和印度尼西亚的优秀企业,第一期以发展高效冶炼炉和回转炉—矿热炉冶炼生产镍铁为主,第二期将发展不锈钢和相关下游产业以及带动地方经济的其他产业。[16]中泰塔吉克斯坦农业纺织产业园项目建设以来,不仅改变了当地棉花种植方式,而且完善了原料深加工产业链,拓展了农业发展潜力,为塔吉克斯坦增加了税收。此前,塔吉克斯坦的棉花加工量仅占全国棉花产量的10%,而现在这一数字提升到了40%。这些加工出来的纯棉纱线质量达到国际一流水准,90%以上都销往海外市场。此外,由于传统产业合作基于低成本考量,辐射效应较为明显。资本会因劳动力成本、政策优惠措施、基础设施质量等因素沿着地理路径向周边和更远地区扩散,带动更广泛区域的开发建设。劳动力也会逐渐在集群内部及周边集聚和流动,带动技术、理念、思维方式传播到更广大的腹地,改善周边地区的经济绩效和国家整体的发展水平。所以说,以劳动密集型为主的传统产业合作是中国与"一带一路"沿线国家依据发展条件和资源禀赋在产业合作领域推进的第一步,也是"一带一路"沿线国家可持续发展的必经之路。

第三节　创新合作

传统产业合作注重劳动力成本的降低、就业机会的创造和产业链的延伸，这是基于企业降低成本，政府增加财政收入、扩大就业、参与全球价值链等考虑，然而，其“仍然属于一种外延式扩张模式，地方企业的劳动生产率不会有显著的提高”[17]。要真正生产出具有较大竞争力的产品，向价值链中高端攀升，需要开展创新合作，注重知识密集型、技术密集型、资本密集型产业和产品，加入或构建区域研发网络和区域创新网络。因此，中国与“一带一路”沿线国家的产业合作不仅要有劳动密集型产业的合作，更应有高新技术产业、先进制造业、战略性新兴产业、生产性服务业的合作。不仅要有市场和资源合作的诉求，也要有科技创新合作的诉求，这也是区域产业链构建、转型、升级的前提条件。当然，从传统产业合作向科技创新合作的升级取决于各国的技术水平和比较优势，也依赖各国的发展进程。

创新合作是共建“一带一路”迈向高质量发展的重要路径之一。当前，世界正经历百年未有之大变局，加上突如其来的新冠肺炎疫情，世界经济陷入低迷。而经济的复苏和增长，则有赖于一系列重大的科技创新，这也是经济可持续发展的来源。近年来，人工智能、大数据、云计算、5G、物联网、生物医药、新能源、新材料等新理念、新业态方兴未艾，被广泛运用于生产生活的方方面面，可以说新一轮科技和产业革命正在创造历史性机遇。为此，中国与“一带一路”沿线国家的产业合作也势必将创新合作纳入其中。在全球化、信息化和网络化深入发展的背景下，创新要素的开放性、流动性显著增强，科技研究与产业化的边界日趋模糊，科学技术加速在全球的普及与扩散，推动世界经济成为一个紧密联系的整体，用科技促进经济社会发展成为国际共识。世界经济和创新格局的深度调整，也需要中国在“一带一路”建设中大力推进科技创新合作。同时，实施创新驱动发展战略，推动经济社会转型升级成为中国发展的必然选择。解决我国面临的经济发展难题，迫切需要提升产业技术水平。推动“一带一路”科技创新合作是中国应对世情国情变化、扩大开放、实施创新驱动发展战略的重大需求。[18] 为此，2016 年科技部、发展改革委、外交部、商务部发布《推进“一带一路”建设科技创新合作专项规划》指出了中国与“一带一路”沿线国家开展科技创新合作的三个重要基础，即，一是中国与许多沿线国家发展阶段类似，发展需求和条件有共同之处，在发展路径的选择上容易达成共识。中国积累的大量先进适用技术和科技人才，能够为沿线国家提供更具借鉴意义的发展经验。二是科技创新在与沿线国家开展国际合作中具有先行优势，已成为政策沟通、设施联通、贸易畅通、资金融通、民心相通的关键支撑。三是科技创新在支撑“一带一路”建设中已发挥了积极作用，并取得良好成效。中国与大多数沿线国家建立了较为稳定的政府间科技创新合作关系，与沿线国家共建了一批科研合作、技术转移与资源共享平台，广泛举办各类技术培训班，接收大批沿线国家杰出青年科学家来华工作。2017 年，中国启动“一带一路”科技创新行动计划。2018 年 11 月，“一带一路”国际科学组织联盟成立。2019 年 4 月，第二届“一带一路”国际合作高峰论坛期间，科技部与有关国家的科技创新主管部门共同发布《“创新之路”合作倡议》，宣布实施“一带一路”创新人才交流项目，未来 5 年支持 5 000 人次中国及其他“一带一路”共建国家人才开展创新交流合作。与此同时，科技部先后支持建设了一批联合实验室，包括中国—蒙古生物高分子应用联合实验室、中国—埃及可再生能源联合实验室、中国—柬埔寨食品工业联合实验室、中国—尼泊尔地理联合研究中心、中国—马来西亚清真食品国家联合实验室、中国—东盟海水养殖联合研究与示范推广中心等联合研究平台的建设工作。中国也分别同东盟、南亚、阿拉伯国家、中亚、中东欧建立了区域技术转移平台。

当前，“一带一路”沿线国家虽然整体实力有限，但均致力于国家创新体系的建设和整体创新能力的提升。中国、日本、以色列、新加坡跻身世界创新型国家前列，其他“一带一路”沿线国家也拥有相当数量的人才资源，具有较高的教育基础，因此在部分领域具有很强的技术优势。例如，泰国的新一代汽车制造和智能电子、印度的信息产业和生物制药、以色列的可再生能源和生物技术、新加坡的电子工业和生物医药等。越来越多的国家也将创新上升为国家战略，制定了旨在提升经济附加值的工业和制造业发展战略、计划或纲要，提出了一些未来重点发展的领域。例如，泰国政府提出“泰国 4.0”高附加值经济模式，在巩固和发展原有优势产业的基础上推动工业机器人、航空与物流、生物能源与生物化工、数字经济、医疗中心等五大未来产业。马来西亚启动工业 4.0 政策，重点支持电子电气、机械设备、化工、航空航天、医疗设备等产业，旨在 2025 年将其打造成为亚太地区智能制造战略合作伙伴、高科技产业投资目的地、高技术解决方案提供国。在“数字印度”的强力推动下，印度政府逐步关注人工智能、机器人、量子通信、区块链、机器学习和物联网等创新技术，挖掘并利用人工智能的潜力，提升印度制造业、医疗行业、农业的产业效率，加速智慧城市建设。2018 年，印度出台《人工智能国家战略》，聚焦医疗、农业、教育、智慧城市和基础设施、交通运输五大人工智能领域。印度政府认为有必要将人工智能提升到战略治理工具的高度，在长期必将对维护国家稳定和保卫国家安全发挥重要作用。新加坡也是人工智能创新高地，也有人工智能定位与其固有的优势，提出人工智能战略涉及医疗、教育和商业等领域。[19]这些国家的技术基础和优势以及未来产业发展的重点领域都是中国可以与其开展技术和创新合作的重要领域和行业。

实际上，中国与“一带一路”沿线国家的一些企业已经开始在“一带一路”区域内布局，增强创新合作。比如，中国—东盟北斗科技城、中国—东盟北斗智能产业园等合作项目和机构 2020 年相继落地，带动武汉优势产业参与到“海上丝绸之路”的建设中；在白俄罗斯首都明斯克正在形成的具有竞争性和创新性的高科技国际生态城市——中白工业园；中国在海外建设的首个科技企业孵化器项目——中比创新技术产业园；华为与印度尼西亚通信部联合打造的印尼创新中心；重点打造新材料、医疗健康、智慧产业三大主导产业和工业设计、影视新媒体两大特色产业的中以常州创新园等。与此同时，定位为劳动密集型产业的产业园区，也为科技产业和创新合作留下了一定的空间，致力于打造综合性产业园区，将传统产业与高技术产业相融合。比如，埃及苏伊士经贸合作区、越南龙江工业园、中国印尼经贸合作区、中马钦州产业园等，都存在向科技合作拓展的愿望。除此之外，中国与菲律宾、印尼等 8 个国家已经启动或者正在探讨建立科技园区合作关系，许多沿线国家明确提出了开展科技园区合作的需求。这些都表明,企业正从跨国并购、品牌收购,转向更高层次的技术合作,在集群中实现创新和技术能力的共同提升。

中国与“一带一路”沿线国家的创新合作也具有开放性。在这方面,中国也要注重与“一带一路”区域外的发达国家和地区开展先进制造业、战略性新兴产业、生产性服务业等先进技术领域的交流合作[20],尤其在目前节能环保、新一代信息技术、生物医药、高端装备制造、新材料、新能源汽车等战略性新兴产业的国际分工形态还未形成的情况下,中国在这一领域尤其应该与发达国家对接合作,共建专业化、现代化的高端产业园区,搭建跨国企业创新产业和新兴产业集群,加快推动产业转型升级,向全球价值链中高端跃升。程大中指出,中国本土产业迫切需要与世界各国的顶级产业“强强联合”,通过提升产业竞争能力,积极引导新时期的全球化和区域一体化进程,以新的姿态全面深入地参与全球治理。[21]时殷弘则指出,从长远来看,中国相对最缺乏的是广义的技术,因此,中国经济外向扩展不仅要向西看,还要向东看。应该进一步穿越和跨过太平洋,争取中国对一些发达国家的投资,争取最大最深远的利益,也就是吸取广义的先进技术,使中国进入世界技术和操作管理的高端。[22]为此,中国要依托发达国家的技术和产业优势,入驻或共建海外科技园区和海外研发中心,在创新领域加强合作,以此向全球价值链中高端迈进。

从创新合作的载体来说,创新通常存在于集聚生态中,来自创新集群,其有别于传统集群的关键一点是行为主体之间的互动与合作,包括:(1)企业;(2)知识机构,如科研机构、大学、创新中心、咨询机构等;(3)服务机构,如协会、商会、技术转移中心等。创新集群的标志是这些主体之间的良性互动,共同供给创新环境。王缉慈认为,传统集群一般只把企业集聚区域作为企业的经营地点,企业之间的合作只是偶然的,甚至不存在,虽然企业家在很近的地理范围内一起生活和工作,却很少共享信息、讨论共同的问题。而创新集群要把企业集聚区域作为企业的互动地点,通过长期的正式和非正式的相互交易和交流过程,特别是知识的互动来实现创新。[23]在全球化浪潮中,由于发达国家的跨国公司处于全球价值链的核心地位,发展中国家的产业集群依赖海外市场所从事的往往是技术成熟的生产，较难打破既有技术壁垒和在创新方面建立起密切的交流与合作关系。因此，无论是中国还是“一带一路”沿线国家在国外合作建立的创新园区并不多。不过，中国已经注重创新集群中的产学研互动。比如，中法经济贸易合作区以奥尔良大学为核心的中央大区教育、研发资源为依托，并联合全法中国科技工作者协会，以此作为其国际创新研发园的院校和科研两大支柱[24]；中比创新技术产业园建立在比利时瓦隆州的新鲁汶大学科技园内，有助于产学研的更好转化；以水处理节能环保产业为切入点的东莞中国—以色列国际科技合作产业园在建设之初就启动建造广东以色列理工学院，未来产业园将与这所学院良性互动，推动创新科技直接对接。2018 年，中俄丝路创新园中方园区和俄方园区相继开园，许多企业已入驻园区，如俄罗斯的立德集团、Ketch Up 集团，乌克兰的莱兹吉、维尔尼斯，中国的陕汽集团、深圳腾达科技、西安陆港大陆桥国际物流有限公司等。园区注重产学研相结合，拓展研究机构和高校在园区设立联合实验室。如俄罗斯科学院联合西北工业大学航海学院设立中俄海洋工程实验室，开展水下机器人研发；俄罗斯喀山国立技术大学联合西北工业大学设立中俄轻型动力联合实验室，进行小型航空涡轮发动机的自主研发，扩大无人机应用范围。[25]创新集群的精髓是互动与共享。对于区域产业链合作体系的构建和升级来说，提高生产能力和创新能力，两者缺一不可。

第四节　资源整合：政银企合作和第三方市场合作

无论是传统产业合作还是创新合作，在不少情况下国际产能合作很难仅靠企业之间的合作就能达成，通常需要国际和国内多元行为体的参与和互动以整合各方的优质资源。政银企合作是中国整合国内优质资源的重要方式，致力于使政府部门、金融机构和企业在国际产能合作中形成联合与协同优势，提升合作效率。第三方市场合作是中国提出的整合全球优质资源的重要方式，是中国企业与有关国家企业共同在第三方市场开展经济合作，其中，主要是中国与发达国家在发展中国家市场的合作，促使参与各方优势互补、强强联合，提高项目达成和实施的效率。

一、政银企合作

政银企合作是中国整合国内优质资源的重要方式，其中，“银”指的是金融机构，包括开发性银行、政策性银行、商业银行、保险机构等，“政”指的是政府机构，包括中央政府和地方政府，“企”指的是企业，包括中央企业、国有企业和民营企业。自中国提出“一带一路”倡议之后，中国对“一带一路”沿线国家和地区的投资逐年增加，这离不开政银企之间的协同与合作。

（一）间接合作

从宏观层面来说，中央政府和地方政府对企业的对外投资一直发挥着政策引导、机制推动、资金扶持和功能服务的作用。

1. 政策引导

中央政府和地方政府出台了一系列政策文件推动企业参与国际产能合作，中央政府层面包括《国务院关于推进国际产能和装备制造合作的指导意见》《国际产能和装备制造合作重点国别规划》《推进国际产能合作省市、企业与重点国别对接组合工作安排》《国家推进国际产能合作三年行动计划》等，对产能合作领域、重点合作区域、资金支持和机制保障等做出了总体部署。地方政府则积极落实国家战略和方针政策，根据国家出台的政策文件，研究制定了地方政策文件，明确了各个地方开展国际产能合作的主攻方向、重点领域和激励措施，建立了国际产能合作重点项目库。同时，地方政府也结合自身特点发布了具有针对性的文件。比如，天津市下发了《关于进一步扩大境外投资合作加快企业“走出去”工作的实施意见》，河北省制定了《河北省钢铁水泥玻璃等优势产业过剩产能境外转移工作推进方案》和《河北省人民政府关于加强与中东欧国家投资合作的支持意见》，内蒙古自治区出台了《内蒙古自治区参与“丝绸之路经济带”建设实施方案》和《创新同俄罗斯、蒙古国合作机制实施方案》，浙江省发布《关于创建国际产业合作园的通知》，江苏省发布《关于抢抓“一带一路”建设机遇进一步做好境外投资工作的意见》，山东省制定了《关于进一步做好境外投资合作工作的指导意见》，江西省印发实施了《关于加快融入"一带一路"战略鼓励江西省企业参与国际合作的实施方案》，宁夏出台了《关于融入"一带一路"加快开放宁夏建设的意见》，这些文件旨在总体谋划企业"走出去"的产业布局，并提供了一系列的优惠政策和举措。

2. 机制推动

机制推动主要包括中央和地方层面建立的机制以及央地联动机制。(1)在中央层面，中国建立了推进"一带一路"建设工作领导小组，对"一带一路"建设的推进做出指导和协调，办公室则设在国家发改委。(2)在地方层面，各省、自治区、直辖市以及一些城市建立了推进"一带一路"建设工作领导小组，有些地方还建立了针对国际产能合作的统筹协调机制，如，黑龙江省建立了国际产能和装备制造合作工作联席会议制度，江苏省成立了推进国际产能合作部门联席会议制度，湖南省成立了湖南推进"一带一路"建设暨国际产能合作工作领导小组。其他一些省份也成立了类似的协调机制，将推进国际产能合作作为地方经济工作的一个重点。各个地方还通过地方政府领导人出访和友好省州关系，以及举办博览会、产能与投资合作论坛、对外投资合作洽谈会、世界产业大会等方式推介本地企业，在"访""展""会""谈"的结合中促进企业与"一带一路"沿线国家的企业进行产能和投资对接。比如，自 2014 年以来，河北省政府多位领导同志先后出访了中东欧、非洲、西亚和拉美等地，促成河北钢铁集团、冀东发展集团、英利集团等一批企业的产能合作项目。[26] 2019 年 5 月至 6 月，吉林、四川、重庆、辽宁、浙江、江苏、安徽、黑龙江和广东等省(市)的省(市)委书记或省(市)长率队出访，大多跟"一带一路"有关，考察了许多企业，并促成了一批合作项目的签约。(3)在央地联动机制方面，国家发改委和外交部是推进"一带一路"建设和国际产能合作的主要政府部门，"一带一路"倡议提出后，国家发改委与各个省、自治区、直辖市相继签署了推进国际产能和装备制造合作委省协同机制合作框架协议，在地方开展的产能合作项目中筛选出国家与地方共同推动的重点项目，同时加强国家发改委对地方开展国际产能合作的宏观指导和统筹协调，对地方参与双多边合作机制，制定重点国别规划，设立股权投资基金等工作方面给予支持、协调和推动。

外交部则积极联合各个地方筹备、举办了多场“蓝厅论坛”,重点推介各地的优势产业。

3. 资金扶持

资金是不少企业开展国际产能合作的瓶颈。为此,国家和地方设立专项基金、专项贷款、财政补贴等多种方式撬动公共资金、商业性股权投资基金和社会资金加入以支持国际产能合作。国家开发银行是直属中国国务院领导的政策性金融机构,是全球最大的开发性金融机构,也是中国最大的对外投融资合作银行。截至 2021 年 7 月已累计向共建“一带一路”国家项目投放贷款逾 2 600 亿美元,贷款余额 1 665 亿美元,有效发挥了共建“一带一路”主力银行的作用。中国进出口银行是支持中国对外经济贸易投资发展与国际经济合作、具有独立法人地位的国有政策性银行,是中国政府指定的“两优”贷款业务唯一承办行。近年来,中国进出口银行不断加大信贷支持力度,截至 2019 年 4 月已支持“一带一路”建设项目 1 800 个,贷款余额超过 1 万亿元人民币。商业银行拥有广泛的海外分支网络和丰富的全球运营经验,综合服务优势显现。截至 2020 年末,11 家中资银行在 29 个“一带一路”沿线国家设立了 80 家一级分支机构,其中,东南亚地区最为密集。3 家中资保险公司在新加坡、马来西亚、印尼设有 7 家营业性机构。[27]中国银行和中国工商银行是目前覆盖沿线国家最多的中资银行。截至 2019 年 6 月,中国银行在 24 个沿线国家拥有海外分支机构,跟进项目 600 多个,在沿线国家提供授信超过 1 400 亿美元。中国工商银行已经在 21 个沿线国家设立了 131 个分支机构,在东盟地区,工行在泰国、越南、老挝、柬埔寨、缅甸、印度尼西亚、马来西亚和新加坡 8 个国家设有 60 家分行[28],已为“一带一路”建设累计承贷超过 1 000 亿美元,集中在境外电力、电信、铁路、港口、航空、航运、市政基础设施等。中国出口信用保险公司是中国唯一一家承担出口信用保险业务的政策性国有保险公司,旨在促进对外贸易和投资的发展。2013 年至今已在“一带一路”上投保了超过 7 120 亿美元的贸易和投资项目。2015 年 12 月,由中国倡议成立、57 国共同筹建的亚洲基础设施投资银行正式成立,成为全球首个由中国倡议设立的政府间性质的多边金融机构。亚投行重点为亚洲的基础设施提供融资支持,法定资本为 1 000 亿美元。开业之后,又有47个成员先后加入，使成员国达到104个，超过了欧洲复兴开发银行和亚洲开发银行，成为仅次于世界银行的第二大多边开发机构，覆盖全球人口的78%、全球国内生产总值的63%，至今已批准了121个项目，总投资达403.7亿美元，取得标准普尔、穆迪、惠誉3家国际评级机构最高信用评级，并得到巴塞尔银行监管委员会的零风险权重认定。在吸引各国政府资金的同时，“催化私人资本”也是一项重要原则，许多项目均有私人资本参与合作。金立群在提交给理事会的报告中称，亚投行成功的一个重要评价标准在于它能在多大程度上撬动私人部门资金，这将是该机构未来业务的重点。要促进基建投资较快增长，撬动私人资本是根本出路。而亚投行的投资正对各国公共与私人资本起到引领性作用，既能尽可能多地动员和引导商业资本投入基础设施和相关生产领域，又能先导地为私人资本培育和建立更广泛的市场。[29]中国宣布成立的丝路基金同样如此。作为专门性的中长期开发投资机构和具有国家背景的专业投资者，丝路基金以股权投资为主，具有显著的杠杆作用，可以为一些融资数额比较大的项目解决资本金不足的问题，从而提高项目的融资能力，成倍数地撬动包括债权在内的其他资金进入项目。至今，丝路基金已累计签约项目近70个，承诺投资金额210亿美元，项目覆盖全球60多个国家和地区，不仅包括低收入国家、发展中国家、新兴市场经济体，还包括发达经济体；投资行业涵盖了基础设施、资源开发、产业合作和金融合作等领域。

在地方层面，地方政府加大了财政支持力度，希望撬动社会资本支持本地企业参与国际产能合作。安徽省设立了对外投资合作专项资金，对境外经贸合作区的领办企业，最高可获700万元资金扶持。同时，进入园区的非领办企业，对其厂房、展厅、办公场所等租赁费用给予50%的补助，一个年度最高补助不超过300万元，补助期限不超过3年。对在境外投资设立生产加工运输仓储及开展境外农、林、渔和矿业等合作开发的，在海外并购获取营销渠道、知名品牌、先进技术的，如果当年累计投资100万美元以上，则按投资额给予不超过6%的补助，但单个项目最高补助不超过300万元。如果企业在境外设立技术研发机构，在境外获得专利技术的注册费，最高可按不超过实际发生费用的50%给予资助。如果企业将境外资源开发所获得的矿业、农业等合作产品运回国内,对从境外起运地至国内口岸间的运保费,安徽省将给予不超过10%的补助。[30]山东省设立省级外经贸发展资金,每年对境外园区项目予以资金补助。比如,省财政厅就统筹了中央和省级资金2亿元,对匈牙利中欧商贸物流合作园区等3个境外经贸合作园区进行支持。广西财政设立了对外投资合作专项资金,加上中央财政转移专项资金,每年投入1 500万至2 000万元支持企业“走出去”参与国际产能合作。湖南省设立了国际产能合作专项引导资金,拨款5 000万元用于省内国际产能合作重点项目引导资金。河北省财政安排专项资金支持企业“走出去”,安排1亿元建立“走出去”股权引导资金。黑龙江省发起了工业投资基金提升企业“走出去”水平和能力。辽宁省设立了国际产能和装备制造合作产业投资基金。江苏省设立商务发展和对外经贸发展专项资金和江苏省“一带一路”投资基金。广西设立了广西丝路产业基金。新疆设立了“一带一路”基金,等等。这些基金与传统的金融机构形成互补,通过发挥杠杆效应撬动社会资本,提高企业的对外投资和跨国并购能力。

4. 功能服务

企业顺利完成一项国际产能合作需要在事前事中事后得到便利化的服务,为此,商务部建立了“走出去”公共服务平台,涵盖对外投资合作国别(地区)指南、境外经贸合作区、安全风险防范、投资项目信息库等多方面内容。不少地方也在总体层面建立了对外投资合作“一站式”服务平台或“走出去”综合公共服务平台,为企业了解和对接境外市场信息、重点国家资源禀赋、政府政策信息、营商环境以及便利化服务提供支持。中央政府和各个地方还致力于改进境外投资管理方式,在项目备案管理、企业设立、外汇管理、融资安排、产品通关、扶持政策、外事服务等各环节开辟绿色通道或建立“单一窗口”工作模式,为“走出去”企业提供优质和便利化的服务。中国还加强了与驻外使领馆、外国驻华使馆,以及国外的政府投资机构、商会、投资银行、咨询公司、律师事务所、会计师事务所的交流与合作,主动收集、深入分析“一带一路”沿线国家的法律、法规、政策、产业趋势、投资机会、合作项目等,构建合作数据库,并实时向企业发布,让企业尽早掌握海外的合作信息。

（二）项目合作

在具体的合作项目中，中国政府、金融机构、企业也是协调配合，推动项目的高效有序推进。在能源项目上，老挝南瓯江流域梯级水电开发项目是老挝政府授权外国公司开发整条河流水能资源的第一个案例。总装机容量为127.2万千瓦，总投资近28亿美元。中国国家开发银行从早期就开始介入该项目，参与项目的顶层设计，于2011年与实施方中国电建签署了《南瓯江项目融资合作协议》，在满足有限追索的前提下，为项目融资提供了多层次风险分担机制。项目一期采用BOT（建设—运营—转移）模式，借款人为南瓯江流域水电有限公司老挝南瓯江流域发电有限公司（中国电建为投资开发南瓯江流域梯级水电一期项目在老挝首都万象市注册成立的项目公司）。此外，在2016年，由国家开发银行牵头的银团承诺为该项目提供中长期外汇贷款，贷款期限为20年。这有助于整合不同金融机构的资源，确保为项目建设提供大量和长期的资金，并分散参与银行贷款风险。2016年，一期项目的全部机组提前投产发电。巴基斯坦卡洛特水电项目是中巴经济走廊中的重要电力项目，总投资约17.4亿美元，项目公司卡洛特电力有限公司主要股东为三峡南亚投资有限公司。该项目采用项目融资模式，中国国家开发银行、中国进出口银行、丝路基金和国际金融公司提供约14亿美元的贷款支持，贷款期限17年，宽限期6年。另外，国际金融公司和丝路基金也参股三峡南亚投资有限公司，间接持有卡洛特电力有限公司股份。通过用水电站替换过时的化石燃料发电站，该项目将缓解巴基斯坦对使用外汇购买进口燃料的依赖，减小巴基斯坦的债务风险。此外，2016年丝路基金和哈电集团同时入股迪拜哈斯彦清洁燃煤电站项目，分别参与股权投资，中国银行领衔国际各大银行为该项目提供融资。正是由于获得丝路基金与四大国有银行的大力支持，提供了极具竞争力的融资方案，才最终使得该项目花落哈电集团。在交通基础设施项目上，肯尼亚蒙内铁路是首个海外全中国标准铁路项目，是肯尼亚建国以来最大的基础设施项目，总投资约38亿美元，其中的90％由中国进出口银行贷款提供，约16亿美元为优惠贷款，期限为15年（含5年宽限期），其余10％由肯尼亚政府逐年拨款提供。肯尼亚设立了一个特殊的海关税基金作为还款担保,以及包括土地补偿的其他活动。2017 年蒙内铁路的客运正式运营,已为肯尼亚的经济增长做出贡献,为当地人民创造就业机会,增加东非铁路网络的联通性,为肯尼亚带来了长期可持续的收益。

总的来看,政银企合作对于国际产能合作的项目对接、项目落地和全面推进具有很大的优势。第一,有利于企业获得海外信息。由于中国企业迈向国际市场仍然处于初级阶段。企业对投资所在国的行业特点、市场需求、投资政策、法律法规、营商环境、社会风险等信息的掌握往往是不够的,获取信息资源的渠道也是有限的,政府提供的引导和服务能够帮助企业了解和掌握更多的海外信息,减少投资政策和投资环境的不确定性,对于企业更加明确“往哪走”“怎么走”,更好地把握商业契机起到积极的作用。第二,为企业“走出去”提供动力。大多数企业仍习惯于在国内发展,依托国内市场逐步前进,对外合作不主动、不积极、不愿意,境外项目数量不多,规模不大。此时,来自政府部门的政策支持和金融部门的资金支持能够为企业走向国际市场提供推动力。政府部门通过财政支持和补贴、境外投资便利化等方式帮助企业“轻装上阵”,减少后顾之忧。同时,开展国际产能合作需要大量的资金。但是,大多数企业自身的融资渠道有限、融资能力较弱、融资成本较高,对企业“走出去”形成很大的制约。要帮助企业解决融资难、融资贵的问题,政府部门应积极搭建企业和金融部门的对接平台。政府通过财政政策对企业“走出去”做出资金引导和支持。企业致力于建立与金融部门的长期合作。第三,有利于企业在境外的有序投资。一方面,政府的引导为企业“搭船出海”“抱团出海”创造契机和平台,提高企业的联合竞争优势和抗风险能力。另一方面,境外投资也需要有序推进,需要政府对企业“走出去”进行统筹规划和合理布局,规范企业的境外竞争行为,防止一哄而上、恶性竞争,防止引发社会和环保问题。

二、第三方市场合作

政银企合作是中国整合国内优质资源的重要方式,第三方市场合作则是中国整合全球优质资源的重要方式,其最早来自 2015 年李克强总理访问法国期间签署的《中法关于第三方市场合作的联合声明》。截至 2023 年 11 月，中国已经同 14 个国家签署了第三方市场合作文件，并通过举办论坛等形式共同为企业搭建合作平台、提供公共服务等，为促进国际产能合作奠定了良好的基础。中国提出的第三方市场合作是指中国企业与其他国家企业共同在第三方市场开展经济合作，在现实中主要是中国与发达国家在发展中国家市场共同进行开发合作，将中国在产能、资金等方面的优势、发达国家的先进技术同发展中国家的发展需要相结合，在优势互补中实现互利共赢，产生 1+1+1>3 的效果。门洪华和俞钦文认为，第三方市场合作具有政治和经济的双重属性，比较资源优势、政治共识和共同利益构成了第三方市场合作的基础，其中，比较优势和资源禀赋的差异是第三方市场合作活动的物质基础，政治共识和国家意愿是第三方市场合作开展的意志基础，共同利益及其协调是国家间合作的根本基础。[31] 当今，第三方市场合作模式在国际上已获得了积极的响应，呈现出良好的发展势头，成为共建"一带一路"的重要内容。

（一）第三方市场合作的意义

应当来说，当前的国际经济合作项目一般都需要多家企业共同参与完成，即便世界上有些巨型企业正在向投建营一体化、全产业链等方向发展，但仍不能保证在整个项目过程中的各个环节都保有优势。区域经济合作的主体是企业，企业之间的优势互补是推进合作项目的驱动力，这类似于国际贸易中的比较优势理论。

具体来看，第三方市场合作的驱动力包括以下几个方面，一是缺乏必要的技术和装备，即针对第三方市场的产品合作。目前全球的大型基础设施项目越来越多，建造成本高，技术要求高，装备要求先进，往往世界上只有少数企业能够拥有先进的技术以生产这些独特的装备，企业在承建过程中必然要从其他国家的企业购入这些装备，以满足建设需要。中国大型且先进的盾构机、起重船、旋挖钻机、拼装吊机、起重机、绞吸船、打桩船、浮船坞、架桥机、运梁车等装备在国际市场上广受欢迎，通常能够成为发达国家在发展中国家开展工程承包时所需的装备。当然,一些企业从其他国家购入装备和产品并非因为没有生产能力,而是基于比较优势。不过,大型装备、特殊装备和高技术装备通常只有少数国家能够生产。

二是缺乏足够的资金。大型项目对资金的需求也较高,多家银行机构对项目的联合融资、银团贷款等方式,一方面有助于项目的达成与推进,另一方面也有助于分散风险,更好地应对复杂的政治、经济和文化环境中的各项风险。当然,联合融资的项目一般是对一国具有重大战略价值或对经济社会发展具有重大意义的项目。实际上,中国的开发性银行和政策性银行一直在同世界上的多家金融机构进行合作。作为首届"一带一路"国际合作高峰论坛的重要成果,中国财政部已联合亚洲基础设施投资银行、亚洲开发银行、拉美开发银行、欧洲复兴开发银行、欧洲投资银行、泛美开发银行、国际农业发展基金、世界银行集团、非洲开发银行、新开发银行等成立了多边开发融资合作中心,旨在通过促进信息分享,支持项目前期准备和能力建设,协调国际金融机构及符合条件的金融机构开展多边合作,支持包括"一带一路"倡议在内的基础设施互联互通。[32] 2020 年 6 月亚投行董事会批准设立了这一资金机制,并作为其基金托管方和项目执行机构。这一机制目前已得到了广泛支持,中国捐款 1.5 亿美元,沙特、埃及、匈牙利分别捐款 1 000 万美元,柬埔寨捐款 10 万美元,菲律宾承诺捐款 10 万美元,共计 1.802 亿美元。[33]

三是缺乏对国际标准、他国法律和制度的了解,从而在国际市场上寻找合作伙伴。在当前的国际合作项目中,欧洲标准和美国标准等发达国家的标准仍然占据主导地位,中国企业参与发展中国家的合作项目往往也要依据这些欧美标准来建设,不少中国企业对欧美标准了解不深,国际化人才也较为缺乏,这就需要同欧美国家的企业开展紧密合作,开展分工协作或咨询服务,以此满足业主的要求。因此,第三方市场合作其实就是以更小的代价换取更好的服务,符合商业逻辑,能够创造出巨大的价值。

(二) 第三方市场合作的分类

从第三方市场合作的驱动力以及具体的实践来看,第三方市场合作的具体内容至少包括产品服务合作、项目合作、产融合作这三个大类。

1. 产品服务合作

产品服务合作是中国企业与外国企业在设备采购、认证许可、法律商务咨询等领域开展合作，共同为第三方市场客户提供整体解决方案。2014 年黎巴嫩政府开始建造大贝鲁特供水隧道和输送管线以缓解首都的缺水难题，意大利土木工程承包商 CMC 公司中标了该项目。为推进引水隧道施工，CMC 公司向中国中铁采购 2 台硬岩掘进机。中国中铁在实地勘探、设计论证及计算优化的基础上，按照国际标准创新设计和制造了 2 台硬岩掘进机设备。中国铁建所属铁一院与韩国 Dohwa 公司和秘鲁当地公司组成监理联合体，中标秘鲁利马地铁 2 号线的综合监理服务合同，为利马地铁 2 号线提供设计审查、机车车辆监造和施工监理等综合性咨询服务。通过第三方市场合作，中国企业的专业技术经验和业绩优势、韩国公司丰富的管理和国际化运营经验、秘鲁公司熟悉当地法律、商业环境以及语言方面的优势均得以充分发挥。中国进出口银行融资支持的肯尼亚奥卡瑞地热项目，中国企业发挥钻井技术和管道施工等方面的优势，提供地热蒸汽钻出和运输的前期服务，日本企业则负责发电设施建设，双方分工配合，有效推动了项目顺利进展。中国进出口银行融资支持的刚果(布)国家一号公路建成后，中国企业和法国监理方组成联合体，通过公开投标获得特许经营权，形成中刚法三方共同运营、共担风险、共享收益的运营机制。刚果(布)政府通过特许经营保证公路较好的通行状态，同时在税收和利润分享等方面给予优惠政策，为项目顺利运营提供了良好的政策环境。巴基斯坦西南部俾路支省胡布地区的德拉加齐汗水泥厂项目作为巴基斯坦迄今为止建造的最大水泥厂，该厂采用的钢构件由中国和德国企业合作生产。

2. 项目合作

项目合作是另一种主要的合作类型，主要是中国企业与外国企业通过总分包、联合竞标，或者并购、合资、参股等方式，共同在第三方市场开展项目或投资。2013 年，中国电建、卡塔尔 AMC 公司和巴基斯坦政府签订《投资项目谅解备忘录》，明确三方将合作开发多个巴基斯坦燃煤应急电站，其中包括卡西姆港燃煤电站项目，以缓解当地电力短缺情况。东方电气与意大利企业共同承建了埃塞俄比亚吉布三水电站项目，其中，东方电气承担了设备成套供货与服务项目，工程范围包括10台混流式水轮发电机组及其全部附属设备和所有金属结构设备的设计、制造、运输、安装、调试等，2015年，吉布三水电站项目首台机组正式并网发电。2015年，中国港湾与法国博洛雷集团和法国达飞海运集团组成的联合体——喀麦隆克里比深水港集装箱码头运营公司，中标克里比深水港集装箱码头25年特许经营权，本项目的建设和运营，既发挥了中国港湾在港口建设和维护方面的专长，又充分结合了法国博洛雷公司的港口运营、水陆物流的优势和法国达飞公司的航线及船货资源的优势，将中法的“第三方市场合作”倡议在喀麦隆得到落实，2018年3月，克里比深水港集装箱码头正式开港运营。[34] 2016年9月，中广核与法国电力集团共同投资建设英国欣克利角C核电项目及后续的塞斯维尔C、布拉德维尔B核电项目，且布拉德维尔B核电项目将采用中国自主三代核电技术“华龙一号”。由中国和白俄罗斯两国元首倡导、两国企业主导开发的中白工业园于2015年启动建设，近年来也尝试开展第三方市场合作以缓解融资压力。2018年，德国杜伊斯堡港口股份有限公司以0.7%的占股，正式加入中白工业园区开发股份有限公司，虽然占股很少，但意义重大，其加入将成为欧亚经济联盟国家与欧盟国家合作的桥梁，可以帮助园区开拓欧盟市场，也将把杜伊斯堡港口股份有限公司对欧洲市场的了解、对欧盟市场准入标准和法律法规的把握以及丰富的国际运营经验带入工业园。[35] 此外，2016年6月，中韩经济技术交流会第三方市场合作论坛上，中国机械工业建设集团与韩国现代建设株式会社签署厄瓜多尔太平洋炼油厂项目JV协议、中巴新能环钢铁公司与韩国浦项制铁签署巴西马拉尼昂州钢铁项目合作备忘录。2017年6月，中国三峡集团与德国福伊特集团签署巴西圣保罗州伊利亚电站机组改造项目协议。[36]

3. 产融合作

产融合作是中国金融机构与外国金融机构通过银团贷款、联合融资、转贷款、股权参与等多种方式，在第三方市场开展合作。2009年，中国进出口银行和日本国际协力银行签署了《关于通过联合融资支持中日两国企业对第三国共同出口项目的合作备忘录》，并在此框架下支持了一批重点项目。越南海防燃煤电站一期、二期项目由中国进出口银行与日本国际协力银行联合融资支持，中国出口信用保险公司与日本贸易保险分别承保出口信用险。中国、俄罗斯、法国、日本等多国金融机构通过银团对亚马尔液化天然气开发项目开展项目融资，法国、德国、意大利、瑞典等国出口信用保险公司提供保险服务。美、意、中等多国企业共同持股的莫桑比克四区块浮式液化天然气项目，由中、韩等国金融机构共同提供银团贷款。[37] 2016 年，中国信保、中国银行与意大利国家电力公司签署三方合作框架协议，约定中国信保与中国银行将联合为意大利国家电力公司及其下属绿色能源公司提供总额不超过 10 亿美元的融资保险额度，支持其采用中国设备或承包商在拉美等地区的项目。类似的产融合作还包括：法国储蓄银行与中投公司之间用于在非洲和亚洲 20 亿欧元投资的联合投资基金，欧洲投资基金与丝路基金之间的中欧共同投资基金，日本三菱日联银行与中国国家开发银行关于在东盟地区开展第三方市场合作的《业务合作协议》，法国巴黎银行以及法国最大的私募基金欧瑞泽基金集团与中投公司之间以投资欧洲大陆为主的“中法产业合作基金”，法国国家投资银行与中投公司为毛里求斯清洁能源项目提供融资，法国东方汇理银行与中国信保的第三方市场框架合作协议，以及欧洲复兴开发银行与中国工商银行共同为中东、北非、中亚、土耳其多个电站、天然气等项目提供融资，等等。[38]

（三）第三方市场合作的挑战

第三方市场合作在实现互利共赢的同时，也会面临一定的挑战，这些挑战来自国家间的政治关系、理念分歧、外部干扰等。

1. 政治互信不足

第三方市场合作具有经济和政治双重属性。政治互信对于两国是否开展和推进第三方市场合作具有重要的影响。较高的政治互信是达成和延续第三方市场合作的黏合剂，也有助于化解矛盾和分歧。中日之间开展第三方市场合作就很容易受到政治互信的影响。虽然，中国提出“一带一路”倡议之后，日本企业界表现出较大的热情，中日两国也签署了《关于中日第三方市场合作备忘录》，启动了中日第三方市场合作工作机制和中日第三方市场合作论坛,但由于日本在历史问题、领土争端等问题上的错误态度,中日两国的政治互信始终不足。因此,虽然中国企业的市场能力、经营能力和应用创新同日本的基础创新、市场空间可以互补提升,在第三方市场合作潜力巨大,但日本政府对华依然坚持“合作中提防”的态度,在参与“一带一路”倡议、对华开展第三方市场合作方面对本国企业设置了较多的限制。比如,日本政府在将节能环保、产业升级和提高物流网便利性等设为重点合作领域的同时,对一些“特殊领域”保持敏感,“强烈建议”经济界“筛选”合作项目,将“一带一路”相关基建项目划分为安保领域和非安保领域,特别是对于港口、铁路与机场等“可作军事用途”的基建项目,不建议与中方合作。[39] 与此同时,在中日第三方市场合作中,日本还提出了“财政健全、开放性、透明性、经济合理性”等四个条件,其提出“高质量基础设施伙伴关系”也正是说明了对中国“一带一路”建设缺乏信任。德国政府则担心德国企业与中国企业在非洲开展第三方市场合作时,其知识产权容易被侵犯,无法得到保护,或被非法盗取商业秘密甚至担心在合作时其核心高新技术流失等问题。因此,德国政府要求德国企业一定要严防“德国技术失窃”,并特别提到要防止中国企业通过提高资本投入与德国共享技术的方式来获取其核心技术。[40] 韩国等国家同样如此,由于近年来中国的经济实力快速提高,产业能力增强,不少国家对中国产生了政策纠结,既希望分享中国经济发展的红利,又担心中国的发展会影响到自身的产业竞争力,很难与中国达成较高的政治互信,这种心态势必也影响到第三方市场合作。

2. 理念分歧

由于第三方市场合作需要不同国家的行为体参与其中,不同行为体在文化、规则、标准、理念、管理方式等方面的差异也将影响到第三方市场合作,并且增加了沟通与协调的难度。从理念看,不同国家采取何种方式开拓市场的理念并不相同,这一差异可能会导致合作双方产生一定的分歧和矛盾。比如,中国企业在和新加坡的企业合作过程中,双方在经商节奏和理念上有所不同:中方企业往往采取规模化、粗放式的管理和布局,以期尽快占领市场份额;新加坡企业做事风格较为谨慎保守,需要花费较长的时间做决策。又如,阿里巴巴在进入东南亚市场后，遇到了不同国家在个人数据保护法律上的限制问题，公司认为东南亚发展与合作速度明显不如国内市场；从新加坡企业的角度来说，新加坡叶水福集团在和重庆跨境运输企业合作开拓越南市场的过程中，重庆企业想迅速部署网络，搭台举行发布会，但是恰巧碰上越南国庆节，当地人都投身于庆祝活动中，不乐于参加外企举办的活动，叶水福集团认为中方企业考虑不周全才造成了这种失误。[41]从标准来说，无论是基础设施标准还是产业标准，不同国家差异较大，在不少领域也缺乏统一的国际标准，此时，谁主导了标准的话语权，谁就决定了合作中市场的主导力。因此，如何协调解决技术标准的差异是第三方市场合作中面临的另　个挑战。比如，中国在东南亚多地的投资项目，多采用中国标准实施，韩国企业在东南亚各地的投资也相对采用对本国有利的规则和标准。未来，双方在东南亚不同国家制度下的合作，如何协调不同的规则和制度是需要克服的一个难题。[42]又如，在中国铁建公司与日本伊藤忠商事会社进行项目合作过程中，双方在采取何种机车标准方面产生分歧。日方建议采用日方机车标准，中方则建议采用中方标准并发挥日方机电零部件的优势。此外，在双方具有合作潜力的环保技术领域也缺乏全球统一的技术标准，双方在汽车尾气排放、大气污染等方面的标准均不相同，未来在第三方合作中均面临标准对接问题。[43]从管理方式而言，发达国家的企业一般是私营企业，其项目代表或者相关负责人被授予更多权限，组织结构更加扁平化，决策周期较短，决策速度较快。中方企业大多是央企和国企，需要按照相关的制度和办法开展投资业务，各项事务的决策通常要经过层层审批，决策速度与合作伙伴相比较慢。[44]这一差异也会影响到双方合作的进度。

3. 外部阻力

第三方市场合作不仅受到合作方内部因素的影响，也会受到外部因素的干扰。“一带一路”沿线地区的局势不稳定，宗教极端主义、恐怖主义、民族分离主义等各种因素相互交织，地区风险聚集于此，长期以来都是大国间利益角逐的重要场所。美国因素的介入通常都是中国与其他国家开展第三方市场合作的外部阻力。2015 年，美国国防部提出“印太”战略，其核心是构建美日印澳四边关系，在“印太”地区构建所谓“价值观”联盟。该战略提出后，美日印澳四国互动频繁，遏制中国意图明显。因此，美国对亚太的介入以及对亚太盟国和伙伴的施压和影响，很大地影响到中国与周边国家开展第三方市场合作。例如，韩国作为东北亚地区的重要国家，既是美国的盟友，又是中国的重要合作伙伴，交叉性联系使得韩国的对外政策与经济发展很难协调同步。中韩两国的发展战略对接、人员交往以及第三方市场合作，触及美国在东北亚地区的战略利益，也对美国在广大发展中国家市场的优势地位形成替代效应。因此，基于中韩两国发展战略对接下的第三方市场合作可能会受制于美国因素的干扰，对合作项目的可持续发展造成影响。[45]中日第三方市场合作同样受到地缘政治因素的干扰，美国积极塑造的“印太”战略正试图对冲中国的“一带一路”倡议，给中日第三方市场合作形成阻力和压力。

第五节　共建区域产业链合作体系

在当前的国际产能合作中，无论是传统产业合作还是创新合作，大多都是一种项目制合作，主要服务于中国与“一带一路”沿线国家的发展战略，产业合作项目较为零散，很少涉及对区域产业链的主动塑造。“十四五”规划明确指出，要“构筑互利共赢的产业链供应链合作体系，深化国际产能合作，扩大双向贸易和投资。”为此，共建“一带一路”在产业合作中的中长期目标是共建区域产业链合作体系。一方面，基于全球经济技术结构和发展中国家的性质，中国与“一带一路”沿线国家的区域经济合作大多嵌入在既有的全球产业链中。不过，中国在这一过程中的构建更加具有主动性和创造性。另一方面，区域产业链合作体系嵌入全球产业链，这对于中国与“一带一路”沿线国家来说，提高了低端制造业的生产能力和经济绩效，但也容易陷入“低端锁定”的风险，即发达国家的跨国公司作为“链主”，对全球价值链形成主导，而使处于中低端价值链的发展中国家长期徘徊于中低端，中高端领域的发展陷入停滞。尤其是，中国现在正面临全球价值链的“链主”对其向中高端价值链攀升和市场拓展进行围追堵截。因此，构建中国主导的区域产业链合作体系成为区域经济合作的重要任务。今后，伴随着区域内国家和地区的产业合作更加紧密，一定程度的区域产业链合作体系将逐渐形成。随着中国技术水平的提升，“一带一路”建设也将推动中国构建“以我为主”的区域产业链合作体系，这也有利于部分摆脱发达国家的“俘获”和“锁定”。这与新冠肺炎疫情后全球产业链的区域化、近岸化、内向化和本地化的发展趋势是同时存在的，即在纵向分工上趋于缩短，原先分包给跨越国境的不同国家企业生产，以工序、环节为对象的纵向分工体系，现在可能要适度收回，某些环节可能要缩回到跨国公司内部进行，结果是一个企业内部可能包含了不同的工序、片段和环节；在横向分工上，则趋于区域化集聚，即原先被拆散到不同国家的不同企业生产的工序和环节，在回缩的过程中需要落实在一个具体的空间上，就是布局到一个国家或若干邻近的国家边境进行集中和集聚化生产。[46]

从嵌入全球产业链向共建区域产业链合作体系的转换需要满足至少三个条件。第一，地理邻近。区域产业链合作体系要体现出较为强大的联系密度。中国与“一带一路”沿线国家地理相邻，人口和经济总量分别占到全球的63%和29%，自然资源丰富。2022年，中国与“一带一路”沿线国家的进出口额为13.83万亿元，占中国货物贸易进出口总值的三成，双方互利合作前景广阔。为进一步增进地理联系，“一带一路”建设将设施联通作为优先合作领域，积极提供交通、能源、通信等互联互通产品，进一步拉近了中国与沿线国家的距离。地理邻近性和连通性是提升联系密度的前提条件，而联系密度又是构建区域产业链合作体系的基础条件。

第二，产业互补性强于竞争性。区域产业链合作体系的形成，需要区域内国家和地区在产业间和产业内形成较强的互补性。如果参与方在同一产业或同一环节中的竞争过于激烈或区域内产业没有形成级差或梯度，区域产业链合作体系就难以构建起来。在中低端领域，中国与沿线国家存在一些竞争性较强的产业，如纺织品、皮革、鞋类等，但在中高端领域，中国具有一定的优势，水平领先于“一带一路”沿线大多数国家。近年来，中国大力增强科技创新能力和战略科技力量，大力推进战略性新兴产业的发展，人工智能、高铁、核电、航空航天、生物技术、3D打印、新能源等高端制造领域发展迅速。2016年发布的《国家创新驱动发展战略纲要》明确指出，中国将在未来着重发展信息技术、工业机器人、航空设备、高铁设备、新能源汽车、电力装备、生物医药等中高端技术行业。坚持不懈地发展,未来中国在中高端领域的竞争优势将更为明显。凭借"一带一路"沿线各经济体之间的实力水平差距和不同的工业化发展阶段,中国与"一带一路"沿线国家在产业、装备、技术、资金等方面能够实现优势互补和需求对接,合作潜力巨大。[47]因此,产业互补性强于竞争性可以说是中国与沿线国家共建区域产业链合作体系的先决条件。

第三,控制能力。区域产业链合作体系的构建,一方面意味着,这一链条仍然作为发达国家全球价值链的一部分,另一方面则意味着,由区域内国家来主导区域产业链合作体系。对于中国和一些"一带一路"沿线国家来说,区域产业链合作体系的构建显然既有前者,但更希望向后者推进,即区域内国家在区域产业链合作体系中的分工具有控制其他环节的核心能力,即成为"链主",成为有定价权的一方,占据区域价值链的高端,这主要来自研发和设计等环节,取决于一国是否拥有较强的科技实力。中国在"十四五"规划中已经提出要强化国家的战略科技力量;打好关键核心技术攻坚战;加强基础研究、注重原始创新;瞄准人工智能、量子信息、集成电路、生命健康、脑科学、生物育种、空天科技、深地深海等前沿领域,实施一批具有前瞻性、战略性的国家重大科技项目。这对于中国不断向价值链高端攀升具有重要意义。张远鹏运用全球价值链定位指标,基于 WIOD 数据库测算了中国与"一带一路"沿线部分国家的全球价值链定位指数,结果也表明中国在"一带一路"国家价值链分工中地位提升明显,并形成一定的优势。[48]可以看到,中国向科技强国和制造强国的不断迈进是获得区域价值链控制能力的必要条件。

基于以上三个条件,不少学者分析指出了中国与"一带一路"沿线国家共建区域产业链合作体系的领域。如,魏龙和王磊认为,在产业间,中国的农业,食品制造及烟草加工业,石油加工、核燃料加工业等产业国际竞争力弱,而"一带一路"沿线国家的这些产业均有一定竞争力;在服装皮革羽绒及制品业,橡胶与塑料制品业,电气和光学设备制造业等中国竞争力较强的产业,"一带一路"沿线国家均处于劣势,展现出双边具有较强的产业互补性。在产业互补中,中国处于优势的产业部门多为未另分类的机械制造业,电气和光学设备制造业,其他制造业等高技术产业；劣势明显的产业部门主要是农业，采掘业，石油加工、核燃料加工业等传统产业和资源型产业。在产业内，互补性也大于竞争性，在形成互补的10个产业内部，中国有6个产业处于高附加值环节，反映了中国更多从事价值链中的高端环节，这有利于“一带一路”区域价值链的形成和中国对其控制力的产生。[49]张彦提出，中国应以创新驱动发展战略为契机，推动国家科学创新中心与东盟国家中具有中高端制造业基础的国家如新加坡、马来西亚、泰国等进行深度合作，重点突破信息技术、工业机器人、新能源汽车、农机装备、生物医药等“工业4.0”重点产业，占据区域价值链生产端的制高点，推动区域价值链的形成和延伸。[50]王勤则认为，随着全球价值链的重构，跨国公司正加快调整投资战略和区域布局，中国应把握全球价值链重构的时机，有计划地逐步在区域内构建与跨国公司为主导的生产网络相平行，以中国企业为主导的电子信息、机械制造、家电、汽车、化工、纺织等产业链和供应链，将当地企业纳入中国企业的区域产业链或供应链中，通过兴建工业园区或经贸合作区，鼓励引导中国企业在当地布局产业链和供应链，吸引当地辅助工业企业在园区投资设厂，推动产业链和供应链向当地延伸，促进中国企业与东盟企业建立密切的前向和后向联系。[51]

对于中国来说，“一带一路”建设有助于中国构建“以我为主”的区域产业链合作体系，这也是中国今后构建全球产业链的基础。作为一个在部分领域具有一定技术水平的发展中国家，必须同时加强和拓展两条路径。第一条路径是作为发达国家和“一带一路”沿线国家的重要节点，中国承接发达国家的先进技术并将其转移到“一带一路”区域产业链上，在这一过程中发挥一定的主导性，进行本地化和改进创新。这一路径的主要特点是，中国已具备了一定的生产能力，能够形成较为完整的国内产业链，能够向沿线国家输出和推广，或通过外包和发包的方式进入东道国市场，但缺乏一些尖端技术和高端产品的生产能力，处于赶超发达国家的阶段。比如，华为、中兴等中国企业在新一代信息通信领域优势明显，已经在“一带一路”沿线地区推进5G合作及新一代移动通信网络建设，与周边国家在生产、研发等方面形成了区域产业链合作体系，但是，中国在许多方面仍然较为落后，处于受制于人的境地。例如，美国在半导体设备领域技术领先，应用材料在氧化炉、离子注入机、物理气相沉积、化学气相沉积、抛光机等半导体设备中技术先进,占全球市场份额较高,泛林集团的刻蚀机的市场份额超过50%。荷兰阿斯麦的光刻机在全球市场份额的占比超过75%,在先进制程上更是达到了100%。在这种情况下,中国虽然能够凭借在部分领域的先进技术对区域产业链合作体系形成一定的塑造力和主导力,但由于核心产品和关键技术仍然受制于人,中国的定价权、控制权、话语权依然不高。

第二条路径是以中国的先进技术和高科技产业为核心,利用"一带一路"沿线国家的技术梯度级差来构筑区域产业链合作体系,真正成为整条产业链的"链主",这也是共建"一带一路"的目标之一。当前,美国对华发起全面竞争,全球供应链面临重重危机和挑战。在这一背景下,中国更加应该以增强科技能力,特别是增强战略科技力量,以此来构筑"以我为主"的区域产业链合作体系。就半导体产业而言,当前,中国在半导体产业链的各个环节都有企业在加速布局、研发和攻关,全产业链进步速度很快,只是由于技术难度和产线验证原因有先有后,仅就设备而言,刻蚀机、离子注入机、化学机械抛光机、清洗机等中国都已在不断突破,一旦中国的芯片设计能力和光刻机的发展达到了世界领先水平,突破了最薄弱的环节,中国便可以之构筑区域产业链合作体系。高铁也是中国能在"一带一路"沿线地区构筑产业链合作体系的重要领域。从2004年到2014年,中国通过引进、消化、吸收到自主创新,掌握了多项世界领先的关键技术,迅速成长为全球公认的头号高铁大国,工程建造技术、高速列车技术、高铁运营管理技术和高铁系统集成技术都达到世界一流水平,并创造了多项"世界之最"。曾楚宏和王钊就认为,就高铁产业而言,中国已经能够在沿线地区构筑一条区域产业链合作体系。目前,中国与沿线国家大力开展合作的高铁产业链包括原料、零部件、基建、机械、配套设备、运营及物流、后续服务七大环节,涉及工务工程、牵引供电、列车运行控制通信、高速列车、客运服务、安全系统防灾检测等方面的二十七项核心技术。在与"一带一路"沿线国家的合作中,中国通过分包或发包的方式将东道国的相关企业纳入以中国技术和产品为主的高铁产业链,从而满足更广大市场的需求。[52]而未来伴随着中国向研制超高速列车的迈进,超高速列车将成为中国抢占技术制高点和国际市场的重要的本土品牌,更是能够推动沿线国家服务于中国的高铁产业链发展。可以看到，这一路径是构建以中国为主导的区域产业链合作体系的实质和目标，对于中国从“制造大国”向“制造强国”的转变以及推动共建“一带一路”高质量发展具有重要意义。随着中国技术实力的提升，将有越来越多的领域和行业由第一条路径向第二条路径转换发展。

第六节　基建和产业的发展对机制建设的诉求

当前，共建“一带一路”仍然处于区域经济合作的初级阶段，具有开放性的特征且不设置规则门槛，虽然以欧亚非为优先，但欢迎世界各国参与进来，为尽可能多的国家提供国际经济合作的机会，这是与现有以规则为导向的区域经济一体化不同的重要一点。但需要注意的是，不设置规则门槛并非不需要机制化。“一带一路”建设不以机制化安排为前提条件，但不排斥机制化的安排，机制建设作为“一带一路”建设的重要支撑，是“一带一路”高质量发展的必然要求，也是第一阶段基础设施建设和产业合作之后的重点内容。习近平主席在第三届“一带一路”国际合作高峰论坛上明确指出，完善“一带一路”国际合作机制。中方将同共建“一带一路”各国加强能源、税收、金融、绿色发展、减灾、反腐败、智库、媒体、文化等领域的多边合作平台建设。[53]中国学者也谈到了“一带一路”机制建设的必要性。比如，李向阳认为，作为一种发展导向型的区域经济合作机制，共建“一带一路”高质量发展的核心在于可持续性，而实现可持续性的基本路径在于机制化。[54]王明国提出，“一带一路”倡议本身包含了国际制度的合理诉求，如能把“一带一路”倡议转化为具体的国际制度与组织，无疑有助于破解新时期中国国际制度战略面临的挑战，进而推动中国国际制度战略转型并对全球治理结构变迁产生实质性影响。[55]应当来说，共建“一带一路”在推进基础设施建设和产业合作的同时对机制建设提出了更高的诉求，因此需要加强机制建设以支撑“一带一路”区域经济合作。

第一，互联互通的深入必然推动机制建设。从 2013 年提出“一带一路”倡议至今，互联互通建设主要集中于“硬联通”，即公路、铁路、桥梁、港口、管道、通信等基础设施建设，在标准、规则、规制、认证等“软联通”方面的合作相对薄弱,但这些领域的合作却同样能够显著降低交易成本,提高通达效率,减少互联互通的机制性阻碍。比如,缩短运输时间、降低运输成本,要以机制建设解决“通而不畅”的问题。作为非接壤国家,中国和乌兹别克斯坦之间虽有公路连接,但货运车辆长期以来无法驶入对方国家,进出口货物需经由吉尔吉斯斯坦中转,单程8—10天。通过双方商定的《中乌国际道路运输协定》,过境运输周期已压缩至2天左右,并使每吨货物运费较此前减少300—500美元。[56]区域内国家还在致力于组建港口联盟,加强信息共享和技术分享。2019年1月,世界银行发布了一篇题为《丝绸之路的贸易效应》的工作论文。报告认为,贸易时间延长一天将导致沿线国家出口下降5.2%,如果假设所有出口产品都可以通过相对容易的运输方式变革来利用改进的运输线路,那么“一带一路”倡议贸易总额最高估计可增长4.1%;如果假设不能改变产品的运输方式,那么贸易总额最低估计可增长2.5%。该报告还预计,撒哈拉以南非洲、中亚和西亚国家以及对时间投入敏感的产品(如化学品)将实现最大的贸易改善。特别是,如果通过“一带一路”签署贸易协定,甚至改变市场准入,那么基础设施建设对贸易的带动效应将分别达到7.9%和12.9%。[57]因此,互联互通建设不仅需要“硬联通”,更需要“软联通”,并且“软联通”的收益可能更大,而“软联通”的推进需要进行跨国规制合作和政策协调的机制以改善运输条件、提高通达效率。“软联通”还涉及国内规制、标准、认证的国际合作问题。由于国情不同,各国总是采取不同的规制,这就导致产品在跨国运输过程中至少受到两套规制体系的影响,这对贸易自由化和便利化是不利的。世界经济论坛曾统计得出,若融合诸多不同的规制措施,将给全球经济带来至少5%的福祉。[58]近年来,规制不一致问题已成为影响美欧贸易增长的最大障碍。据测算,如果双方统一食品安全标准、药品规制认证、专利申请和认证、制造业的技术与安全标准、法规和认证等,欧盟经济将因此每年增长0.72%,对美出口将增加2.1%,美国经济将因此每年增长0.28%,对欧出口将增加6.1%。[59]2013年的世界经济论坛曾举出一个典型案例,一家化学公司向美国进口用于阿司匹林和扑热息痛的乙酰,这家公司必须符合五家美国机构几乎相同的标准,结果导致三分之一的货物延时发货,而每延迟一天的经济损失是6万美元。[60]

第二，产业合作的深化必然要求机制建设。作为共建“一带一路”的另一个重要合作内容，产业合作也需要加强机制建设来推进。产业合作主要是对外直接投资或并购，这就使其中的很多方面需要以机制建设来推动或解决。一方面，需要政府间建立产业合作机制对产业合作进行规划，并激发围绕产业链的产能与投资合作，以期在远期形成区域产业链合作体系。为此，截至 2019 年 9 月，中国已经与 50 多个沿线国家签署了双边投资协定，已与哈萨克斯坦、吉尔吉斯斯坦、格鲁吉亚、柬埔寨、越南、阿联酋、伊朗等 41 个国家签署加强产能合作的框架协议或谅解备忘录并建立了双边产能合作机制，《中国—东盟产能合作联合声明》《澜沧江—湄公河国家产能合作联合声明》也已发布，其中，最突出的就是中国和哈萨克斯坦于 2014 年建立的这一机制，到 2020 年 6 月，两国已举行了 18 次产能与投资对话会，形成了 56 个重点项目，总金额达 246.6 亿美元，涵盖钢铁、有色、化工、水泥、平板玻璃、医药、农产品、汽车、能源等领域，主要以在当地投资建厂或中方设计、施工方式进行，其中，已经竣工投产的项目有 16 个，正在实施和推进中的项目有 40 个。这一机制已成为两国产业合作的重要支撑。不过，其他的大多数协定主要在 20 世纪 80—90 年代签署，近些年签署的协定很少。随着基础设施和产业合作水平的提升，重新签订或升级协定将成为重要内容，这些都需要机制建设，尤其是建立投资保护机制、纠纷或争端解决机制、债务违约救助机制、投融资风险评估与预警机制等。另一方面，产业合作过程中遇到的问题需要搭建机制来解决。比如，随着合作的深入，合作国之间需要解决签证便利化问题、双重征税问题、偷税漏税问题、双重缴纳社会保险问题、知识产权问题、环保问题、投资争端问题等，这些问题需要各国在机制平台上对政策进行协调和磋商。与此同时，伴随着“一带一路”产业合作的深入，对规则和标准进行协调的诉求越来越高，对约束力的要求也越来越高，必须以机制建设来应对“一带一路”产业合作的发展与深入，为推动“一带一路”产业合作体系的构建提供重要支撑和持续动力。门洪华认为，随着“一带一路”倡议的深入落实和全面铺展，国际规则制定权成为所涉各国越来越关注的重大议题，被视为“一带一路”能否长期成功的关键，“一带一路”倡议赋予中国参与重塑国际经济规则的重大机遇，在推进“一带一路”国际规则体系建设的过程中,中国应强调公正合理、包容透明、开放共赢的原则,在规则制定过程中担当倡议者、引领者的角色,发挥主动和主导作用。[61]

第三,贸易畅通必然要求自由贸易网络的建设。2015 年发布的《国务院关于加快实施自由贸易区战略的若干意见》明确提出,要逐步构筑起立足周边、辐射"一带一路"、面向全球的高标准自由贸易区网络;要积极同"一带一路"沿线国家商建自由贸易区,形成"一带一路"大市场,将"一带一路"打造成畅通之路、商贸之路、开放之路。截至 2021 年 6 月,中国已经与 13 个"一带一路"沿线国家签署了 5 个自由贸易协定,与 15 个国家建立了贸易畅通工作组,与 42 个国家建立了投资合作工作组,还建立了 14 个服务贸易合作机制,积极发展"丝路电商",与 22 个伙伴国推进双边电子商务合作机制建设,有力促进了与相关国家和地区的经贸往来。[62]中国参与的《区域全面经济伙伴关系协定》已经签署,《中华人民共和国与欧亚经济联盟经贸合作协定》正式生效,为构建自贸区网络奠定了基础,也为合作的机制化提供了契机。未来还有可能把"一带一路"框架下的澜湄合作、中国—中南半岛经济走廊等纳入进来。理论上,自由贸易区网络有助于实现贸易畅通,但也有可能导致"意大利面条碗"效应,"一带一路"的机制化建设将有助于避免这一结果。[63]

此外,中国与"一带一路"沿线国家的基础设施建设和产业合作也对项目融资提出了更高的要求,区域内国家致力于建立各种类型的新型融资机制解决融资难、融资贵等问题。随着"一带一路"区域经济合作的推进,也需要更加注重防范武装冲突、恐怖袭击、有组织犯罪和群体性事件等不同种类的安全风险,这就对"一带一路"安全保障机制提出诉求。因此,中国与"一带一路"沿线国家的基础设施建设和产业合作将催生一系列新型合作机制,呈现出多元化发展趋势。

注释

1.《中共中央关于制定国民经济和社会发展第十四个五年规划和 2035 年远景目标的建议》,中国政府网,http://www.gov.cn/zhengce/2020-11/03/content_5556991.htm。

2.《7 部门下发〈关于加强国际合作提高我国产业全球价值链地位的指导意见〉》,中国政府网,http://www.gov.cn/xinwen/2016-12/06/content_5144158.htm#1。

3. 吴本健等:《中国—中南半岛经济走廊》,北京:中国经济出版社 2018 年版,第

126 页。

4.《中国建设者助力东帝汶经济腾飞》,载《参考消息》2018 年 2 月 14 日。

5. 徐绍史:《“一带一路”与国际产能合作:行业布局研究》,北京:机械工业出版社 2017 年版,第 91 页。

6.《中国对外投资报告》,北京:人民出版社 2017 年版,第 8 页。

7.《境外经贸合作区为“一带一路”开枝散叶》,第一财经,https://www.yicai.com/news/5285927.html。

8.《推进共建丝绸之路经济带和 21 世纪海上丝绸之路的愿景与行动》,新华网,http://www.xinhuanet.com/world/2015-03/28/c_1114793986.htm。

9. 曾刚、赵海、胡浩:《“一带一路”倡议下中国海外园区建设与发展报告(2018)》,北京:中国社会科学出版社 2018 年版,第 107—110 页。

10. Deborah Bräutigam and Tang Xiaoyang, "'Going Global in Groups': Structural Transformation and China's Special Economic Zones Overseas", *World Development*, Vol.63, 2014, p.80.

11.《越南龙江工业园:打造具国际影响力的境外园区》,浙江新闻,https://zj.zjol.com.cn/news/831620.html。

12. 柬埔寨西哈努克港经济特区:http://www.ssez.com/company.asp?Ilt=4&Ione=2。

13. 曾刚、赵海、胡浩:《“一带一路”倡议下中国海外园区建设与发展报告(2018)》,第 88—99 页。

14.《中埃泰达苏伊士经贸合作区发展现状》,中埃泰达苏伊士经贸合作区网站,http://www.setc-zone.com/system/2017/03/16/011258910.shtml。

15.《中国有色哈萨克斯坦阿克托盖铜选厂正式竣工》,国际在线网,http://news.cri.cn/201734/de7440c9-88e9-3eda-5c95-c6a6780afb7b.html。

16. 徐绍史:《“一带一路”与国际产能合作:国别合作指南》,北京:机械工业出版社 2017 年版,第 15 页。

17. 王缉慈:《超越集群:中国产业集群的理论探索》,北京:科学出版社 2010 年版,第 80 页。

18.《推进“一带一路”建设科技创新合作专项规划》,科学技术部网站,http://www.most.gov.cn/tztg/201609/t20160914_127689.htm。

19.《博鳌亚洲论坛创新报告 2020》。

20. 胡键在对“一带一路”沿线国家的创新力进行量化分析后发现,“一带一路”沿线国家由于大多是发展中国家,其创新力都不太强,经济发展是这些国家共同的目标和心愿。与中国相比,大多数国家的创新力明显弱于中国。因而,与发达国家的创新合作是重点方向。参见上海社会科学院智库建设处、“一带一路”信息研究中心:《“一带一路”智库报告》2018 年第 1 期,第 119 页。

21. 程大中:《中国参与全球价值链分工的程度及演变趋势——基于跨国投入—产出分析》,载《经济研究》2015 年第 9 期。

22. 时殷弘:《“一带一路”不仅要向西看,还要向东看》,上海观察,https://www.jfdaily.com/news/detail?id=89481。

23. 王缉慈:《超越集群:中国产业集群的理论探索》,第 16—21 页。

24.《法国科技园区探秘:中国境外科技园不走弯路》,搜狐网,http://chanye.focus.cn/news/2015-06-26/6224413.html。

25. 侯佳男、周婷婷:《中俄丝路创新园:入选“经贸园区建设模式”创新好案例开启“一带一路”经济合作新模式》,载《中国科技产业》2019 年第 2 期,第 32—33 页。

26. 徐绍史:《“一带一路”与国际产能合作:地方发展破局》,北京:机械工业出版社2017年版,第115页。

27. 商务部国际贸易经济合作研究院课题组:《共建合作机制:“一带一路”经贸合作逆势前行》,载《国际经济合作》2021年第5期,第8—9页。

28.《融合投融资规则促进“一带一路”可持续发展》,中国一带一路网,https://www.yidaiyilu.gov.cn/xwzx/gnxw/108692.htm。

29.《金立群:亚投行将提升私人资本参与基础设施投资能力》,中国财经,http://finance.china.com.cn/roll/20160825/3876703.shtml。

30. 徐绍史:《“一带一路”与国际产能合作:地方发展破局》,北京:机械工业出版社2017年版,第235—236页。

31. 门洪华、俞钦文:《第三方市场合作:理论建构、历史演进与中国路径》,载《当代亚太》2020年第6期,第10—13页。

32.《多边开发融资合作中心简介》,财政部网站,http://gjs.mof.gov.cn/dhjz/hzjz/dbkfrz/202012/t20201208_3633352.htm。

33.《多边开发融资合作中心基金正式建立》,中国政府网,http://www.gov.cn/xinwen/2020-07/08/content_5525074.htm。

34. 许华江:《中法企业第三方市场合作分析——以喀麦隆克里比深水港项目为例》,载《国际工程与劳务》2019年第10期,第27—28页。

35. 王超:《中白工业园积极探索第三方市场合作》,载《世界知识》2020年第14期,第62页。

36.《第三方市场合作》,载《人民日报》2018年1月4日,第23版。

37. 胡晓炼:《加强第三方市场合作实现优势互补与互利共赢》,载《海外投资与出口信贷》2019年第4期,第4页。

38. 张颖:《中国的国际经济合作新模式:第三方市场合作》,载《现代国际关系》2020年第4期,第48页。

39. 王竞超:《中日第三方市场合作:日本的考量与阻力》,载《国际问题研究》2019年第3期,第89—90页。

40. 陈慧、吴崇伯:《中德在非洲开展第三方市场合作的基础条件、挑战及对策思考》,载《国际贸易》2020年第11期,第50页。

41. 吴崇伯、叶好:《“一带一路”倡议下中新在东盟开展第三方市场合作的可行性分析》,载《广西财经学院学报》2020年第5期,第65页。

42. 季晓勇、华楠:《中韩企业第三方市场合作探析》,载《国际工程与劳务》2019年第8期,第48页。

43. 廖萌:《“一带一路”框架下中日第三方市场合作研究》,载《亚太经济》2020年第6期,第68页。

44. 张菲、李洪涛:《第三方市场合作:“一带一路”倡议下的国际合作新模式——基于中法两国第三方市场合作的分析》,载《国际经济合作》2020年第2期,第30页。

45. 吴崇伯、丁梦:《中韩第三方市场合作:进展、阻力与对策》,载《东北亚论坛》2020年第3期,第84页。

46. 刘志彪:《全球产业链集群战略:中国应对全球供应链重组的政策举措和行动》,载《经济研究参考》2020年第10期,第6页。

47. 韩晶、孙雅雯:《借助“一带一路”倡议构建中国主导的“双环流全球价值链”战略研究》,载《理论学刊》2018年第4期,第33—39页。

48. 张远鹏:《“一带一路”与以我为主的新型全球价值链构建》,载《世界经济与政治论坛》2017年第6期。

49. 魏龙、王磊:《从嵌入全球价值链到主导区域价值链——“一带一路”战略的经济可行性分析》,载《国际贸易问题》2016 年第 5 期,第 109—111 页。

50. 张彦:《中国与东盟共建区域价值链问题探讨——以制造业为例》,载《国际展望》2019 年第 6 期,第 87 页。

51. 王勤:《疫情背景下中国与东盟共建“一带一路”的路径》,载《当代世界》2021 年第 12 期,第 69 页。

52. 曾楚宏、王钊:《中国主导构建“一带一路”区域价值链的战略模式研究》,载《国际经贸探索》2020 年第 6 期,第 66 页。

53.《习近平在第三届“一带一路”国际合作高峰论坛开幕式上的主旨演讲(全文)》,新华网,http://news.cn/politics/leaders/2023-10/18/c_1129922670.htm。

54. 李向阳:《“一带一路”的高质量发展与机制化建设》,载《世界经济与政治》2020 年第 5 期,第 51—70 页。

55. 王明国:《“一带一路”倡议的国际制度基础》,载《东北亚论坛》2015 年第 6 期,第 78 页。

56.《中吉乌国际公路货运正式运行——中亚再拓一带一路通道》,载《人民日报》2018 年 2 月 27 日。

57. 钟飞腾:《“一带一路”机制化建设与进展评估》,载《中国国际战略评论》2019 年(上),第 61 页。

58. 赵龙跃:《制度性权力:国际规则重构与中国的策略》,北京:人民出版社 2016 年版,第 318 页。

59. ECIPE, “A New Era for Transatlantic Trade Leadership”, http://www.gmfus.org/wp-content/blogs.dir/1/files_mf/tatf_report_2012.pdf.

60. Bernard Hoekman, “Trade Agreements and International Regulatory Cooperation in a Supply Chain World”, *EUI Working Paper RSCAS*, 2015, p.2.

61. 门洪华:《“一带一路”规则制定权的战略思考》,载《世界经济与政治》2018 年第 7 期。

62. 商务部国际贸易经济合作研究院课题组:《共建合作机制:“一带一路”经贸合作逆势前行》,载《国际经济合作》2021 年第 5 期,第 3—4 页。

63. 李向阳:《“一带一路”的高质量发展与机制化建设》,载《世界经济与政治》2020 年第 5 期,第 63 页。

第五章
多元化的功能性合作机制

第一节　规则导向与发展导向的机制安排

区域经济合作发展至今，在机制化方面大多数都是以规则为导向的安排，强调规则优先，区别只是在于机制化程度的高低和规则约束性的强弱。机制化程度最高、约束性最强的是欧盟，可以说是以国家为样板致力于构建一个相对完整和具有一定权威性的政治经济体制，其根本目标是政治的一体化，这一机制的规则导向性可以在1993年欧盟哥本哈根首脑会议确定的入盟标准中深刻体现出来。机制化程度较低的包括南部非洲发展共同体、南方共同市场等，这两大机制的目标都是首先实现关税同盟，然后实现统一的共同市场，实现统一货币，其中，南方共同市场还要追求建立政治联盟。规则导向的区域经济合作对机制化建设的诉求是强烈的，希望建立具有强约束力的规则。为了通过正式谈判形成具有约束力的条约、协定或规则，并建立第三方机构去确保其执行和争端的解决，就必须依赖一定的制度架构和机制建设，而且这些制度和机制一般都具有正式性、约束性、封闭性。这些特性使区域经济合作具有鲜明的界限，不再能被认为是一种国际公共产品，而是一种"俱乐部产品"，即只针对特定的成员国和地区开放。有学者就认为，"规则导向"的国际经济秩序的基本特征是国家经济贸易管理行为受到普遍、系统的国际法规则约束，合作机制以详细规则为基础。在国际社会缺乏超国家政府的治理方式下，条约文本越完整，越能构建和加强国际经济秩序，更加符合人们对法确定性的预期。"规则导向"的作用之一是使得争端方的注意力集中于规则以及公正的裁判者所使用规则可能得出的预期结论，之二是用来固化利益。[1] 以规则为导向的区域经济一体化组织以及《跨太平洋伙伴关系协定》(《全面与进步跨太平洋伙伴关系协定》)、《跨大西洋贸易与投资伙伴协定》等超大型自由贸易区，虽然也标榜开放性，但更多关注环境、劳工标准、投资、资本流动、知识产权、国有企业、政府采购等越来越多超越世界贸易组织现有规定的领域，反映了一些先行国家的“规则导向”目标，力图将自身的规则取向推广至更大范围的贸易伙伴乃至全球多边贸易。就像陈伟光和王燕所谈到的，美式自由贸易协定在区域及全球贸易中以“自由化竞争”为战略目标，促进区域内贸易投资流动，并借助于区域内的低关税，实现从区域外吸引投资的目标，由此需要通过缔约确定成员方开放程度。但这种缔约模式所产生的自由贸易协定往往贴附谈判主导国的标签，其对等交换性规则一旦向主导国利益倾斜，所构建的仅是“国际法之治”，而非“国际法治”。[2]因此，大多数发展中国家由于受到规则主导型区域经济合作机制的制约，很难有参与的机会，即使艰难参与进去也只能得到并不平等的实际利益。条条框框的规则成了一项项区域经济合作的准入门槛，让大多数发展中国家“望而却步”。

无论是中国的政界还是学界都认为，共建“一带一路”与现有区域经济合作的理念、原则、模式和运行方式不同。不少学者提出，“一带一路”建设的一个突出特征是发展。习近平总书记在不同场合强调了共建“一带一路”中发展的重要性。他在第一届“一带一路”国际合作高峰论坛上指出：“发展是解决一切问题的总钥匙。推进‘一带一路’建设，要聚焦发展这个根本性问题，释放各国发展潜力，实现经济大融合、发展大联动、成果大共享。”[3]同规则导向相对，一些学者提出了共建“一带一路”的发展导向。比如，王彦志提出，发展导向是指在“一带一路”倡议的提出和实施过程中，立足于广大发展中国家的现实和发展需求，确立面向团结合作、共谋发展的一系列新型理念和原则，采取各种有利于启动、推进和促成发展的灵活务实的合作方式，使得广大发展中国家都能够积极有效参与各种形式的国际经济合作，以实现共享发展、共同繁荣的目标。在“一带一路”建设中，发展导向体现为合作主体的开放性、合作条件的包容性、合作方式的灵活性，发展导向体现了中国改革开放和发展道路及中国国际经济法理论与实践的经验和智慧，而有别于西方新自由主义华盛顿共识及其国际经济法理论与实践。[4]钟飞腾认为，

“一带一路”尽管并不排斥规则导向,但“一带一路”并不局限于规则导向的制度形式,而是采取一种发展导向的策略,倡导更加开放务实和灵活多样的制度形式。[5]李向阳也持类似的看法,以发展为导向的“一带一路”建设以共同发展为优先目标,不以设置规则门槛为前提条件。“一带一路”建设始终从各国发展的实际需要出发,按照共商、共建、共享的原则推行多元化的合作机制,致力于打造以利益共同体和责任共同体为基础的命运共同体。[6]沈铭辉和张中元认为,发展导向型的“一带一路”倡议致力于满足沿线国家对公共产品的需求,启动和拓展各国在公共产品供给上的比较优势,利用更加有效的方式提供公共产品。[7]何燕华和朱雅妮认为,“一带一路”区域经济合作机制的“发展导向”的创新之处有两个方面,其一是“一带一路”的多元化合作机制包容了域内现有区域经济合作机制与方式,其二是“一带一路”实施多元化合作机制的同时,潜在蕴含了高水平、高质量的区域经济合作方式的可能。[8]

应当来说,这些学者抓住了“一带一路”建设的鲜明特征与实践特色,以发展导向来概括“一带一路”区域经济合作是较为合适的。但是,“发展”是一个较为宽泛的词,既有的区域经济合作实践也很难说不是以发展为导向的,并且,如果要具体到区域经济合作的机制建设来讲,用功能导向型机制或功能性合作机制或许更为合适。

第二节　功能性合作机制的实践

一体化作为一种区域经济合作理论,重点是构建“体”,必然要特别注重制定统一的规则与合作机制。互联互通作为另一种区域经济合作理论,重点是形成“通”,因此并不以首先制定统一的规则与合作机制为前提,规则与合作机制的构建因具体的议题而适当变化,功能性在机制建设上更为重要。近年来,共建“一带一路”也注重机制建设,但机制建设的目的是提升功能性合作。

一、“一带一路”国际合作高峰论坛

“一带一路”国际合作高峰论坛作为共建“一带一路”最显著和重要

的机制已举办三届，多国元首、领导人、总理、外交部长、部级官员、国际组织代表、企业界代表等出席会议，已经成为各方坦诚交流、集思广益、汇聚共识，共商“一带一路”建设大计，推动达成合作共识的重要平台，也使“一带一路”建设从双边共识真正上升为多边机制。但是，“一带一路”国际合作高峰论坛还远不是一个国家层面的机制性安排，主要有四个方面的因素，一是，参与的成员并不固定；二是，没有实体化，不是国际组织；三是，没有设立秘书处等协调机构；四是，还没有固定和明确的议题。因此，“一带一路”国际合作高峰论坛与现有的上海合作组织、世界贸易组织、亚太经合组织等国际组织并不相同，与经济合作与发展组织、七国集团、二十国集团、世界经济论坛等跨国网络也不太相同，与欧盟的制度架构更是完全不同。李向阳指出，要以“一带一路”国际合作高峰论坛为平台推动国家层面合作机制化的建设，但要注意两个问题，其一是改变“一带一路”合作项目的“供给过度”格局，其二是其定位、目标要与“一带一路”的定位、目标相吻合。[9]

二、跨政府网络

中国与“一带一路”沿线国家正在一系列功能性领域构建多边类型的跨政府网络以推动跨国层面的行政合作。应当来说，之前的一系列区域经济合作大多以地理来界定的区域来搭建合作网络，例如，欧盟限定于欧洲，东盟限定于东南亚地区，南方共同市场限定于拉美地区等。但现在，共建“一带一路”正打破地理意义上的区域从而形成一个新的区域，并且，以“一带一路”区域为地理范围的跨政府网络正日益构建起来。跨政府网络可以被认为是各国政府部门为解决跨国问题而建立起来的非正式网络，安妮-玛丽·斯劳特(Anne-Marie Slaughter)首先提出了这一概念，并提出了跨政府网络的三大功能，即信息网络、执法网络和协调网络。信息网络的成立和维持依赖各种思想、技术、经验和问题等有价值的交流。执法网络侧重加强各国监管机构之间的合作，以更好地执行现行法律法规，同时包含发达国家监管机构对发展中国家对应机构进行的各种培训和技术援助项目。协调网络旨在促进贸易增长，为协调各国法律法规的复杂技术谈判提供基础等。[10]不少学者指出，跨政府网络与传统的国际组织相比具有很大优势。要在传统的国际组织框架下达成具有约束力的协议通常较为困难，即便达成也需要经历相当耗时的国际谈判和国内批准程序，而跨政府网络在国际层面不涉及管辖权的让渡问题，在国内层面无需经过立法机关的批准，亦不改变国内机制的安排，更易于被各国政府和国内各方所接受，因而较为灵活、迅速和低成本。肯尼思·艾伯特（Kenneth W. Abbott）和邓肯·斯奈德尔（Duncan Snidal）认为，跨政府网络是一种“跨国新治理”[11]。

在共建“一带一路”框架下，已有一些跨政府网络得到建立。2015年5月，中国举办了由“一带一路”沿线近70个国家和地区的海关负责人参加的“一带一路”海关高层论坛，会上发布《互联互通、共建共赢——“一带一路”海关高层论坛合作倡议》，倡导通过海关间的监管互认、执法互助、信息互换，实现海关间的政策沟通、数据联通，以海关的互联互通促进区域的互联互通、推动贸易的互联互通。为实现这一目标，论坛通过六点倡议，即用政策沟通服务互联互通，用通关便利提升互联互通，用公平安全维护互联互通，用科技创新支撑互联互通，用能力建设保障互联互通，用开放合作促进互联互通。[12]当前，中国正在推动建立海关“一带一路”互联互通协调联络机制，为今后继续举办论坛、专题研讨等多种形式的活动提供支持。

2016年，由中国国家知识产权局、国家工商行政管理总局、国家版权局、商务部、北京市人民政府和世界知识产权组织（WIPO）联合主办的“一带一路”知识产权高级别会议在北京举行，来自沿线50多个国家和地区的知识产权机构的代表出席会议，各方共同发布了《加强“一带一路”国家知识产权领域合作的共同倡议》，建立起了“一带一路”知识产权合作机制，会议不仅探索建立中国与“一带一路”沿线国家和地区知识产权合作机制，也是推动知识产权国际规则向着普惠包容、平衡有效的方向发展。2018年中国第二次举办“一带一路”知识产权高级别会议。中国国家知识产权局局长申长雨就进一步深化“一带一路”沿线国家知识产权合作提出三点建议：一是共同推进更深层次的知识产权合作；二是共同推进更加完善的知识产权基础保障；三是共同推进更加严格的知识产权保护。[13]此次会议还安排了一次闭门形式的“一带一路”知识产权圆桌会，来自50余个沿线国家知识产权机构和国际及区域组织的主要负责人共同交流和探讨沿线国家在知识产权领域的务实合作，一致通过《关于进一步推进“一带一路”国家知识产权务实合作的联合声明》，确定了 8 个务实合作项目。[14]

2017 年 9 月，在联合国世界旅游组织第 22 届全体大会期间，“一带一路”旅游部长会议在成都举办。大会发布《“一带一路”旅游合作成都倡议》，提出为进一步深化国际旅游交流，倡议在以下方面加强合作：(1)加强“一带一路”旅游合作；(2)加强政策沟通，提升旅游便利化水平；(3)创建旅游合作机制，提升旅游交流品质；(4)开展旅游联合推广，充实旅游合作内容；(5)加强旅游教育交流，提升旅游智力支撑；(6)共同应对挑战，加强旅游风险处置能力；(7)加强合作，发挥协同效应。[15]

2018 年 10 月，“一带一路”能源部长会议和国际能源变革论坛在中国苏州市召开。阿尔及利亚、阿塞拜疆、阿富汗、玻利维亚、赤道几内亚、伊拉克、科威特、老挝、马耳他、缅甸、尼泊尔、尼日尔、巴基斯坦、苏丹、塔吉克斯坦、土耳其、委内瑞拉 17 国与中国共同发布建立“一带一路”能源合作伙伴关系部长联合宣言。[16] 2019 年 4 月，“一带一路”能源合作伙伴关系在北京成立。伙伴关系成员国共同发布《“一带一路”能源合作伙伴关系合作原则与务实行动》。根据该文件，伙伴关系将每两年举办一次“一带一路”能源部长会议，并按照需要开展部长级培训班和能源合作领军人才培养项目。伙伴关系还将致力于推动政府间政策交流与合作意向沟通，搭建双多边项目合作与技术交流平台，推动能源领域务实合作。[17] 2020 年 12 月，第二届“一带一路”能源合作伙伴关系论坛在北京召开，成员国总数已经达到 30 个，“一带一路”能源合作伙伴关系正逐渐成为共建“一带一路”框架下能源领域高质量合作的新平台。[18] 2021 年 10 月，第二届“一带一路”能源部长会议召开，来自 28 个国家的能源部长和高级别代表、18 个国家的驻华使节、9 个国际组织负责人出席会议，会议通过了《“一带一路”能源合作伙伴关系章程》，发布了《“一带一路”绿色能源合作青岛倡议》和能源国际合作最佳实践。[19]

2019 年 4 月，中国与俄罗斯、巴基斯坦、蒙古国、老挝、尼泊尔、新西兰、沙特阿拉伯、叙利亚、越南等国家会计准则制定机构共同发起《“一带一路”国家关于加强会计准则合作的倡议》，并呼吁建立“一带一路”国家会计准则合作机制。2019 年 11 月，首届“一带一路”国家会计准则合作论坛在中国厦门召开,来自中国财政部、柬埔寨国家会计委员会、蒙古注册会计师协会、尼泊尔会计准则理事会、新西兰外部报告委员会、巴基斯坦特许会计师公会、俄罗斯联邦财政部、沙特注册会计师协会等 8 个国家会计准则制定机构的代表,分享了各自会计准则体系建设的经验和未来的计划,探讨了面临的主要挑战,并对合作论坛工作机制进行了深入交流。[20] 2020 年 11 月,第二届合作论坛举行,各方讨论了新冠肺炎疫情影响下的会计问题,分享会计准则实施经验,探讨论坛网站建设和下一步合作。本次论坛体现了“一带一路”国家正在共同致力于应对新形势下会计领域的新挑战,探索会计准则国际趋同的最佳路径,为促进“一带一路”国家的经贸往来和资金融通创造良好的会计环境。[21] 2021 年 11 月,第三届合作论坛召开,与会代表围绕会计准则建设和实施进展情况,以及同一控制下企业合并、费率管制等国际准则项目进行了深入的交流和研讨。[22]

基于 2018 年 5 月“一带一路”税收合作会议期间发布的《阿斯塔纳倡议》共识,2019 年 4 月来自 85 个国家(地区)税务部门的行政长官、16 个国际组织以及多家学术机构和企业代表出席在乌镇召开的第一届“一带一路”税收征管合作论坛,论坛形成四项成果,即构建了“一带一路”税收征管合作机制;建立了“一带一路”税收征管能力促进联盟;深化了“一带一路”税收征管合作共识;制定了“一带一路”税收征管合作行动计划——《乌镇行动计划(2019—2021)》。论坛签署《“一带一路”税收征管合作机制谅解备忘录》,正式建立“一带一路”税收征管合作机制,这表明“一带一路”中的各主权国家经过相互协商的规范化税收合作平台正式建立,也是中国作为一个发展中大国旨在推动构建公平、合理、有序的国际税收新秩序的创举。作为一个非营利性的官方合作机制,其由理事会、秘书处、“一带一路”税收征管合作论坛、“一带一路”税收征管能力促进联盟以及专家咨询委员会构成。2019 年 11 月,“一带一路”税收征管合作机制多边磋商在北京举行,这是第一届“一带一路”税收征管合作论坛举办以来,合作机制主要参与方的首次正式会晤。[23] 2020 年 6 月,“一带一路”税收征管合作机制会议召开,来自 16 个国家(地区)的税务局局长,10 个国家(地区)的税务局副局长,21 个国家(地区)的税务局相关负责人,9 个国际组织高级官员及专家咨询委员会成员共计200余位代表参会，会议在持续加强多边税收合作、深入推进税收信息化发展、不断完善合作机制建设这三个方面达成15项重要成果。[24]当前机制的理事会成员已达到36个，观察员28个。2020年，依托“一带一路”税收征管能力促进联盟举办5期线上培训，31个国家(地区)352名学员参加学习，有效提升了发展中国家税收征管能力。可以看到，这一机制的建立有助于解决各国税收征管、税基转移和税收争端等问题，其建设目标为提高“一带一路”税收治理，从该税收机制的建立原则与目标同国际税收的愿景是相符的，可以期待随着“一带一路”税收征管合作机制的不断完善与发展，其将为区域经济合作的机制建设提供借鉴。[25]2021年9月，第二届“一带一路”税收征管合作论坛举行，就税收征管信息化、纳税服务信息化、新技术在税务领域的前景展望等议题进行充分交流，发布了《第二届“一带一路”税收征管合作论坛联合声明》《努尔苏丹行动计划(2022—2024)》《“一带一路”税收征管合作机制年度报告》和《乌镇行动计划(2019—2021)》工作组终期报告。[26]

通过对这些“一带一路”范围内的跨政府网络的考察，可以总结出一些特征，即(1)聚焦功能性领域；(2)不具有国际法律地位；(3)没有创立协定；(4)创设成员和参与成员是国内的政府部门；(5)倾向于建立共识而非通过正式的投票程序；(6)对成员没有强制力；(7)一般没有正式的执行机构，依靠成员国的主动和自愿执行等。与此同时，这些网络的机制化程度已经显现出巨大的不同。“一带一路”税收征管合作机制的机制化程度最高，已经拥有了自己的成员和观察员，定期举行会议并发表声明和行动计划，形成了理事会、秘书处、论坛、能力促进联盟和专家咨询委员会构成的体系，开始进行有关能力建设的培训，更重要的是已有其他国家愿意举办之后的论坛，这是一个组织走向国际化、强化影响力的重要方式。实际上，“一带一路”税收征管合作机制已经可以说是一个准国际组织。“一带一路”能源合作伙伴关系次之，其拥有了自己的成员国，定期举办部长级会议和伙伴关系论坛，已开展人员培训和能力建设。“一带一路”海关高层论坛和“一带一路”旅游部长会议，在第一次会议后至今还未召开第二次会议，也没有自己的成员国，更没有秘书处等实体机构，实际上还不能说是一种机制。

这些较为松散和灵活的合作方式以及软约束合作性质符合相互尊重、平等、协商、自愿、渐进的“亚洲方式”,对中国与“一带一路”沿线国家的信息交流、执法合作、经验分享、规则趋同、规则制定和协调等能够发挥重要的作用,是“亚洲方式”的自然延伸。可以预见的是,随着“一带一路”建设和机制构建的逐步推进,曾经聚焦国内层面的质检、农业、央行、标准化、交通运输、电子商务、社会保障等政府部门也将随之建立起类似的跨政府网络,推动各个功能性领域的信息交流、政策协调、执行合作与规则制定。

三、多元化的合作机制

除了在总体和大多边层面,为更好地形成对接,中国还广泛地与“一带一路”沿线国家在双边和小多边层面建立了多元化的合作机制。实际上,在2015年发布的《推动共建丝绸之路经济带和21世纪海上丝绸之路的愿景与行动》就已指出:“加强双边合作,开展多层次、多渠道沟通磋商,推动双边关系全面发展。推动签署合作备忘录或合作规划,建设一批双边合作示范。建立完善双边联合工作机制,研究推进‘一带一路’建设的实施方案、行动路线图。充分发挥现有联委会、混委会、协委会、指导委员会、管理委员会等双边机制作用,协调推动合作项目实施。”[27]其中所谈到的联委会、混委会、协委会、指导委员会、管理委员会等双边机制实际上从新中国成立之初就已推开,主要是指从两国的政府部门里选出当权官员担任联合主席,在两国轮流召开定期会议,广泛讨论双边关系问题并做出共同决定的一种机制。举例而言,包括中国—新加坡双边合作联合委员会、中国—阿联酋政府间合作委员会、中国—印尼航天合作联合委员会、中国—以色列创新合作联合委员会、中国—沙特高级别联合委员会、中国—哈萨克斯坦合作委员会、中国—俄罗斯投资合作委员会、中国—柬埔寨政府间协调委员会、中国—葡萄牙经济混合委员会等等,这些机制的级别设定不一,会议频次不一,开会时间不一,在机制的结构和功能上也不太相同。

“一带一路”倡议提出之后,中国也积极地同有关国家在“一带一路”框架下建立新的合作机制。比如,为对接“一带一路”倡议与巴基斯坦“2025 愿景”而成立的中巴经济走廊联合合作委员会和中巴经济走廊远景规划委员会，始终按照以走廊为中心，以瓜达尔港、能源、交通基础设施、产业合作为重点的“1+4”合作布局，稳步有序推动中巴经济走廊建设，并取得了积极进展。[28]2013 年 5 月，中印两国领导人共同倡议建设孟中印缅经济走廊，得到孟加拉国和缅甸政府积极响应，四国先后于当年 12 月、2014 年 12 月、2017 年 4 月召开三次联合研究工作组会议。[29]为推进落实《建设中蒙俄经济走廊规划纲要》，中蒙俄三国牵头部门每年召开推进落实工作组司局级会议。2015 年，中匈两国签署共建“一带一路”政府间谅解备忘录，成为中国与欧洲国家签署的首份“一带一路”政府间合作文件，双方还建立了“一带一路”工作组，并于 2016 年 11 月举行首次会议，这一创新之举有助于把双方的重要共识真正落实到各领域务实合作的进程中去。[30]中国和沙特在高级别联合委员会下设“一带一路”、重大投资合作项目和能源分委会，依托高委会，扎实推进基础设施、产能和能源合作。

此外，“一带一路”倡议还建立了其他一系列机制，包括以中国—非盟共建“一带一路”合作工作协调机制为代表的工作协调机制；以亚投行、中非发展基金、中非产能合作基金为代表的区域金融合作机制；以中国—东盟自贸区为代表的自由贸易区；以澜湄合作为代表的次区域合作机制；以中哈霍尔果斯国际边境合作中心为代表的跨境经济合作区；以中国—海合会战略对话为代表的战略对话机制；以中哈产能合作对话机制为代表的产能与投资合作机制；以国际商事法庭和“一带一路”国际商事调解中心为代表的争端解决机制，等等。目前，中国还在推动中国的仲裁机构与共建“一带一路”国家仲裁机构合作建立联合仲裁机制。这些涉及多个领域和层级的合作机制无疑使“一带一路”倡议的机制架构呈现出更加强烈的多元化和过程性特征。

第三节　功能性合作机制的特征

应当来说，现有的国际和区域经济合作机制具有一定的特点，如建立在主权国家的基础之上，成员相对固定，所做决议具有一定的约束力，建立一定的表决程序，一般常设一些职能机构等。而“一带一路”区域经济合作机制具有功能性特征，主要体现在以下几个方面。

一、遵循功能性合作逻辑

一些区域经济合作机制不仅关注经济合作，也强调安全和军事领域的合作，甚至对经济合作的关注是在地缘政治框架下进行的。比如，美国和日本提出的“印太”战略就具有浓厚的地缘政治印记。一方面，在推动“印太”地区的基础设施建设和供应链产业链塑造的过程中试图排斥中国。另一方面，在安全领域的合作针对中国，近年来明显“提速换挡”，在情报共享、后勤支持、联合军演及机制化磋商等方面，都已经迈出了实质性的步伐。2021 年 3 月和 9 月，美日印澳四国还先后在线上和线下举行领导人峰会。线上峰会的关键是建立关键和新兴技术工作组，以确保技术标准掌握在具有共同利益和价值观的国家手中，其中涉及加强在信息通信布局、供应商多元化和未来通信领域的合作，力图在新一代信息技术领域联手应对中国。[31] 9 月的峰会将合作领域拓展到基础设施、教育、网络、太空等七大领域，但重点同样是瞄准 5G 领域的高尖端技术开发合作，构建“安全半导体供应链”是核心内容。

而共建“一带一路”遵循功能性合作逻辑。在互联互通时代，人、财、物、智在国家间快速流动，几乎一切都会呈现出关联性的特点，“关联”即“事物相互之间发生牵连和影响”。[32] 互联互通所产生的关联或关联性扩大了国家之间的共同事务领域，迫使国家在国际政治系统中对传统从排他性角度定义的国家利益做出必要调整。[33] 顺应这一转变的是，“利益”也正在向“关联利益”转换，这是一种把世界视为由各种关系构成的关系思维[34]，重视在一个由多样个体组成的群体中，如何从相互性的角度思考事物存在的形式和问题的解决办法。在实践中则意味着国家应在兼顾各方利益和关切的基础上追求自身利益，充分发挥各方优势和潜力，促进共同利益和共同发展。从国家利益最大化的角度，世界经济必然倾向于冲突的逻辑。而从关联利益角度，世界经济更有可能走向合作的逻辑。因而，只有秉持“关联利益”，才能更好地理解“一带一路”倡议中提出的“共商共建共享”“利益共同体”“责任共同体”“命运共同体”“发展战略对接”“正确的义利观”等概念。

基于此，一方面，功能性合作逻辑使"一带一路"的机制建设与欧洲一体化不同，其不追求建立超国家机制和封闭的政治经济集团，在单元层面也不会损害国家内外事务的排他性管辖权，摒弃了将地缘经济作为地缘政治的经济版的狭隘观点。另一方面，功能性合作逻辑使共建"一带一路"以项目建设为导向，聚焦功能性合作领域。根据中国与沿线国家的发展条件和潜力，共建"一带一路"在前期以基础设施建设为重点合作内容，之后以产业合作为重点合作领域，再之后又会进入新一阶段的基础设施建设和产业合作，逐渐使区域内部的基础设施更加强劲和连通，并依托这一区域形成互利共赢的供应链产业链合作体系。这是一种以"点"带"线"，以"线"带"面"的"自下而上"的整合模式。这一"工程就像是散落在一间堆满杂物的房间各处的拼图块。只有当我们开始把这些点连结起来后，我们才能看清这些碎片如何共同构成21世纪全球经济将呈现的宏大景象"[35]。为此，建立多元化的"一带一路"机制主要是为了解决基础设施建设和产业合作中遇到的具体问题和阻碍，为区域经济合作扫除不必要的制度性障碍和物理障碍，服务于各国和区域的共同发展。

二、成员可自由选择参加的机制或规则

由于共建"一带一路"并非单一的国际组织或制度性框架，多元化的功能性合作机制的优点可以体现在三个方面。(1)每一个成员可以根据自己的需求和实际自由选择参加哪一个或哪一些功能性领域的机制，也就是说，如果一些国家受制于能力或意愿，只参与"一带一路"某些领域的合作，那么它们在机制化建设中就不需要履行其他领域规则的责任。[36]比如，一个国家可以只参加"一带一路"国际合作高峰论坛而不选择成为亚投行的成员，可以只参加"一带一路"税收征管合作论坛而不参加"一带一路"知识产权高级别会议，等等。(2)在同一个机制中，可以自由选择参加某些规则的制定，自由选择对某些规则的接受，没有接受的规则对其没有约束力。实际上，"一带一路"框架下的规则制定已经展开，但参与每一项规则制定的成员并不相同。比如，为推进"一带一路"融资体系建设，在中方倡议和推动下，2017年以来，已有中

国、阿根廷、白俄罗斯、柬埔寨等29个国家的财政部门核准了《“一带一路”融资指导原则》，助推“一带一路”沿线国家构建长期、稳定、可持续、风险可控的融资体系。2018年，中国与英国、法国、新加坡、巴基斯坦、阿联酋等有关国家和地区主要金融机构共同签署了《“一带一路”绿色投资原则》，目前，成员范围已扩大到37家签署机构和12家支持机构，涉及全球14个国家和地区，并且已召开了第二次全体会议。2019年，中国与有关国家、国际组织以及工商界学术界代表共同发起《廉洁丝绸之路北京倡议》，加强廉洁建设和反腐败国际合作。《“一带一路”国家关于加强会计准则合作的倡议》由中国财政部、老挝财政部、蒙古注册会计师协会、尼泊尔会计准则理事会、新西兰外部报告委员会、巴基斯坦特许会计师公会、俄罗斯联邦财政部、沙特注册会计师协会、叙利亚注册会计师协会和越南财政部共同发起。中国发起成立的亚洲基础设施投资银行，更是由57个创始国共同签署《亚洲基础设施投资银行协定》而成立，当前已有104个成员国。各国可以根据自身实力和发展需要选择加入其中的某个或某些规则，承担相应的权利和义务。(3)在同一个机制中可以自由选择是否参加每一届会议。在不同的会议中，可以看到参与的国家并不一定完全一致。不过，从总体上看，“一带一路”各个机制的成员正在趋于固定化。可以看到，功能性合作机制在这三个方面体现出来的自由选择性，充分考虑到了各方参与合作的条件，照顾到了参与各方的舒适度，这样做的目的，既为各国尤其是发展中国家和不发达国家参与“一带一路”建设提供了保障，又兼顾了机制化建设的灵活性，体现了对各方合作意愿的尊重和实际情况的照顾。

三、规则制定主要基于协商和共识

共建“一带一路”的多元化功能性合作机制在规则制定过程中坚持共商共建共享原则，尊重各方意愿，基于各方共识，不会将自己的意志强加给其他国家。对于大多数功能性合作领域，中国与“一带一路”沿线国家重视规则制定的高质量和可持续性，强调加强沟通、分享经验、交流信息和有效执行，但也强调自愿基础上的参与以及参与的开放性。比如，《“一带一路”国家关于加强会计准则合作的倡议》就强调“本倡议不具有约束性，由相关国家会计准则制定机构在自愿基础上参与，并对未来参与保持开放”。《“一带一路”绿色投资原则》由中国金融学会绿色金融专业委员会和“伦敦金融城绿色金融倡议”牵头多家机构共同参与起草，自 2018 年 11 月正式启动以来至 2021 年 4 月，共计有 39 家成员单位共同管理着高达 48 亿美元的资产，承诺共同在“一带一路”的国家和地区强化绿色和可持续投资。[37]作为一套鼓励投资企业自愿参加和签署的行为准则，供参与“一带一路”投资的全球金融机构和企业在自愿基础上采纳和实施。[38]对于具有一定约束力的合作领域，中国也始终秉持共商共建共享原则来推进，参与者之间平等互利，不存在霸权与依附等不对称关系。就亚投行的投票权分配来说，其根据国内生产总值等一系列指标进行计算分配，是基本投票权、股份投票权，以及创始成员国投票权的总和，其中，每个成员的基本投票权占银行总投票的12%，在所有成员中平均分配，且每个创始成员均享有 600 票创始成员投票权，这体现了主权国家的平等原则，在一定程度上维护了发展中国家和部分小国的利益，弱化了出资额对投票权产生大的决定性作用，在制度上保证了效率和公平的并存。与此同时，在决策机制上，亚投行也有别于传统的“多数一致”或“全体通过”的原则，结合了多数表决制和磋商机制，在多数表决制的“筛选”下，希望尽可能地通过多边磋商尊重各方意见。又如，中国在自由贸易协定谈判过程中也坚持加强与合作国在各个层面的交流与沟通，积极推进早期收获，以期实现互利共赢。

第四节　合作机制的发展方向

机制构建与基础设施建设和产业合作是紧密联系的，三者之间相互联系、相互影响。例如，大量的基础设施建设必然将推动交通运输合作机制的建立以解决“软联通”问题；产业合作也离不开各国产业园区的发展壮大，包括生产性产业园区和创新产业园区，这些园区在发展壮大的过程中引导更多的企业、劳动力和资金等要素的进入和集聚，这有可能推动自由贸易协定和投资协定的商签和升级谈判；中国与“一带一路”沿线国家的贸易和投资的增加将推动各国海关、税务、社会保障、检验检疫、知识产权等政府部门建立更加直接和顺畅的沟通渠道和协同机制以解决影响人、财、物的互联互通的具体问题;"一带一路"的深入推进也将使宏观层面的机制框架得到进一步的发展与完善。不过,"一带一路"建设由于涉及众多国家和广泛领域,在总体和大部分功能性领域的机制化程度不高,约束性不强,可能这种高标准和强约束性只反映在自由贸易协定和投资协定方面。"一带一路"机制化的总体发展趋势是多元化、软约束、开放性、自由度。对于多元化合作机制的未来发展,可能有以下几个方面。

第一,推动"一带一路"国际合作高峰论坛的机制化建设。任何区域经济合作都需要超越部门、地方、企业等在国家层面展开,"一带一路"国际合作高峰论坛无疑迈出了第一步。伴随着"一带一路"建设的有序推进,特别是基础设施和产业合作项目的广泛推开,需要发挥"一带一路"国际合作高峰论坛在总体层面的引领、统筹和协调作用,将其作为"一带一路"建设最为重要的平台支撑,也作为积极应对外部挑战的重要机制。因此,"一带一路"国际合作高峰论坛具有向机制化方向继续发展的趋势。实际上,有一些学者已经提出了相关的建议,希望将其打造为一个国际组织。吴涧生等学者就提出,要更加注重国际合作高峰论坛的长效机制建设,有序推动机构实体化、人员专职化和部门专业化发展,有步骤地将论坛打造成为实体性国际组织。具体来说,一是设立论坛常设秘书处,专职负责论坛筹备和日常业务,并在论坛闭幕期间负责推动打造若干有影响力的"一带一路"品牌;二是建立论坛部长级会晤机制和高官对话会机制,部长级会晤以外长和贸易部长为主,高官对话会以司局级官员为主;三是拓展现有平行论坛,形成工商分论坛、青年分论坛、新兴经济体分论坛、智库分论坛等多领域对话平台;四是建立"一带一路"沿线国别发展数据库,并编制发行"一带一路"年度宣传出版物;五是构建一套高峰论坛合作共识与合作协议的落实、评估和监督机制,在经贸领域率先形成可测度的指标体系,增强论坛成果的"半法律化"约束力;六是待时机成熟时,设立"一带一路"合作发展委员会,作为"一带一路"政府间国际组织,推动基础设施联通标准制定、规划衔接及跨境电商机制安排等。[39]武芳也认为,应推动高峰论坛的机制化发展,充分借鉴国际论坛的经验,将其打造成为共建"一带一路"国际合作顶层决策、解决各方关切与问题、对接磋商合作项目、分享合作成果的实体性国际组织。[40]还有一些学者和政府官员从论坛主题、目标定位、机构设置等方面对“一带一路”国际合作高峰论坛的完善和拓展提出了具体的建议。陶平生认为，“一带一路”国际合作高峰论坛主题应与联合国2030年可持续发展议程对接，设立经济与社会民生分论坛，突出“一带一路”有关发展与合作的定位，做大做强秘书机构和国际咨询委员会，重点加强协调机构建设。[41]赵世人认为，根据“一带一路”机制建设推进需要，可成立“一带一路”国际合作高峰论坛秘书处，推动论坛向常设性国际或区域组织转变。[42]曹忠祥等学者则提出可在沿线国家具有一定意向的基础上，设置多边合作及机制化建设分论坛，探讨“一带一路”机制化建设的可能形式及组织方式。[43]崔琪涌等学者认为要加强“一带一路”倡议下的宏观经济政策协调，为此可在“一带一路”国际合作高峰论坛上设置宏观经济政策协调议题。[44]可以看到，这些建议从总体框架层面和具体机构层面对共建“一带一路”的机制建设进行了设计。各方普遍认为，“一带一路”国际合作高峰论坛是一个重要的多边合作平台，支持高峰论坛常态化举办。[45]实际上，习近平主席在第三届“一带一路”国际合作高峰论坛上已提出，继续举办“一带一路”国际合作高峰论坛，并成立高峰论坛秘书处。[46]不过，论坛并不一定要向国际组织发展。国际组织的成员较为固定，权利和义务属性较强，“一带一路”作为一个由中国提出的倡议，不少国家积极参与其中的具体项目，但如果一定要加入一个总体性的国际组织会增大一些国家的压力，对一些行为也可能产生一定的约束性，并不一定有利于具体合作项目的推进。因此，“一带一路”国际合作高峰论坛会向常态化、实体化发展，但并不一定走向国际组织，各方仍可自由参与其中，继续坚持保持一定的灵活度和自由度或许更有利于合作的达成和执行。

第二，更多“一带一路”框架下的部长级会晤机制和高官对话会机制将会建立。当前，已经建立了一些以“一带一路”为名的政府部门间合作机制，即跨政府网络，包括“一带一路”海关高层论坛、“一带一路”知识产权高级别会议、“一带一路”旅游部长会议、“一带一路”能源部长会议、“一带一路”国家会计准则合作机制、“一带一路”税收征管合作机制等。今后，更多的类似合作机制会逐步建立。比如，伴随着基础设施建设从“硬联通”向“软联通”和“硬联通”共同发展，为提高运输便利化水平，解决“通而不畅”等问题，建立由各国交通运输部门参与的“一带一路”运输便利化合作机制势在必行；伴随着中国与“一带一路”沿线国家的贸易发展，检验检疫部门可能会建立“一带一路”检验检疫合作机制，进一步增加沟通和协商密度，并协调行动，保障货物，特别是食品符合各国标准；随着中资企业对外投资的进一步加大和赴外劳务人员的增多，社会保障部门将建立“一带一路”社会保障合作机制，以解决双重缴纳社保费用等问题；随着越来越多的供应链产业链依托“一带一路”沿线国家和地区，产品的标准化成为一个重要的议题，标准化部门可能会建立合作机制，探讨统一标准或互认标准的问题，等等。当前，部长级会晤机制和高官对话会机制并没有被纳入“一带一路”国际合作高峰论坛框架，这有一定的优势，各国可以依据自身的发展阶段、资源禀赋、发展战略等现实条件，从功能性合作的角度自由地选择参与具体的机制和项目，而不用担心因机制之间的“捆绑”而承担超越参与机制的责任或受到机制统一性而带来的较大束缚。毕竟，如果有些国家只希望参加某一项目或机制，那么它可能并不希望被上升到总体机制层面，更大的自由选择权可能会加大各方广泛和深度参与的可能性，也更能体现出对各方意愿的尊重，因此，新的部长级会晤机制和高官对话会机制仍然可在“一带一路”国际合作高峰论坛之外进行，根据具体的议题领域选择会议的时间等。“一带一路”多边合作机制的建立并不会影响双边合作机制的推进，两者是并行不悖的，甚至在很长时间内，共建“一带一路”仍将在双边层面推进，双边层面的机制化仍是重点。根据不同的国家条件，中国将与更多国家在既有的经贸联委会或混委会的框架下建立贸易畅通工作组、投资合作工作组、服务贸易合作机制，或者在这一框架之外建立产能合作机制或“一带一路”合作委员会等，并且在这些机制框架下签署更有执行力的文件，推进与具体国家在战略、规划和项目上的对接。

第三，达成更多的高标准自由贸易协定。当前，经济全球化的一个重要特征是区域化，这一点在亚洲尤其明显。从长期来看，大多数亚洲经济体对亚洲的贸易和投资依存度将继续增强。在这一背景下，高质量的自由贸易区建设是共建“一带一路”的重要内容和机制化建设的重要组成。一方面,中国将与更多国家商签自由贸易协定,与已达成协定的国家进行升级谈判。另一方面,短期内,自由贸易协定谈判将从以关税减让为主向非关税壁垒为主转变,中长期则将把主要精力放在各国国内的规制议题,旨在减少一切歧视性规制和不必要的规制差异,各国的规制部门借此也将进一步增进沟通与协商,建立特定的跨国行政合作网络并在其中开展工作。当前,中国已提出申请加入《全面与进步跨太平洋伙伴关系协定》(CPTPP),不过还面临着一系列的挑战。由于这一高标准的协定已经生效,中国必须接受已经达成的协定内容,在国家政治经济制度方面做出较大的改变。其中,最显著的门槛在于国有企业规则。虽然,近年来中国多次提到“竞争中性原则”,与 CPTPP 规则要求的方向是一致的,但具体仍与其有一定的不同。同时,在劳工标准、跨境数据流动、政府采购、争端解决机制等方面,中国当前也较难满足 CPTPP 的规则要求。当然,中国加入 CPTPP 也具有一定的可行性。(1)从纵向看,经过几年的全面深化改革,中国与 CPTPP 规则的差距已缩小。(2)美国退出 TPP 后,一方面不能阻止中国加入,另一方面 CPTPP 文本删除了许多美国偏好的内容。(3)CPTPP 也在考虑扩容问题。(4)CPTPP 中的大多数内容与中国的发展是契合的。因此,对一些敏感领域可以通过谈判争取到执行相关条款的过渡期限,以此为加入 CPTPP 创造良好条件。加入 CPTPP 被一些学者认为是中国的第二次“入世”,也有助于“一带一路”产业链合作体系的进一步延伸与发展。

第四,建立长期、稳定、可持续、风险可控的融资体系。金融在共建“一带一路”过程中发挥着极为重要的作用。当前,为“一带一路”建设提供投融资的主要是中国的开发性金融机构和政策性金融机构,在资金方面充当着主力军的作用。国家开发银行、中国进出口银行在“一带一路”倡议的参与上主要表现为提供融资及财务咨询服务,通过商业贷款、优惠买方信贷、援外贷款、出口信用保险、设立国别/产业基金等为境内外企业、大型项目等提供低成本融资支持,主要的融资渠道有金融债券、吸收存款、政府和其他金融机构借款。[47]然而,面对“一带一路”沿线国家和地区庞大的资金需求,仅依靠政府或单一的金融服务体系是难以解决的,也是难以为继的,需要积极发挥各国政府、金融机构以及社会资本的力量，建立长期、稳定、可持续、风险可控的融资体系。今后，“一带一路”融资体系的发展方向有以下几个方面。(1)扩大投融资参与主体。积极呼吁、吸引、鼓励各国开发性金融机构和政策性金融机构、多边开发银行、商业银行、股权投资基金、保险、租赁和担保公司等各类商业性金融机构，以及养老基金、主权财富基金等长期机构投资者共同参与，为“一带一路”建设提供更多融资支持和技术援助，尤其是针对跨境基础设施建设，并且提升项目融资的透明度和包容性。(2)促进融资方式多元化。不仅采用开发性金融、政策性金融和其他银行的信贷方式，还可运用债券市场金融融资，推动国内债券市场对外开放，建立覆盖“一带一路”沿线国家的区域债券市场，为“一带一路”大型项目建设提供多样化、长期限的资金支持。[48]应当来说，“一带一路”建设肯定会形成巨大的融资市场，而债券融资正是适合基础设施投资特点的融资工具，也正好为推动亚洲债券市场发展的努力提供了新思路和新机遇。(3)拓宽融资渠道。应充分发挥亚洲基础设施投资银行、丝路基金、“一带一路”产能合作投资基金、中国—东盟投资合作基金、中国—中东欧投资合作基金、中国—欧亚经济合作基金、中非产能合作基金等平台的作用，充分运用上海合作组织、亚太经合组织、二十国集团等现有国际机制，东盟银联体、金砖银行、中非银联体等区域性金融合作机制，联合世界银行、联合国开发计划署等国际开发机构，进一步深化金融合作和第三方市场融资合作，共同完善服务“一带一路”建设金融支持保障体系。同时，强化风险监管合作及建立风险预警机制，构建“一带一路”债务可持续评估体系。(4)创新投融资模式，推动投融资产品和制度创新，探索收益共享、风险共担的投融资方式，促进“一带一路”融资可持续发展。(5)以融资推进人民币国际化。在沿线国家着力推行人民币债券市场建设，构建以人民币为计价、支付和结算货币的大宗商品交易市场，在能源贸易、油气管线建设项目上加快提升使用双边货币的比例。以亚投行为平台，将人民币纳入一篮子货币并作为未来结算货币。在新加坡、英国、韩国、俄罗斯、阿联酋和匈牙利等国家加强离岸市场建设。积极支持沿线国家金融机构在我国境内发行“熊猫债”，为双边贸易使用人民币结算创造良好条件。[49]

第五，形成多元化的“一带一路”纠纷解决机制。近年来，随着《外国判决承认与执行公约》《新加坡调解公约》的签署和《纽约公约》成员国不断扩大，诉讼、仲裁和调解三足鼎立的多元化纠纷解决格局已然形成。“一带一路”的深入推进使中国与“一带一路”沿线国家的经贸、投资等交往日益密切，为快速、有效地化解随之而来的国际商事纠纷，平等保护中外当事人合法权益，努力营造公平公正的营商环境，调解、仲裁、诉讼等纠纷解决机制必将逐渐出现和完善，这是“一带一路”机制建设绕不开的议题。2018 年审议通过的《关于建立“一带一路”国际商事争端解决机制和机构的意见》就明确指出，坚持纠纷解决方式多元化原则。充分考虑“一带一路”建设参与主体的多样性、纠纷类型的复杂性以及各国立法、司法、法治文化的差异性，积极培育并完善诉讼、仲裁、调解有机衔接的争端解决服务保障机制，切实满足中外当事人多元化纠纷解决需求。[50]当前，中国已经有“一带一路”国际商事调解中心，最高人民法院设立了国际商事法庭，还在推动中国的仲裁机构与共建“一带一路”国家仲裁机构合作建立联合仲裁机制。就国际商事法庭来说，其第一国际商事法庭设立在深圳市，第二国际商事法庭设立在西安市，最高人民法院民事审判第四庭负责协调并指导两个国际商事法庭工作。该法庭已聘任了来自 25 个国家的 55 名国际商事专家委员，初步建立了诉讼、仲裁、调解有机衔接的“一站式”国际商事纠纷多元化解决机制。今后国际商事法庭的推进和完善要从裁判的高质量化、引入国际知名商事仲裁和调解机构、充分发挥专家委员会作用、推动法庭建设与国际接轨等几个方面着手。“一带一路”国际商事调解中心则是独立、中立的法律服务平台基础建设。“调解”是具有中国特色的一个词，建立在中国智慧和现代国际经验的基础上，以程序灵活高效简易、成本更低、结果灵活多样为主要特点的调解能够在一定程度上发挥解决纠纷的作用，据统计，2020 年调解结案成功率为 60%。今后的重要举措是扩大调解中心的影响，扩大专业的国际调解员队伍，落地覆盖全球的商事调解服务。就国际仲裁体系而言，其一是要整合构建统一权威的“一带一路”国际仲裁机制，建立真正符合国际标准的专业仲裁中心。其二是要吸引具有国际影响力、感召力和专业性的仲裁专家。其三是要加强与国外仲裁机构的交流和学习。

第五节　机制建设对基建和产业的提升

基础设施建设和产业的发展与合作将推动机制的构建和多元化发展,反过来,机制的建设与完善也会促进和提升基础设施水平和区域产业链合作体系的发展与完善。

第一,功能性合作机制推动共建“一带一路”高质量发展。从总体上,可以将涉及“一带一路”建设的机制分为两类,即合作发展机制与合作保障机制,前者促进合作项目的达成和发展,后者处理和解决项目在执行和实施过程中可能面临的问题。合作发展机制包括项目评估和遴选机制、产能合作机制、创新合作机制、第三方市场合作机制,以及“一带一路”国际合作高峰论坛、联委会、混委会、协委会、指导委员会、管理委员会等各类政府间合作机制,由于基础设施建设和产能合作等重大项目建设往往投入较大、周期较长、成本较高、影响较大,建立由政府和企业共同参与的机制化平台可以更好地平衡政治利益和经济利益,优先和重点支持具有战略意义和重大政治经济收益的大型项目,促进各国融入区域产业链和供应网络,在区域内形成具有一定自主性的产业链、供应链,也有助于基础设施建设发挥更大的效用,并为进一步的连通打造基础。就创新合作机制而言,其是建立区域产业链合作体系和提升区域产业链主导能力的重要机制平台,为全面发挥科技创新在“一带一路”建设中的引领和支撑作用,打造发展理念相通、要素流动畅通、科技设施联通、创新链条融通、人员交流顺通的创新共同体,科技部、发展改革委、外交部、商务部会同有关部门编制了《推进“一带一路”建设科技创新合作专项规划》,其中指出科技创新在支撑“一带一路”建设中已发挥了积极的作用,取得了良好的成效。事实上,中国已与大多数沿线国家建立了较为稳定的政府间科技创新合作关系,共建了一批科研合作、技术转移与资源共享平台,广泛举办各类技术培训班,接收大批沿线国家杰出青年科学家来华工作。今后,中国与沿线国家能够依托这些政府间科技创新合作机制,广泛地就先进制造业、战略性新兴产业、生产性服务业等先进技术领域加强合作,尤其在一些新领域的国际分工形态还未形成的情况下,积极参与全球价值链高端的研发和技术合作网络，以此引领和主导“一带一路”区域产业链的构建，这是中国及沿线国家向价值链中高端攀升的重要路径。

合作保障机制则包括融资保障机制、税收机制、社保机制、安全保障机制等。融资保障机制是促进区域基础设施强连通和产能合作的重要支撑力量。当前，“一带一路”建设的融资能力和成就有目共睹，最显著的进展就是2017年5月在首届“一带一路”国际合作高峰论坛期间由27个国家共同核准的《“一带一路”融资指导原则》，其呼吁沿线国家政府、金融机构、企业共同行动，本着“平等参与、利益共享、风险共担”的原则，推动建设长期、稳定、可持续、风险可控的融资体系。可以说，这一指导原则为“一带一路”建设中的融资机制化建设指明了方向。与此同时，中国财政部也正在联合亚洲基础设施投资银行、亚洲开发银行、拉美开发银行、欧洲复兴开发银行、欧洲投资银行、泛美开发银行、国际农业发展基金、世界银行集团成立多边开发融资合作中心，鼓励各方将遵循国际通行规则、适应发展中国家实际需要与遵循市场规律三者有机结合，把高质量、高标准、可负担和可持续等原则贯彻到“一带一路”融资实践中。不过，目前的融资机制与基础设施和产能合作的需求相比，仍有待进一步提升。接下来，应进一步统筹国际和国内资源、统筹政府和社会资本、统筹直接和间接融资，打造互利共赢、多元平衡、风险共担、收益共享的融资机制，应针对不同性质项目分类施策，建立健全各有侧重的融资保障体系。[51]这对于大规模提升项目推进的速度和互联互通的进度具有重要作用。税收和社保机制主要保障互联互通进程中遇到的问题，前者为提升税收争议解决效率、避免双重征税、提升税收服务水平、加强税收征管能力等，以期在推动“一带一路”沿线国家经济增长的同时有效保障其税收收入，构建增长友好型税收环境。截至2023年10月，中国税收协定网络已覆盖114个国家和地区。后者主要是为有效解决在其他国家工作的人员双重缴纳社会保险费的问题。目前，中国已经与德国、韩国、丹麦、芬兰、瑞士、西班牙、卢森堡、日本、塞尔维亚签署了社会保障协定。应当来讲，税收和社保机制的建立为企业在“一带一路”区域内进行投资减轻了负担，也提升了政府的公共管理能力，解决了互联互通进程中面临的税收和社保费用问题，对于基础设施建设和产能合作水平的提升具有积极意义。安全保障机制包括风险防范机制、监测预警机制、争端解决机制等。由于"一带一路"沿线国家中发展中国家居多,一些国家的政治风险和非传统安全风险较高,大多数国家的营商环境有待改善,不少国家还有一定的经济风险、社会风险、法律风险、海关风险、外汇风险、文化风险等,一些国家还存在各种风险交互交织的问题且风险易发多发。各类安全保障机制的建立,有助于强化安全措施,及时关注和化解一些风险,在鼓励企业和人员"走出去"的同时,让企业和人员更加安全和放心。

第二,自由贸易协定作为区域经济合作的重要机制,将引导区域产业链合作体系的形成,尤其是大型自贸协定或协定的签署方均为大国时更是如此。根据世界银行报告,2012 年以来区域化就成了世界发展的一个特点。麦肯锡的报告《转型中的全球化:贸易和价值链的未来》指出,尽管贸易的绝对值仍在增长,但跨境商品占全球贸易总额的比例已从 2007 年的 28.1%降至 2017 年的 22.5%,贸易额增速已从 GDP 增速的 2.1 倍放缓至 1.1 倍。2020 年新冠肺炎疫情的暴发和全球扩散无疑加速了这一发展趋势。作为"一带一路"机制建设的重要内容,《区域全面经济伙伴关系协定》(RCEP)和今后可能达成的中日韩自贸区实际上顺应了这一供应链和产业链的区域化发展趋势,也将推动这一趋势在东亚加速推进。根据亚洲开发银行的数据,目前,亚洲国家的对外贸易中,区域内贸易占比约 58%,中间产品占比越来越大,区域一体化程度加深。于 2020 年底签署的 RCEP 通过整合并拓展多个自由贸易协定,削减了关税和非关税壁垒,统一了区域内的规则,将引发贸易和投资在区域内的增长,进一步凸显出东亚制造业的优势,虹吸效应也将继续放大。特别是 RCEP 设定了区域累计原产地规则,这意味着商品原产地价值成分可在 15 个缔约方构成的区域内进行累积,即在确定出口产品原产地资格时,来自 RCEP 任一缔约方的价值成分都可能被认定为原产。这将降低企业贸易成本和风险,显著提高优惠税率的利用率,对于促进供应链和产业链的区域化发展,形成区域产业链合作体系是较为有利的。与此同时,东亚各国处于不同的发展阶段,有具备先进技术、创新能力和高素质人才的发达国家,也有具备优质且相对廉价的劳动力的发展中国家,又有拥有原材料比较优势的国家,凭借着 RCEP 的激励举措以及在规则层面的灵活宽泛和包容性,其将使处于不同发展阶段且拥有互补优势的东亚国家都能够凭借自身的比较优势在区域产业链、供应链中找到适当的位置，促进市场和产业的深度融合，共同塑造高效、完整、紧密、有竞争力的区域产业链合作体系。

RCEP 的另一大重要意义在于中日韩自贸区。RCEP 新增了中日、日韩两对重要国家之间的自贸关系，使区域内自由贸易程度显著提升，也为中日韩自贸区奠定了基础。当前，三国经济总量占亚洲经济的 70%和世界经济的 20%，三国之间的贸易额从 1999 年的 1 320 亿美元提高到 2019 年的 6 220 亿美元，提高了 370%，三国之间中间产品贸易占总体贸易比重超过 50%[52]，但中日韩的域内贸易只有 23%，低于欧盟和北美自贸区。因此，中日韩之间的贸易有很大发展空间，自贸区的达成对于贸易创造和转移效应较为显著。在一些关键领域，能够通过区域创新链的合作，促进区域价值链的深度融合。比如，在集成电路产业链方面，中日韩之间的集成电路贸易在 2018 年高达 3 028 亿美元，占地域内贸易总额的 24%[53]，日本主要生产上游的原材料以及一些先进的生产设备，韩国则生产中游的芯片等产品，中国生产下游最终产品并交付使用，每个环节缺一不可，建立中日韩自由贸易区一方面有利于维护和发展中日韩在集成电路领域的优势互补关系，另一方面随着中国对集成电路的重视和投入的增加，三国集成电路的创新合作有望迅速提升。在数字经济领域，中国发展具有显著优势，日本和韩国也在快速发展，中日韩三国在数字经济领域各有所长，产业链上下游的互动非常密切。在新能源汽车、装备制造等领域，日本和韩国提供产品配件和材料，中国加工制造，也能形成完整的产业链。中日韩自贸协定的达成有助于推进中日韩提升区域经济合作水平，形成具有竞争力的“小循环”，在 5G 网络、智能制造、大数据、区块链等新兴领域形成区域产业链。

注释

1. 何燕华、朱雅妮：《“一带一路”视角下国际经济规则的区域化供给》，载《社会科学家》2019 年第 9 期，第 142 页。

2. 陈伟光、王燕：《共建“一带一路”：基于关系治理和规则治理的分析框架》，载《世界经济与政治》2016 年第 6 期，第 98 页。

3.《习近平对推动“一带一路”建设提出五点意见》，新华网，http://www.xinhuanet.

com/world/2017-05/14/c_129604239.htm?from=timeline。

4. 王彦志:《"一带一路"倡议下的国际经济秩序:发展导向抑或规则导向》,载《东北亚论坛》2019 年第 1 期,第 78—81 页。

5. 钟飞腾:《"一带一路"机制化建设与进展评估》,载《中国国际战略评论》2019 年(上),第 53—54 页。

6. 李向阳:《论"一带一路"的发展导向及其特征》,载《经济日报》2019 年 4 月 25 日,第 16 版。

7. 沈铭辉、张中元:《"一带一路"机制化建设与包容性国际经济治理体系的构建——基于国际公共产品供给的视角》,载《新视野》2019 年第 3 期,第 110 页。

8. 何燕华、朱雅妮:《"一带一路"视角下国际经济规则的区域化供给》,载《社会科学家》2019 年第 9 期,第 143 页。

9. 李向阳:《"一带一路"的高质量发展与机制化建设》,载《世界经济与政治》2020 年第 5 期,第 62—63 页。

10. [美]安妮-玛丽·斯劳特:《世界新秩序》,任晓等译,上海:复旦大学出版社 2010 年版,第 41 页。

11. Kenneth W. Abbott and Duncan Snidal, "Strengthening International Regulation through Transnational New Governance", *Journal of Chemical Physics*, Vol. 138, No.10, 2010, pp.873—879.

12.《"一带一路"海关高层论坛通过六点倡议》,新华网,http://www.xinhuanet.com/local/2015-05/29/c_127855318.htm。

13.《2018 年"一带一路"知识产权高级别会议在京召开》,国家知识产权局网站,http://www.sipo.gov.cn/zscqgz/1131358.htm。

14.《2018 年"一带一路"知识产权圆桌会在京举行》,"一带一路"知识产权高级别会议官网,https://www.cnipa.gov.cn/art/2018/8/31/art_725_48037.html。

15.《"一带一路"旅游部长会议成功举办》,国务院网站,http://www.gov.cn/xinwen/2017-09/14/content_5225026.htm。

16.《中国与 17 国发布建立"一带一路"能源合作伙伴关系部长联合宣言》,中国一带一路网,https://www.yidaiyilu.gov.cn/xwzx/gnxw/69155.htm。

17.《"一带一路"能源合作伙伴关系在京成立》,国家能源局网站,http://www.nea.gov.cn/2019-04/25/c_138008675.htm。

18.《第二届"一带一路"能源合作伙伴关系论坛在京召开》,国务院网站,http://www.gov.cn/xinwen/2020-12/04/content_5566983.htm。

19.《第二届"一带一路"能源部长会议圆满闭幕》,国家能源局网站,http://www.nea.gov.cn/2021-10/19/c_1310255314.htm。

20.《首届"一带一路"国家会计准则合作论坛在厦门成功举办》,国家财政部网站,http://kjs.mof.gov.cn/gongzuodongtai/201911/t20191126_3429330.htm。

21.《第二届"一带一路"国家会计准则合作论坛在厦门成功举办》,国家财政部网站,http://kjs.mof.gov.cn/guojidongtai/202011/t20201104_3616732.htm。

22.《第三届"一带一路"国家会计准则合作论坛成功举办》,环球网,https://yrd.huanqiu.com/article/45SY5vqEmQ6。

23.《"一带一路"税收征管合作机制多边磋商在京举行》,中国一带一路网,https://www.yidaiyilu.gov.cn/xwzx/gnxw/109116.htm。

24.《"一带一路"税收征管合作机制会议达成 15 项最新成果》,国家税务总局网站,http://www.chinatax.gov.cn/chinatax/n810219/n810724/c5159823/content.html。

25. 余丽:《基于国际税收理论的"一带一路"税收征管机制研究》,载《国际商务财会》

2021 年第 4 期,第 32—33 页。

26.《第二届“一带一路”税收征管合作论坛闭幕发布〈第二届“一带一路”税收征管合作论坛联合声明〉〈努尔苏丹行动计划(2022—2024)〉等四方面成果》,国家税务总局网站,http://www.chinatax.gov.cn/chinatax/n810219/n810724/c5168889/content.html。

27.《推动共建丝绸之路经济带和 21 世纪海上丝绸之路的愿景与行动》,人民网,http://finance.people.com.cn/n/2015/0328/c1004-26764666.html。

28.《中巴经济走廊联合合作委员会第七次会议在巴基斯坦伊斯兰堡召开》,国家发展改革委网站,http://www.ndrc.gov.cn/gzdt/201711/t20171124_867771.html。

29.《孟中印缅经济走廊联合研究工作组第三次会议在印度举行》,人民网,http://world.people.com.cn/n1/2017/0427/c1002-29238822.html。

30.《中匈“一带一路”工作组首次会议在北京举行》,外交部网站,https://www.fmprc.gov.cn/web/wjbzhd/t1420152.shtml。

31. “Fact Sheet: Quad Summit”, March 12, 2021, The White House, https://www.whitehouse.gov/briefing-room/statements-releases/2021/03/12/fact-sheet-quad-summit/.

32. 中国社会科学院语言研究所词典编辑室:《现代汉语词典》修订本,北京:商务印书馆 1996 年版,第 462 页。

33. 苏长和:《从关系到共生:中国大国外交理论的文化和制度阐释》,载《世界经济与政治》2016 年第 1 期,第 5—25 页;苏长和:《互联互通世界的治理和秩序》,载《世界经济与政治》2017 年第 2 期,第 25—35 页。

34. 秦亚青:《关系与过程:中国国际关系理论的文化建构》,上海:上海人民出版社 2012 年版。

35.《五大工程横跨欧亚大陆展现宏大景象》,载《参考消息》2018 年 3 月 16 日。

36. 李向阳:《“一带一路”的高质量发展与机制化建设》,载《世界经济与政治》2020 年第 5 期,第 60 页。

37. 商务部国际贸易经济合作研究院课题组:《共建合作机制:“一带一路”经贸合作逆势前行》,载《国际经济合作》2021 年第 5 期,第 3—7 页。

38.《中英机构携手发布〈“一带一路”绿色投资原则〉》,中国政府网站,http://www.gov.cn/xinwen/2018-12/01/content_5345075.htm。

39. 吴涧生、杨长湧、苑生龙:《推动“一带一路”国际合作高峰论坛机制化实体化发展》,载《中国发展观察》2018 年第 19 期,第 56—59 页。

40. 武芳:《推进“一带一路”高质量发展的若干思考》,载《中国远洋海运》2020 年第 2 期,第 59 页。

41. 陶平生:《加强国际合作机制建设,推进高质量共建“一带一路”》,载《北方经济》2019 年第 7 期,第 16—17 页。

42. 赵世人:《“一带一路”建设与中亚公共外交》,载《公共外交季刊》2018 年第 1 期,第 25 页。

43. 曹忠祥、公丕萍、赵斌:《走向 2020 的“一带一路”建设:新进展、新形势和新举措》,载《大陆桥新视野》2020 年第 4 期,第 48 页。

44. 崔琪涌、张源、王胜:《“一带一路”国际宏观经济政策协调:机制基础与中国角色》,载《经济学家》2020 年第 8 期,第 56 页。

45.《第二届“一带一路”国际合作高峰论坛举行圆桌峰会习近平主持会议并致辞》,第二届“一带一路”国际合作高峰论坛官网,http://www.beltandroadforum.org/n100/2019/0427/c24-1314.html。

46.《习近平在第三届“一带一路”国际合作高峰论坛开幕式上的主旨演讲(全文)》,

新华网,http://news.cn/politics/leaders/2023-10/18/c_1129922670.htm。

47. 宋立义、李世刚:《构建“一带一路”中长期投融资机制研究》,载《开发性金融研究》2018 年第 6 期,第 18 页。

48.《何德旭:如何构建“一带一路”多元化投融资体系》,中国金融新闻网,https://www.financialnews.com.cn/zgjrj/201906/t20190612_161668.html。

49. 温灏、沈继奔:《“一带一路”投融资模式与合作机制的政策思考》,载《宏观经济管理》2019 年第 2 期,第 55 页。

50.《中共中央办公厅、国务院办公厅印发〈关于建立“一带一路”国际商事争端解决机制和机构的意见〉》,国务院网站,http://www.gov.cn/zhengce/2018-06/27/content_5301657.htm。

51. 杨长湧:《深化推动“一带一路”高质量发展的四大机制建设》,国务院网站,http://www.gov.cn/zhengce/2019-04/25/content_5386058.htm。

52. 韩剑:《加快中日韩高标准自贸区谈判:路径与对策——基于命运共同体视角的分析与思考》,载《学术前沿》2020 年第 9 期(下),第 66 页。

53. [日]丸川知雄:《中美贸易摩擦下的中日韩集成电路产业生态》,载《学术前沿》2020 年第 9 期(下),第 28—29 页。

第六章

区域经济合作中的中国作为

区域经济合作的互联互通理论在依靠各国在规划、基建、产业、机制等方面进行密切互动的同时，也需要区域内大国充分发挥积极作用，其中的一项重要作用就是提供高质量的互联互通产品，这些产品服务于区域内的互联互通建设，是引领区域内进行规划、基建、产业、机制合作的基础性要素，主要涉及资金、装备、标准、评价、规划、知识等。中国作为“一带一路”区域内的大国，正积极地向沿线国家和地区提供大量的互联互通产品，即增强资金支持与动员，以中国装备作为物理支撑，以中国标准促进“软联通”，建立区域互联互通评价体系，为其他国家和地区编制规划等。对互联互通产品的提供也可以被认为是一种互联互通能力。

第一节　增强资金支持与动员

资金是区域经济合作的重要保障，也是需要大国能够积极提供的重要资源，这对于基础设施建设来说尤其重要。基础设施建设是一国提升国际竞争力的基础性条件，越是发达国家和地区，基础设施的质量就越高。纵观全球，许多国家特别是发展中国家对基础设施的供给意识和能力是不足的，这涉及资金、民族宗教、技术水平、政府能力等许多问题。由于未能有效互联，有些国家虽然看上去是一个赋有主权性质的整体，但内部的割裂程度远比地图上显示出来的严重。跨国和跨区域的基础设施由于涉及多个国家，供给效率更是低下。基础设施建设的资金来源一般通过政府的财政支持和吸引社会资本两方面展开。不过，“一带一路”沿线国家由于大多是发展中国家，财政能力有限，引资难度也较大,很容易陷入缺乏基础设施—经济困难—投资少—更加缺乏基础设施的怪圈,成为互联互通的瓶颈。麦肯锡公司预测,2030年世界基础设施建设资金缺口将高达46万亿—67万亿美元;2008—2017年,新兴市场国家中,中国基础设施建设资金缺口为9万亿美元,印度为2.7万亿美元,俄罗斯为2万亿美元,巴西为1万亿美元。[1]据世界银行测算,非洲要缩小与世界其他地区在基础设施方面的差距,每年需投入930亿美元,约占非洲国内生产总值总额的15%,超过目前非洲在基础设施领域投资金额约一倍。[2]在这一背景下,“一带一路”沿线国家和地区的基础设施建设迫切需要拥有较大经济实力和一定经济剩余的大国和中等强国为其提供一定的资金支持,中国在这方面正在发挥有效且持续的作用。

产能合作同样需要资金的支持和促进。“一带一路”沿线国家和地区大多处于工业化加速发展和产业结构转型的升级期,其经济发展阶段、发展战略和发展规划与中国的“一带一路”建设和国际产能合作具有高度契合的关系。投资、工程承包、工业园区、重点经济技术合作项目都需要用大量的资金来推动和促进,以强大的金融力量结合产业来推动区域产业链合作体系的形成和构建,这也为企业在“一带一路”建设中提供保驾护航的作用。谭璐指出了金融在国际产能合作中的三个重要作用,首先,企业融资能力直接决定国际市场竞争力。国际产能合作项目大都属于资金密集型,投入大、周期长,企业能否得到融资支持直接影响企业的投资决策。在项目初始阶段,由于前景并不明朗,企业资本金有限,能否得到股权融资就是企业投资考虑的重要因素;在项目推进阶段,企业直接或间接融资情况是保障项目顺利推进的血液;项目即将完成时,项目资金退出又是决定企业最终收益的关键一跳,要保障这些环节高效运行,需要相对完善的金融服务支持。其次,优惠融资条件需要金融支撑体系才能实现。国际产能合作的重点国家往往是亚非拉等新兴市场国家,这些国家财力有限,对利率高低、贷款额度、还款周期都比较敏感,优惠融资条件往往是国际产能合作项目谈判的焦点和成败的关键。要获得优惠的融资条件,必须有效利用国际国内两个市场、两种资源,综合发挥政策性、开发性和国际优惠贷款作用,实现不同资本形式、融资方式和金融市场之间的有效链接,这些都需要一个高效的金融服务体系。再次,金融创新需要以金融支撑体系为基础。金融服务包括融资投资、储蓄、信贷、结算、证券、保险、评估、征信和咨询等多个方面,这些领域相互关联、相互作用,金融创新也孕育在不同金融服务的交叉作用之中。推进国际产能合作,需要全方位的金融服务,还需要考虑不同国家的金融环境,情况更加复杂,需要更有针对性的创新思路方式,构建各方联动、信息共享的金融支撑体系就是培育创新动能的良好土壤。[3]

随着综合国力的逐渐提升,经济保持中高速增长,外汇储备充足,中国已充分具备"走出去"的资本条件[4],可以为发展中国家的基础设施建设与产能合作提供一定的资金支持。作为负责任的大国,中国也在想方设法将直接投资、商业贷款、无偿援助、无息贷款和优惠贷款等多种方式相捆绑来缓解这一问题,包括国家开发银行向"一带一路"项目发放的贷款,中国进出口银行不断加大的信贷支持力度,各家商业银行在"一带一路"沿线国家设立海外分支机构及授信投放贷款,中国出口信用保险公司对于沿线国家项目的承保等。这些资金已支持了俄罗斯、土库曼斯坦、委内瑞拉、巴西、安哥拉、厄瓜多尔等国家一批石油天然气项目合作以及周边 8 800 千米油气管线建设、4 200 万千瓦发电装机、90 万千瓦光伏组件和 15 万千瓦风机设备出口,支持了中老铁路、中泰铁路、牙买加南北高速公路、吉尔吉斯斯坦比什凯克市政道路修复、哥伦比亚波哥大埃尔多拉多国际机场改扩建、中远希腊比雷埃夫斯集装箱码头、吉尔吉斯斯坦南北第二条公路建设、斯里兰卡公路改造等项目。[5]这些资金增强了发展中国家的融资能力,拓展了发展中国家的融资方式,也为国际社会提供了西方国家之外的一个融资来源。

提出"一带一路"倡议后,在整体层面,中国在许多场合提出了涉及基础设施建设和产能合作的资金支持项目。比如,在 2018 年中非合作论坛上,习近平主席提出包括产业促进行动和设施联通行动在内的"八大行动",强调为推动"八大行动"顺利实施,"中国愿以政府援助、金融机构和企业投融资等方式,再向非洲提供 600 亿美元支持,其中包括:提供 150 亿美元的无偿援助、无息贷款和优惠贷款;提供 200 亿美元的信贷资金额度;支持设立 100 亿美元的中非开发性金融专项资金和 50 亿美元的自非洲进口贸易融资专项资金;推动中国企业未来 3 年对非洲投资不少于100亿美元”。[6]在2016年访问阿拉伯国家联盟总部时,习近平主席提出:“为促进中东工业化进程,中国将联合阿拉伯国家,共同实施产能对接行动,包括设立150亿美元的中东工业化专项贷款,用于同地区国家开展的产能合作、基础设施建设项目,同时向中东国家提供100亿美元商业性贷款,支持开展产能合作;提供100亿美元优惠性质贷款,并提高优惠贷款优惠度;同阿联酋、卡塔尔设立共计200亿美元共同投资基金,主要投资中东传统能源、基础设施建设、高端制造业等。”[7]在同年进行的澜沧江—湄公河首次领导人会议上,李克强总理提出:“设立100亿元人民币优惠贷款和100亿美元信贷额度,包括50亿美元优惠出口买方信贷和50亿美元产能合作专项贷款,用于支持澜湄地区基础设施建设和产能合作项目。”[8]在上海合作组织成员国元首理事会第十四次会议上,习近平主席提出:“为巩固和加强上海合作组织区域经济合作,中方决定向上海合作组织成员国提供50亿美元贷款,用于合作项目融资。中方在去年上海合作组织总理会议上宣布成立的中国—欧亚经济合作基金已经正式启动,基金前期规模为10亿美元,最终规模将扩大至50亿美元。”[9]在同年进行的第四届中国—中东欧国家经贸论坛上,李克强总理提出:“中方将启动第二期10亿美元的中国—中东欧投资合作基金,并成立30亿美元规模的投资基金,以多种方式推动本地区国家股权融资。”[10]在第三届“一带一路”国际合作高峰论坛期间,中国国家开发银行和中国进出口银行分别设立3 500亿元人民币“一带一路”融资窗口,丝路基金新增资金800亿元人民币,以商业化、市场化方式支持“一带一路”项目。

当然,基础设施建设和产能合作的资金仅依靠极少数国家是较为有限的,仅依靠政府的财政支持也是不够的,需要区域内和区域外有能力和条件的国家在提供资金支持的同时,发挥资金的杠杆撬动作用,更好地调动其他国家、国际金融机构的资金以及私人资本。世界银行和地区性的开发银行都是如此。因此,一个国家在区域经济合作中的作用发挥不仅包括自身的资金支持能力,还包括通过搭建平台,引导、组织、调动其他国家和社会资本加入的动员能力。中国共产党第十八次全国代表大会以来,中国已经创设了亚洲基础设施投资银行、金砖国家新开发银行,以及各类投资基金和产能合作基金等资金筹措平台以更好地满足“一带一路”建设的资金需求，并借此撬动更多的资金加入其中。应当来说，在吸引各国政府资金的同时，“催化私人资本”也是一项重要原则，许多项目均有私人资本参与合作。金立群在提交给亚投行理事会的报告中称，亚投行成功的一个重要评价标准在于它能在多大程度上撬动私人部门资金，这将是该机构未来业务的重点。要促进基建投资较快增长，撬动私人资本是根本出路。[11]而亚投行的投资正是对各国公共与私人资本起到引领性作用，既能尽可能多地动员和引导商业资本投入基础设施和相关生产领域，又能先导地为私人资本培育和建立更广泛的市场。[12]为此，公私合营伙伴关系(PPP)对于基础设施建设和产能合作的推动作用较大，凭借政府部门的政策支撑和激励措施，私人部门的融资、建设和运营，有助于项目过程中多元行为体的利益共享和风险共担，既促进项目实施，也保证了财务可持续性。

第二节　以中国装备为物理支撑

一、中国装备制造业“走出去”

区域经济合作遵循市场规律和国际通行规则，既要发挥好政府在对外指引、规划制定、平台搭建和服务提供等方面的主导作用，也要充分发挥各类企业的主体作用。也就是说，“一带一路”建设的顶层设计和助推力在政府，而具体项目的承担主体仍是企业，两者是协同共进的关系。从企业来讲，无论是区域经济合作中的基础设施建设还是产能合作都离不开企业来实际推进具体的项目，而项目的实际推进都离不开包含先进技术的装备来支撑，这是“一带一路”建设的重要物理支撑，尤其是伴随着大型基础设施的建设和大型产能合作的展开，大型装备的需求量进一步提升。不过，由于技术要求较高以及对规模效应的需要，包含先进技术的装备，尤其是大型装备往往只有少数甚至是极少数的国家能够制造和生产，集中度很高，比如，德国、日本、美国、法国、加拿大、韩国、中国等，这些国家往往在某一或某些装备领域技术先进、领先全球。对于以发展中国家为主的“一带一路”区域而言，基础设施建设已掀起新一轮浪潮,工业化、城镇化、信息化进程加快,这些国家更加需要的是高质量、低成本、技术先进的装备来推进国家和区域建设,这符合发展中国家和发展中区域的经济状况和发展阶段,中国的优势正在于此。

中国装备制造业近年来持续发展,产业规模持续壮大,国际竞争力大幅提升,某些领域的装备已经达到高质量、低成本、技术先进的要求,这一方面得益于过去30年,中国企业大规模参与国内基础设施建设,在极具挑战性的大型项目中练就了以较低成本实施项目的能力。[13]另一方面得益于中国产业门类全、技术水平高的工业体系。2018年,中国装备制造业实现营业收入33.68万亿元,机电产品进出口总额为24 262.8亿美元,贸易顺差4 951亿美元,掌握了1 000千伏交流和±800千伏以上直流特高压输变电成套设备制造技术、乙烯装备成套技术、百万吨级乙烯压缩机组等关键技术,研制了"龙华一号"核电机组、"蓝鲸一号"钻井平台、"复兴号"动车组等重大技术装备,打造了"墨子号"量子卫星等国之重器。2015年,国资委发布《"一带一路"中国企业路线图》,展示了"一带一路"重大项目的进展情况,涉及中交集团、中国中铁、中国海运、中远集团、招商局集团、中国国航、东方航空、南方航空、南方电网、国家电网、中国石油、中国石化等,这些企业以先进的技术装备承担起了国际上一系列战略通道和战略支点项目,是区域经济合作的中国主力军。据统计,中国已经有65家企业上榜全球最大250家国际承包商名单,其中排名靠前的均为中央企业。当然,国有企业以大型项目建设为先导,也为民企"走出去"创造了完备的路线、交通、资源等基础条件,形成"国企搭台,民企唱戏"的格局,华为、联想、吉利、万达等民企以先进的技术装备在"走出去"过程中均获得了不错的成果。

区域经济合作对中国装备的区域供给提出了更高的要求。2015年,国务院发布《关于推进国际产能和装备制造合作的指导意见》,在主要任务中提出:"将与我装备和产能契合度高、合作愿望强烈、合作条件和基础好的发展中国家作为重点国别,并积极开拓发达国家市场,以点带面,逐步扩展。将钢铁、有色、建材、铁路、电力、化工、轻纺、汽车、通信、工程机械、航空航天、船舶和海洋工程等作为重点行业,分类实施,有序推进。"[14]应当来说,这12个重点行业是中国的优势行业,对"一带一路”沿线国家来说也具有需求，是中国装备进行区域供给的优先领域，应进一步扩大质优价廉、综合配套能力强的装备出口，并推动产品叠加产业出口，成为“一带一路”区域经济合作的强劲物理支撑。

二、工程机械技术与装备

随着基础设施建设和矿产资源等产能合作的展开，工程机械的需求量在“一带一路”沿线大幅增长，这也促进了中国不少工程机械企业向国际化、规模化、优质化、综合化的方向发展。从产业链来讲，工程机械的上游是为工程机械产品的制造提供的原材料和零部件，中游是具体工程机械企业，下游包括基础设施建设、房地产、矿山挖掘等。中国是工程机械制造大国，种类繁多、产品齐全，拥有 20 大类、109 组、450 种机型、1 090 个系列、上万个型号的产品设备。借助这些优势，中国的工程机械设备能够很好地支撑起“一带一路”区域经济合作的基础设施建设和产能合作项目。2020 年，中国工程机械的出口金额达到 209.69 亿美元，叉车、挖掘机、装载机多年排名产品出口量的前三位。

由于规模经济效应，经过 60 多年的发展，中国诞生了几家营收规模高、产品分布广、技术水平领先的巨头企业，包括徐工集团、三一集团、柳工集团等。可以说，在海外基建和产能合作项目的推进中，中国的机械装备发挥了独特的作用，很多时候担负起了关键突破的重任。徐工集团位居世界机械行业第 4 位，中国机械工业第 4 位，产品涵盖起重机械、铲土运输机械、混凝土机械、挖掘机械、道路机械、矿用工程机械等 14 大门类，规模较大、系列齐全、具有较强的竞争力，凭借着徐工的创新技术、高效出色的性能和稳定可靠的质量，徐工装备在海外支撑起了许多基础设施建设和产能合作项目。非洲西海岸的几内亚矿产资源丰富，但全年气候炎热、旱雨季半年交替、环境恶劣，徐工出产的挖掘机可以在高温多尘的严苛环境下无障碍工作且能够在任何恶劣工况中为驾驶者提供极优的操作环境，使其成为几内亚市场最受欢迎的机型，数十台徐工挖掘机已经连续无故障运行超过了 2 000 小时。[15]此外，徐工的铰接式矿车等机械已经成为东南亚矿山设备的主流供应商。2020 年，徐工百台 G 一代海外定制款起重机挺进“一带一路”；全新一代

XCR越野轮胎起重机在中东、中亚、东南亚实现批量销售;伸缩臂叉装车批量发往欧洲高端市场。在2020年出口海外的中国起重机品牌中,徐工市场份额达到近50%。[16] 2021年初,徐工的挖掘机、装载机、平地机、起重机等400余台设备出口“一带一路”沿线国家,助力各国的经济复苏。

作为中国“智能制造”首批试点示范企业,三一集团的挖掘机械、桩工机械、履带起重机械、移动港口机械、路面机械、煤炭掘进机械为中国品牌,混凝土机械为全球品牌。凭借着全球领先的装备制造,整个雅万高铁项目的施工沿线绝大多数都是三一集团的设备,占有率超过了80%。在建设高峰期,三一有超过500台大型装备在当地,包括150多台挖掘机、60多台旋挖钻、50多台起重机、150多台搅拌车、20多套搅拌站和30多台泵车拖泵等,负责全线的土方及隧道作业、混凝土运输及泵送、灌注桩和吊装施工等。在雅万高铁项目的13条隧道工段中,11条由三一的挖掘机负责掘进贯通。

作为一家海外营收占总体销售收入30%的国际化企业,柳工集团目前在全球有10万台以上的设备。针对“一带一路”区域工况恶劣、复杂程度高、国际合作标准严格等挑战,柳工集团不断增强和完善产品线和工况系统应用解决方案,为“一带一路”的客户提供了以柳工工程机械、Dressta推土机和吊管机、欧维姆应力产品为核心的完整产品解决方案。此外,柳工还构建了基本覆盖沿线国家的营销网络,提供优秀的产品、服务、配件、培训支持,在英国欣克利角核电站建设项目、土耳其第三大桥和高速公路项目、以色列特拉维夫轻轨项目、克罗地亚佩列沙茨跨海大桥和塞尼风电场项目、缅甸中缅天然气管道项目、中泰铁路、中老铁路、雅万高铁等重大项目中,柳工都提供了强大的设备支持。[17] 2018年,柳工集团在“一带一路”区域的收入占海外总收入的65%,同比增长34%。[18]

三、高速铁路技术装备

作为一项科技突破的集大成者,高速铁路及高速列车集多系统、大体量、高技术为一体,涉及多个行业和领域,一列高速列车包含45 000

多个零部件，对生产能力的要求极高。从 20 世纪 90 年代至今，中国旅客列车的平均时速从 100 公里不到提升到最高 350 公里，经历了一个“引进先进技术、联合设计生产、打造中国品牌”的发展历程，在这一过程中将原始创新、集成创新、引进消化吸收再创新有机结合起来，实现了铁路技术装备的现代化。当前，时速 200 公里的动车组已能够国产化批量生产，时速 350 公里动车组的动力系统、变流系统、网络控制系统等关键系统部件实现了自主化。在高速轨道技术中，中国已经掌握了寒带、热带、大风、沙漠、冻土等不同气候和复杂地质条件下建设高速铁路的技术，对复杂路基、长大桥梁、大断面隧道等工程的设计施工均居于国际领先地位，形成了具有世界先进水平的中国高速铁路成套工程技术。在通信信号技术中，中国研制成功了完全自主知识产权的调度集中系统的中国高速铁路行车指挥平台。据不完全统计，仅中国高速动车组零部件生产设计核心层企业就有 140 余家、紧密层企业 500 余家，形成了一个庞大的高新技术研发制造产业链。[19] 根据《中国国家铁路集团有限公司 2020 年统计公报》，中国已有高铁营业里程 3.8 万公里。2019 年，复兴号智能动车组上线运营，实现全球首次时速 350 公里自动驾驶。目前，全国铁路配备复兴号系列动车组 1 036 组，已累计安全运行 8.36 亿公里，运送旅客 8.27 亿人次，复兴号已有 CR400AF、CR400AF-A、CR400AF-B、CR400AF-C、CR400AF-G、CR400BF、CR400BF-A、CR400BF-B、CR400BF-C、CR400BF-G、CR300AF、CR300BF、CR200J 共 13 款车型，覆盖不同速度等级、满足不同运用需求。[20] 2020 年发布的《新时代交通强国铁路先行规划纲要》提出，到 2035 年，全国高铁路网达 7 万公里左右，50 万人口以上城市高铁通达。2050 年，全面建成更高水平的现代化铁路强国，形成辐射功能强大的现代铁路产业体系，建成具有全球竞争力的世界一流铁路企业。

凭借着中国在高速铁路领域的先进技术装备，其开始成为“一带一路”沿线地区推进交通基础设施建设的重要物质载体，中国的“高铁外交”也在此催化下逐渐升温，成了中国外交的一张新名片。2005 年，由中国铁建股份有限公司牵头并联合中国机械进出口公司以及土耳其两家公司共同组成的合包集团成功中标土耳其安伊高铁二期主要路段，全长158公里,合同金额12.7亿美元,设计时速250公里,这是中国企业在海外组织承揽实施的第一个电气化高速铁路项目。2014年安伊高铁全线建成通车。2011年,中铁所属中海外公司中标摩洛哥丹吉尔-肯尼特拉高铁路段的土建工程北线项目,该铁路全长约达200公里,设计时速为350公里。2015年,中国与印尼签署《雅万高铁项目合作协议》,设计里程150公里,时速350公里,投资金额约51.35亿美元。该项目也标志着中国的技术标准、勘察设计、工程施工、装备制造、物资供应.运营管理和人才培训等全系统、全要素、全产业链"走出去"。2016年,中国铁路总公司与俄罗斯铁路股份公司以实施俄罗斯莫斯科至喀山高铁项目为主要内容签署全面战略合作协议。2018年9月,设计最高时速为360公里的沙特麦加至麦地那双线电气化高铁建成,这也是中国企业在海外参建的世界首条穿越沙漠地带的高铁。其他现代化铁路合作项目包括中老铁路、匈塞铁路、亚吉铁路、蒙内铁路、尼日利亚阿卡铁路、利比亚南北铁路和沿海铁路等。目前,中国的铁路装备已经实现了六大洲全覆盖,轨道车辆整车产品已进入北美发达国家市场。[21]

四、特高压输电技术及装备

特高压输电技术是指交流1 000千伏、直流±800千伏及以上电压等级的输电技术,与较低电压输电方式相比具有长距离、大容量、低损耗、节约土地资源的优势,是世界高新技术的前沿领域。2004年,中国决定自主研发、自主设计、自主建造这种输电网。2009年,第一个特高压试验工程投入运营,这意味着运行电压高、技术水平先进、拥有自主知识产权的交流输电工程就此在中国诞生。在研发过程中,中国不仅掌握和突破了特高压技术,也掌握了特高压产业链上的关键设备,已建成世界同行中产能最大、水平先进、主辅配相对完整的交直流输变电成套设备制造体系。国电南瑞、许继电气、中国西电、特变电工、平高电气等中国企业已经成为特高压关键设备的供应商,一改过去中国500千伏输电网建设需要的大容量变压器和电抗器等设备都要从国外进口的历史。中国的特高压设备已经成为电力市场的一张名片。自建成第一个示范工程以来，中国共完成180项关键技术研究课题，形成429项专利，建立了包含7大类79项标准的特高压交流输电标准体系，涵盖系统研究、设备制造、调试试验和运行维护等环节。[22]截至2018年底，中国已建成“八交十三直”21个特高压工程，是全球唯一实现特高压大规模投入商业运营的国家。正是凭借着中国在特高压输电技术和设备方面的优势以及电工制造产业较高的水平，特高压设备成为“一带一路”区域电网互联的重要物理支撑。国家电网总经理舒印彪曾系统地阐述了中国与周边国家实现联网的三个重点：一是丝绸之路经济带输电走廊，建设从中国新疆到中亚五国的输电通道；二是俄罗斯和蒙古国向中国输电通道；三是与南部邻国联网通道。[23]目前，国家电网正在研究与俄罗斯、蒙古、哈萨克斯坦、巴基斯坦等国电网互联互通，正在规划的建设项目工程有6个。

第三节　以中国标准促进“软联通”

标准具有基础性、科学性、通用性等特点，是人类文明进步的成果，是现代工业发展到规模化生产的产物。2016年，习近平主席在致第39届国际标准化组织大会的贺信中指出，“国际标准是全球治理体系和经贸合作发展的重要技术基础”，“标准已成为世界‘通用语言’。世界需要标准协同发展，标准促进世界互联互通”。[24]在2017年“一带一路”国际合作高峰论坛上，习近平主席指出：“要促进政策、规则、标准三位一体的联通，为互联互通提供机制保障。”[25]因此，标准是开展“一带一路”区域经济合作的重要技术支撑，也是深化区域经济合作的重要手段。

以中国标准促进“软联通”的前提是中国标准化体系建设的发展。改革开放特别是进入21世纪以来，中国标准化事业快速发展，标准体系初步形成，应用范围不断扩大，水平持续提升，国际影响力显著增强，全社会标准化意识普遍提高。中国的标准体系兼具政府主导制定和市场自主制定两种模式，具体由国家标准、行业标准、地方标准、团体标准和企业标准五个层级构成，其中，前三者属于政府主导制定，后两者属于市场自主制定。截至2019年9月，中国共有国家标准36 877项，备案的行业标准62 262项，备案地方标准37 818项，团体标准9 790项，企业自我声明公开的标准有 114 万项。中国已经组建了全国标准化的专业技术委员会、分技术委员会达到 1 321 个,专家有近 5 万名,承担国际标准化组织的秘书处达到 89 个,主导制定国际标准 583 项,国际标准化组织注册的中国专家近 5 000 名。国家市场监管总局副局长、国家标准化委员会主任田世宏概括了中国标准化工作的三个历史性转变,“一是实现了标准由政府一元供给向政府与市场二元供给的历史性转变,改变了过去政府制定什么标准,企业就执行什么标准的局面。二是实现了标准化由工业领域向一二三产业和社会事业全面拓展的历史性转变。目前中国标准体系实现了农业、工业、服务业及社会事业各领域的全覆盖,在国家标准中农业标准的占比达到 11.4%,工业标准占比达 73.5%,服务业和社会事业的占比达到 15.1%,服务领域的标准占比正在不断的提升。三是实现国际标准由单一采用向采用与制定并重的历史型转变。一方面,中国积极采用国际标准,努力做到能采即采,国家标准中采用国际标准数量超过万项。另一方面,中国也积极地向 ISO、IEC 提交国际标准的提案,提案的年度增长率已经达到 20%左右,成了国际标准提案最活跃的国家之一”。[26] 近年来,伴随着中国装备制造业水平和工程技术水平发生深刻变化,尤其是在高端制造业和工程技术领域的迅猛发展和突破,中国在水电、风电、铁路、港口、桥梁等领域处于世界领先地位,形成了完整的标准体系。比如,中国中车建成了一个由 14 大类 241 项标准组成的管理标准体系,基本形成了具有自主知识产权的高速列车技术标准和规范。复兴号系列动车组大量采用中国国家标准、行业标准、中国铁路总公司企业标准等技术标准,以及一批国际标准和国外先进标准,具有良好的兼容性能,在 254 项重要标准中,中国标准占 84%。[27] 国家电网在特高压输送方面牵头制定国际标准 47 项,制、修订国家和行业标准 1 346 项,发布企业标准 1 865 项。[28] 因此,依托我国先进工程技术水平,能够“有底气”地带动中国标准参与“一带一路”区域经济合作。

不过,中国标准的体系化建设与经济社会发展需求相比,与发达国家相比,还存在较大的差距。中国标准的发展一方面是标准体系的建设发展,另一方面是标准的国际化。2015 年,党中央、国务院印发《关于构建开放型经济新体制的若干意见》,提出要增强中国在国际经贸规则和标准制定中的话语权。国务院印发的《深化标准化工作改革方案》和《关于推进国际产能和装备制造合作的指导意见》，也都要求结合海外工程承包、重大装备设备出口和对外援建，推广中国标准，以中国标准"走出去"带动中国产品、技术、装备、服务"走出去"。2015 年，国务院办公厅印发《国家标准化体系建设发展规划(2016—2020 年)》，在发展目标中指出，到 2020 年，基本建成支撑国家治理体系和治理能力现代化的具有中国特色的标准化体系。具体为，标准体系更加健全、标准化效益充分显现、标准国际化水平大幅提升、标准化基础不断夯实。在中国标准走出去工程中，规划将"一带一路"沿线国家作为重要抓手，"深化标准化国际合作。积极发挥标准化对'一带一路'战略的服务支撑作用，促进沿线国家在政策沟通、设施联通、贸易畅通等方面的互联互通。围绕实施'一带一路'战略，按照《标准联通'一带一路'行动计划(2015—2017)》的要求，以东盟、中亚、海湾、蒙俄等区域和国家为重点，深化标准化互利合作，推进标准互认；在基础设施、新兴和传统产业领域，推动共同制定国际标准；组织翻译 1 000 项急需的国家标准、行业标准英文版，开展沿线国家大宗进出口商品标准比对分析；在水稻、甘蔗和果蔬等特色农产品领域，开展东盟农业标准化示范区建设；在电力电子设备、家用电器、数字电视广播、半导体照明等领域，开展标准化互联互通项目；加强沿线国家和区域标准化研究，推动建立沿线重点国家和区域标准化研究中心"[29]。

2015 年 10 月，为推进"一带一路"标准合作，推进"一带一路"建设工作领导小组办公室发布了《标准联通"一带一路"行动计划(2015—2017)》，提出了具体措施，如制定完善中国标准"走出去"专项规划和政策措施，组织翻译优先领域急需标准外文版，加强沿线国家标准化专家交流及能力建设，实施标准化互联互通重点项目等。2017 年又发布了《标准联通共建"一带一路"行动计划(2018—2020)》，围绕推进"一带一路"建设新阶段的总体要求和重点任务，拓展了重点任务安排和专项行动实施。从第一份行动计划到第二份行动计划，标准联通"一带一路"更加专注于微观图式和方案细化，为"一带一路"深度对接标准化全球治理提供具体指针。[30]除此之外，中国不少地方政府也制定出台了各自的行动计划，国家标准化管理委员会与"一带一路"沿线多个国家签署了《加强标准合作共建“一带一路”》联合倡议。

当今,中国标准的国际影响力正在日益增强。缅甸迪洛瓦甸10万立方米油库和配套2万吨码头项目完全采用中国标准;中国路桥在莫桑比克承建的马普托大桥采用中国标准,在肯尼亚承建的蒙内铁路采用中国标准,在安哥拉的几乎全部项目采用中国标准,在赤道几内亚的50%项目采用中国标准;中土集团总承包的亚吉铁路全部采用中国标准;中交建二航局承建的中马友谊大桥全面采用中国标准;国家电网公司中标的巴西两个特高压直流工程大量采用了中国标准,其他还包括雅万高铁、中老铁路、中泰铁路、阿卡铁路,等等。据统计,在“一带一路”沿线中国企业569个对外工程项目中执行的主要标准整体情况看,中国标准占到35%,项目所在国标准占到了24%,其他是美国标准、英国标准、法国标准。当前的“一带一路”建设中,越南、缅甸、老挝等东南亚国家主要使用中国标准;非洲有些国家经过沟通可以接受中国标准,工程现场施工一般情况下主要采用所在地标准;俄联邦国家标准自成体系,工程建设项目要求满足当地标准,那些靠近中国的俄联邦国家项目表示可以接受中国标准,但必须解读中俄标准之间的异同,以便更好地接受中国标准。与此同时,“一带一路”海外项目中中国标准主要用在工程设计、土建施工、机电设备安装、装饰装修和产品材料设备上,其中标准应用最多的主要是土建施工(27.2%)和工程设计(25.8%)方面。

当前,全球市场的工程技术标准仍以欧洲标准、美国标准、日本标准为主导。这三大标准存在时间较长、体系较为完善,不仅发达国家采用,作为历史上欧洲列强的殖民地,非洲和美洲很多国家也普遍采用。郝江婷指出了其中的原因,中国标准“走出去”往往要打破欧美标准长期形成的自然垄断地位。即使在缺少自己国家标准的非洲或拉美地区,大量欧美国家公司提供设计、监理等服务,更倾向于采用发达国家标准,尤其是工程设计、规划阶段标准。符合国外标准意味着成本剧增,体现在:一是欧美和中国技术标准有差异,需要额外投入资金、人力、研发,改造中国的生产设备、施工工艺流程等以符合欧美标准;二是符合国外标准要进行专业认证,认证费用高昂、周期长。即便使用中国设计标准,往往需要依据欧美标准进行设计转化,并经项目所在国认证，增加了项目周期和成本。[31]应当来说，中国标准对于“一带一路”区域经济合作具有重要的技术支撑作用，国际市场采用了中国标准，就有了中国装备和中国技术的“走出去”，标准是从产品出口向产业出口提升的关键。是否采用中国标准，对中国来说意义不同。由中国铁建股份有限公司中标的土耳其安伊高铁项目，由于采用欧洲标准，在中国国内采购的设备费用仅占全部费用的24%，而占全部设备费用76%的高铁主要装备，包括钢轨、道岔、轨枕、电气化、信号等，则按欧标在欧盟市场采购，这还不包括合同外由土方铁路总局直接向西班牙采购动车组的费用。[32]与此形成鲜明对比的是，同样由中国铁建承建的安哥拉本格拉铁路，由于从设计到施工全部采用中国铁路的建设标准，钢轨、水泥等建筑材料以及通信、大型机械设备等全部从中国采购，包括铁路建成投入运营后的机车、车辆等，共带动进出口贸易达30多亿元。[33]而蒙内铁路一旦确定采用中国标准，中国的大型机械、钢轨等硬件设备就不远万里海运而来，“当时合同中签订，我们40%的原材料在当地采购，而剩下的都是来自国内”[34]。中冶集团在巴布亚新几内亚投资的瑞木镍钴项目，项目总投资123亿元，采用中国标准建设，带动中国装备出口31亿元。国家电网公司总承包的埃塞俄比亚复兴大坝水电站500千伏送出工程，总投资14.6亿美元，全部按中国标准建设，主设备100%为中国制造，该工程已建成为非洲最先进的输变电工程。尼日利亚沿海铁路采用中国标准，带动施工机械、机车车辆、钢材、机电产品等价值接近40亿美元的中国装备出口。

第四节　建立区域互联互通评价体系

“一带一路”区域经济合作需要建立新的区域互联互通评价体系。苏长和指出：“在国际经济中，定价体系最为关键；而在国际政治中，评价体系至关重要。”[35]2008年国际金融危机后，各国官员和学者们对国际评价体系的兴趣越来越浓厚，也深刻感受到穆迪、标普、惠誉等国际评级机构巨大的话语权和影响力。同时，国际评级机构也时常受到较大诟病，很多时候不仅难以起到市场“守门人”的作用，还可能加剧、催化、恶化风险和危机，甚至可以通过债券降级毁灭一个国家。世界信用评级集团董事长关建中认为,西方的信用评级体系正面临制度问题、评级思想问题、立场和道德的错误等三大问题,存在“体系性风险”,已被证明不能承担世界评级责任,必须建立新型国际评级体系。[36]欧洲、亚洲等其他地区已经开始通过建立或引入新的评级机构,来冲抵三大评级机构过大的影响力。金砖国家的政策性银行也在2017年年会上签署多边合作文件,彼此共享信用评级结论,借此建立自己的信用评级体系。[37]在“一带一路”区域经济合作中,如何衡量与评估区域互联互通的水平和质量,需要中国建立和完善“一带一路”沿线内的评价体系,率先实现评价体系的互联互通,以评价体系为跨国流动铺设道路,推动更具内生动力的新区域经济,而且,这一互联互通评价体系要以一致、公平、透明为标准,为区域内的大多数国家所认可。杨宏就提出,要确保“一带一路”持续健康发展,中国政府必须主导成立若干家信用评级机构为“一带一路”沿线国家和企业建立信用体系,为国家主权信用进行评级,为企业信用进行评级,为区域内发行的各类债券进行评级,只有这样才能够帮助沿线国家摆脱西方控制的信用评级体系长期的歧视与压制,逐步与国际信用体系接轨,最终实现融入。[38]中国提出“一带一路”倡议后,已开始重视互联互通评价体系的构建,密集发布了一系列互联互通指数。

从总体指数来说,2015年,北京大学海洋研究院发布《“一带一路”沿线国家五通指数报告》,报告的指标体系由政策沟通、设施联通、贸易畅通、资金融通、民心相通5个一级指标,15个二级指标和41个三级指标构成。根据测算结果,俄罗斯、马来西亚、新加坡、泰国、印尼、哈萨克斯坦等国家“五通”情况总体较好。[39]2016年10月,由推进“一带一路”建设工作领导小组办公室指导,国家信息中心“一带一路”大数据中心编撰完成的《“一带一路”大数据报告(2016)》正式发布,作为中国首部利用大数据技术全面评估“一带一路”建设进展与成效的综合性年度报告,构建了包括“国别合作度指数”和国内“省区市参与度指数”的“一带一路”发展成效综合评价体系。[40]2017年的《“一带一路”大数据报告》还增加了“一带一路”国别贸易合作、省市外贸竞争力、企业影响力、智库影响力、媒体关注度、信息化发展六大指数。[41]同年8月,财新传媒和数联铭品合作研发“一带一路”指数报告,旨在反映中国与“一带一路”沿线国家的双边关系、双边贸易、相互投资、人口互通、跨国企业发展等方面的发展情况，指数报告从“一带一路”总指数、横向指数和纵向指数三个方面进行描述，“一带一路”总指数共包含实物贸易指数、资本流通指数、双边关系指数、跨国企业发展指数和人口流动指数五项子指数。[42]

从基础设施领域来看，2017 年起，中国对外承包工程商会开始每年发布《“一带一路”国家基础设施发展指数》和《“一带一路”国家基础设施发展指数报告》，对过去一年的数据指标进行分析测算，旨在系统整理“一带一路”国家基础设施发展数据信息，评估发展前景、发现投资机遇、提示潜在风险，助力基础设施项目的国际合作。2020 年度的报告认为，新冠疫情严重影响了“一带一路”国家的基础设施发展。不过，得益于旺盛的发展需求和积极的疫情防控举措，东南亚地区基础设施发展势头依然强劲，在各地区排名中位居第一。从国家来看，印度尼西亚、马来西亚、菲律宾、俄罗斯、越南的发展指数位居前五位，继续保持积极良好的发展态势。交通基础设施仍是各方合作重点，公共卫生类基础设施发展有望加快。[43]

从贸易和投资领域来看，2017 年起，国家发改委和宁波市人民政府开始发布“海上丝路贸易指数”，其由出口集装箱运价指数、航运经济指数、海上丝路贸易指数等一系列指数共同构成，用来衡量和反映国际航运和贸易市场整体发展水平和变化趋势，这一指数将进一步丰富海上丝路指数体系，为各国评估“一带一路”倡议实施效果和政策调整提供重要依据。[44]同年，上海航运交易所开始发布“一带一路”航贸指数，其由贸易额指数、货运量指数、运价指数等大类组成，细分为煤炭、矿石、原油、集装箱等 4 个货种，不仅能反映贸易发展情况，还能直接反映贸易额、货运量、运输价格三者之间的变化和相互关系，为港航企业走出去、发现商机提供参考。[45]“一带一路”航贸指数在每个月最后一周的周一对外发布。2017 年，中国电子信息行业联合会和电子工业出版社联合推出“一带一路”国家工业和信息化发展指数，综合反映“一带一路”沿线国家工业和信息化发展状况，客观分析企业“走出去”的发展环境，助力“一带一路”倡议实施。其中，新加坡指数最高，达到 172.78，沿线国家的平均指数为 58.61。[46] 2020 年，电子工业出版社、中国工业互联网研究院、中国电子学会共同发布《“一带一路”数字贸易指数发展报告》,通过贸易关系、贸易潜力、贸易基础、贸易环境、贸易风险、贸易水平6个一级指标,测算了中国与“一带一路”沿线的俄罗斯、泰国、土耳其、新加坡、印度、捷克等30个国家的数字贸易发展情况,旨在摸清“一带一路”沿线国家数字贸易发展现状,帮助政府和企业把握沿线国家数字经济新机遇,助推“一带一路”沿线国家的数字贸易国际产业合作。报告显示,近年来“一带一路”沿线国家与中国的数字贸易大多呈现良好发展状态,数字贸易发展前景广阔,潜力巨大。[47]

从可持续发展角度来看,2018年,中国人民大学“一带一路”绿色发展指数研究小组发布《“一带一路”绿色发展指数研究报告》,该指数由自然资产、绿色技术和发展成果三个分指数构成,使用了20个指标用于综合评估“一带一路”沿线国家绿色发展水平,研究发现,“一带一路”沿线国家绿色整体水平提升明显,平均值由2006年的52增至2015年的54.9,排名前十位的国家分别是俄罗斯、阿尔巴尼亚、中国、斯洛文尼亚、希腊、捷克、克罗地亚、吉尔吉斯斯坦、波兰、马来西亚,它们的绿色发展得分已经接近经济合作与发展组织(OECD)国家平均水平。[48]

可以看到,已有政府部门、高校、科研院所、行业协会、学会、出版社等多种类型的行为主体参与到互联互通评价体系的建设中,这对于掌握区域互联互通的基本情况和发展态势,对于促进区域内部的经济合作,对于中国评价体系的区域供给等都将产生重要的影响。不过,当前的各类区域互联互通评价体系还处于初步阶段,不少指数仅发布了一次,如“一带一路”沿线国家五通指数、“一带一路”国家工业和信息化发展指数、“一带一路”绿色发展指数、“一带一路”国别合作度指数等,都没有做到及时跟进或每年发布,这必将影响到这些指数的可持续性和影响力的扩大,对于促进沿线国家的合作以及区域内国家接受这一评价体系的作用是有限的。与此同时,区域互联互通评价体系还需要在新的领域进一步拓展,比如,金融领域。纵观世界金融的历史,国际金融评价体系一旦被市场接受,成为权威,就能够产生极大的、长期的和持续的影响。穆迪、标普、惠誉等国际评级机构最主要的就是作为金融市场上的一个重要的服务性中介机构。因此,在“一带一路”沿线地区打造金融评价体系或金融指数与投资者的切身利益密切相关,有助于鼓励和动员各国投资者参与“一带一路”建设融资，也能够为投资者提供可靠的指引。苏培科就呼吁构建“一带一路”国际金融指数，具体可从“一带一路”国际股票指数、“一带一路”国际债券指数、“一带一路”私募股权投资指数、“一带一路”企业债权投资指数等入手，根据难易程度先利用各国上市公司的公开资源编制国际化的股票和债券指数，然后再做私募股权投资指数和企业债权投资指数。这些指数一旦构建成功，就实施全球路演，吸引国际机构投资者参与其中，中资金融机构可以发行相应的基金进行投资跟踪，这既是中国积极参与全球治理和争取国际金融资产定价权的具体能力展现，又可以在各国形成磁石效益，促进“一带一路”各项目的滚动发展。[49]可以说，“一带一路”范围内的新区域经济正在由中国构建的新型区域评价体系加以确立，中国也将此作为构筑国际评价体系和推动评价体系国际化的突破口，在增强中国话语权和影响力的同时，推动中国与沿线国家的共同发展。

第五节　为其他国家和地区编制规划

规划对于每个国家来说都很重要，是基础设施建设和产业发展的重要引领。规划的编制和执行已经成为国家治理的中国经验，在“一带一路”区域经济合作中，中国不仅要加强与其他国家共同编制国家间合作发展规划的能力，也要善于为其他国家和地区编制规划，让中国的发展经验服务于其他国家和地区的发展。

实际上，许多发展中国家缺乏对国家基础设施建设和产业发展做出规划的能力，对大国帮助其编制规划的需求与日俱增。不过，规划编制和咨询服务长期被欧洲、美国、日本的政府部门和咨询机构所垄断，规划技术体系依然是欧美日等国主导，即便是由国际组织承担的规划项目也以占领导层和工作人员多数的欧美日的专家为主体展开。此外，发达国家一些著名的咨询公司和研究机构，如兰德公司、斯坦福国际咨询研究所、麦肯锡、罗兰贝格、盖洛普、波士顿、德勤、罗马俱乐部、普华永道、野村综合研究所等也在全球规划和咨询服务中展现出较大的影响力，对各国的公共部门和私人主体产生深刻的影响。

“一带一路”倡议提出后，中国的规划编制和咨询服务业务发展迅速,为其他国家编制基础设施建设规划是其中的一个亮点。近几年,中国铁建先后参与了尼日利亚、埃塞俄比亚、安哥拉、塞内加尔、纳米比亚等 30 多个非洲国家,尼泊尔、沙特、蒙古、阿曼等 10 多个亚洲国家,以及部分南美、欧洲国家的铁路网规划,先后参与了印度德里至金奈高铁、中吉乌铁路、中蒙俄铁路、中尼铁路、中朝铁路等重大项目的前期规划研究。2014 年,河南省交通规划勘察设计院帮助柬埔寨完成了《柬埔寨王国高速公路总体发展规划》,规划至 2040 年高速公路网总规模约 2 200 公里。基于良好的合作,2015 年该院又承担起柬埔寨干线路网规划项目,对未来发展目标及路网规模、布局方案、建设标准、实施序列及发展策略等进行研究。受缅甸电力部委托,中国电力建设集团历时两年于 2014 年帮助缅甸完成国家电力发展规划,这是首部系统反映缅甸未来 20 年电力系统发展的规划报告。中国电建还参与完成了埃塞俄比亚风电太阳能规划、塞拉利昂共和国水电规划和电网规划、中亚五国可再生能源规划、西非 16 国跨国电网规划、几内亚电网规划、利比里亚电网规划、巴基斯坦旁遮普省能源规划、阿根廷和哥伦比亚国别市场规划、海地电网规划、刚果(布)国家电网规划设计等研究工作。中国能源建设股份有限公司则完成了委内瑞拉、塔吉克斯坦、加纳、斯里兰卡等国家电力规划研究。2018 年,受国家能源局委托,电规总院会同南方电网等企业共同编制完成了《老挝电力规划研究》。在其他领域,规划编制和咨询服务也有突破。比如,在海洋领域,2016 年,中国国家海洋技术中心和柬埔寨智慧大学共同完成《柬埔寨海洋空间规划(征求意见稿)》。2018 年,自然资源部国家海洋信息中心帮助佛得角编制了圣文森特海洋经济特区规划。在农业领域,中国派遣的援博茨瓦纳、几内亚比绍专家组分别参与编写两国的《农业发展规划》。中国热带农业科学院专家于 2018 年启动编制《柬埔寨现代农业发展规划》,等等。

今后,中国应继续凭借在规划领域的实力、技术和经验,为其他国家和地区编制规划,为推动区域经济合作奠定基础力量,但同时要注意两个方面:一方面,要坚持规划的可持续性。编制规划要依托深入的调查研究,体现出其他国家的迫切需要以及转型发展的意图,要以提高自主发展能力为核心,坚持适度超前、留有余地原则,建立健全规划调整机制,适应经济社会发展的需求变化。同时,规划编制要具有经济可行性，要根据一国的经济社会实情和发展阶段，聚焦具有战略意义和经济收益的重大项目，并注重经济社会生态的协调发展，为推动实现可持续发展而努力。另一方面，要夯实规划合作的国内基础。要促进政、银、企三方在规划合作领域开展深层次合作。具体而言，要发挥政府部门的组织协调优势，推动政府层面就规划合作进行交流，并组织搭建国内落实平台和机制。要发挥企业的专家资源优势积极参与规划编制工作，并为项目构建和评估提供专业咨询。金融部门，特别是中国的开发性金融为规划编制工作提供服务，并以金融支持引导企业参与勘察和开发，实现"融资"和"融智"的结合。此外，为其他国家编制规划还要实现以规划为企业"走出去"发挥指导和搭桥作用，并尝试以前期规划"锁定"一批合作项目，以提供规划产品为契机推动区域经济合作向深层次发展。

注释

1. 霍建国、庞超然：《国际基础设施领域投融资新模式》，载《国际经济合作》2016 年第 2 期，第 4 页。

2.《商务部援外司司长王胜文在"非洲基础设施建设发展合作研讨会"上的发言》，商务部网站，http://yws.mofcom.gov.cn/article/gzdongtai/201304/20130400096071.shtml。

3. 谭璐：《完善金融支撑体系推进国际产能合作》，中国共产党新闻网，http://theory.people.com.cn/n1/2016/0823/c83865-28658503.html。

4. Justin Yifu Lin, "One Belt and One Road and Free Trade Zones: China's New Opening-up Initiatives", *Front. ECON. China*, Vol.10, No.4, 2015, p.589.

5.《国家开发银行国际业务宣介手册》，国开行网站，http://www.cdb.com.cn/ywgl/xdyw/gjhzyw/。

6.《习近平在 2018 年中非合作论坛北京峰会开幕式上的主旨讲话》，国务院网站，http://www.gov.cn/xinwen/2018-09/03/content_5318979.htm。

7.《共同开创中阿关系的美好未来——在阿拉伯国家联盟总部的演讲》，人民网，http://politics.people.com.cn/n1/2016/0122/c1024-28074930.html。

8.《李克强在澜沧江—湄公河合作首次领导人会议上的讲话》，国务院网站，http://www.gov.cn/guowuyuan/2016-03/23/content_5056927.htm。

9.《习近平：凝心聚力精诚协作推动上海合作组织再上新台阶——在上海合作组织成员国元首理事会第十四次会议上的讲话》，中国共产党新闻网，http://cpc.people.com.cn/n/2014/0913/c64094-25654082.html。

10.《李克强在第四届中国——中东欧国家经贸论坛上的致辞》，国务院网站，http://www.gov.cn/guowuyuan/2014-12/17/content_2792860.htm。

11.《亚投行：撬动私人资本实现联合融资》，第一财经，http://www.cien.com.cn/content-135961.html。

12.《金立群：亚投行将提升私人资本参与基础设施投资能力》，中国财经，http://

finance.china.com.cn/roll/20160825/3876703.shtml。

13. 黄梅波、卢冬艳:《中国对非洲基础设施的投资及评价》,载《国际经济合作》2012年第12期,第20页。

14.《国务院关于推进国际产能和装备制造合作的指导意见》,国务院网站,http://www.gov.cn/zhengce/content/2015-05/16/content_9771.htm。

15.《出发！坐标几内亚矿山》,徐工集团网站,https://www.xcmg.com/news/news-detail-630146.htm。

16.《开门迎红！徐工起重机,百台齐"犇"出海!》,徐工集团网站,https://www.xcmg.com/news/news-detail-630048.htm。

17. 黄兆华:《柳工出海:中国制造的全球化探索》,北京:人民邮电出版社2017年版,第264—265页。

18.《曾光安:全面国际化助力"一带一路"全面智能化推动柳工高质量发展》,柳工集团网站,https://www.liugong.com/zh-CN/ch/Liugong/LG-news/News/2019/03/0307-1。

19. 王雄:《中国速度:中国高速铁路发展纪实》,北京:外文出版社2016年版,第120—121页。

20.《复兴号系列动车组持续领跑世界》,中国国家铁路集团有限公司网站,http://www.china-railway.com.cn/xwzx/rdzt/ppzl/202102/t20210219_113033.html。

21. 肖振生:《数说"一带一路"》,北京:商务印书馆2016年版,第6页。

22. 赵忆宁:《大国工程》,北京:中国人民大学出版社2018年版,第112页。

23.《国家电网:中国与周边国家扩大电网互联互通潜力巨大》,新华网,http://www.xinhuanet.com//world/2014-11/10/c_1113189832.htm。

24.《习近平致第39届国际标准化组织大会的贺信》,新华网,http://www.xinhuanet.com/politics/2016-09/12/c_1119554153.htm。

25.《习近平在"一带一路"国际合作高峰论坛开幕式上的演讲》,新华网,http://www.xinhuanet.com//world/2017-05/14/c_129604310.htm?eqid=f741dfa20008c79f0000000464704f52。

26.《市场监管总局:中国目前共有国家标准36 877项》,光明网,https://tech.gmw.cn/2019-09/11/content_33152923.htm。

27.《"复兴号"来了,中国标准占84%》,人民政协网,http://www.rmzxb.com.cn/c/2017-06-25/1614726.shtml?n2m=1。

28. 宋明顺:《标准引领"一带一路"互联互通》,载《浙江经济》2019年第11期,第27页。

29.《国家标准化体系建设发展规划(2016—2020年)》,国务院网站,http://www.gov.cn/zhengce/content/2015-12/30/content_10523.htm。

30. 孙灿:《"标准化"全球治理:"一带一路"标准联通与中国的对外开放》,载《印度洋经济体研究》2020年第4期,第147—148页。

31. 郝江婷:《中国工程建设标准海外应用情况分析及对策》,载《标准科学》2019年第1期,第75页。

32.《中国装备走出去的前提:中国标准走出去》,人民网,http://cppcc.people.com.cn/n/2014/1223/c34948-26255836.html。

33.《全长1 344公里安哥拉本格拉铁路竣工》,人民网,http://scitech.people.com.cn/n/2014/0813/c1057-25455742.html。

34. 王衍、漆菲:《中国铁路建设标准强攻非洲》,凤凰网,http://news.ifeng.com/a/20150312/43326797_0.shtml。

35. 苏长和:《国际评价体系须重构》,载《解放日报》2011年11月17日。

36.《关建中：构建新型国际评级体系需要形成世界共识》，新华网，http://news.xinhuanet.com/world/2015-06/30/c_127968736.htm。

37.《金砖国家自建评级体系：经济发展不再受制于发达国家》，搜狐网，http://www.sohu.com/a/169603453_99938803。

38.《杨宏：建立健全信用评级体系，为“一带一路”长远发展提供坚实保障》，环球网，https://opinion.huanqiu.com/article/9CaKrnKagiL。

39. 北京大学海洋研究院：《“一带一路”沿线国家五通指数报告》，北京：经济日报出版社2017年版。

40.《“一带一路”大数据报告(2016)在京发布》，中国网，http://www.china.com.cn/opinion/think/2016-10/31/content_39602385.htm。

41.《2017“一带一路”大数据报告发布》，国务院网站，http://www.gov.cn/xinwen/2017-10/13/content_5231392.htm。

42. 财新智库：《“一带一路”指数2020年》。

43.《〈“一带一路”国家基础设施发展指数(2020)〉发布》，中国商务新闻网，http://www.comnews.cn/article/bizworld/202012/20201200065437.shtml。

44.《海上丝路贸易指数正式发布》，新华网，http://news.xinhuanet.com/politics/2017-05/12/c_129603164.htm。

45.《“一带一路”航贸指数正式发布》，人民网，http://finance.people.com.cn/n1/2017/0713/c1004-29401227.html。

46.《“一带一路”国家工业和信息化发展指数发布》，新华网，http://news.xinhuanet.com/info/2017-09/16/c_136613877.htm。

47.《报告显示“一带一路”沿线国家与我国数字贸易呈良好态势》，新华网，http://www.bj.xinhuanet.com/2020-09/08/c_1126467667.htm。

48.《人民大学“一带一路”绿色发展指数报告在京发布》，人民网，http://world.people.com.cn/n1/2018/1113/c1002-30398399.html。

49. 苏培科：《构建“一带一路”国际金融指数》，载《中国金融》2019年第8期。

结　论

何谓“一带一路”？从区域经济合作的角度来阐释或许是一个有用的视角，即互联互通理论是一定区域内的主权国家以规划对接引领产业合作，并以基础设施建设为先导、以合作机制构建为支撑的一种区域经济合作。其中，规划对接是引领，产业合作是核心，基础设施建设与合作机制构建为产业合作服务，相互之间适度匹配。这一区域经济合作在总体上呈现循环升级的过程，即规划对接是首要，基础设施建设是先导，产业合作是核心，机制建设是保障，然后再到新一轮的更高层面和更深程度的规划对接、基础设施建设、产业合作、机制建设，如此不断地循环升级。

互联互通理论突出具有权威性和全局性的国家间合作发展规划的引领作用。中国提出“一带一路”倡议后，在此框架下达成了许多共建“一带一路”合作规划，其最重要的任务就是提出国家之间在不同阶段的重点合作领域与合作项目，为各方在基础设施建设、产业合作、机制建设等领域的合作发挥引领、指明方向、提供契机、搭建平台。此外，以国家间合作发展规划为引领也有助于增进各方的互信和共识，提高资本的利用效率，引导企业有序地参与各领域的合作。在各国基础设施、产业合作和机制建设的推进过程中，国家间合作发展规划将不断地得到更新和升级，以持续不断地发挥引领合作的作用。

互联互通理论强调基础设施建设的先导作用。既有来自发达地区的区域经济合作理论基本忽视了距离因素，忽略了运输成本，很少涉及对基础设施的分析。不过，从距离引申出来的运输成本是发展中国家和地区开展经济合作的一个重要考量，也是一些国家和地区难以实现快速发展的一个重要制约因素。实际上，基础设施建设不仅能够降低一国或涉及的国家的运输成本，还能够提升整个区域的互联互通效率，对各方都能产生一定的积极影响。为此，互联互通理论强调基础设施的作用，尤其是先导作用，提出区域内部基础设施建设的发展方向是从弱连通的区域地理版图迈向强连通的区域地理版图，追求更加多元、更加快速、更加经济、更加强劲等因素。不过，基础设施建设和产业发展(产业合作)互动紧密，两者不仅遵循各自的发展逻辑，也遵循彼此的互动逻辑，是良性互动、适度匹配的，需要进行关联思考。为此，一方面，区域内大国要大力支持和推动"一带一路"沿线国家的基础设施建设，特别是大型和关键性基础设施的建设，对一些项目的适度超前投资对于发展中国家的发展和区域经济合作具有必要性，但与此同时，这些基础设施建设也要以一定的产业基础、优势或潜力为依据，服务于产业的发展与合作，这能使基础设施建设真正发挥对经济增长的先导作用，并且在财务上实现可持续。另一方面，推动的产业合作应在拥有一定基础设施条件的地区进行，这对于降低互联互通成本以及更加便利地融入全球和地区的供应链、产业链、价值链均较为有益。

互联互通理论将产业合作作为区域经济合作的核心。由于当前"一带一路"区域以发展中国家居多，经济和科技发展水平不高，处于全球价值链的中下游，区域经济合作在产业领域仍然是以劳动密集型产业为主，这有利于降低成本、增加就业、规避关税措施等，但容易导致区域内部的产业同质性，也很难使劳动生产率得到明显的提高。要真正提高劳动生产率，产业合作必须以创新合作为抓手，以共建区域产业链为核心。一方面，加强同"一带一路"区域内的发达国家或者在部分领域具有技术和创新优势的发展中国家开展创新合作。另一方面，要注重与"一带一路"区域外的发达国家和地区开展先进制造业、战略性新兴产业、生产性服务业等先进技术领域的交流合作，在创新领域协同推进，尝试向价值链高端迈进并在"一带一路"区域构建互利共赢的产业链合作体系。在这一过程中，中国要尝试主导一些区域产业链，为此要加强两条路径的建设，其一是继续作为发达国家和"一带一路"沿线国家的重要节点，承接发达国家的先进技术并将其转移到"一带一路"区域产业链上，在这一过程中通过本地化和改进完善发挥尽可能多的创造性和主导性。其二是以中国的先进技术和高科技产品为核心，利用"一带一路"沿线国家的技术梯度级差来构筑以中国为主导的区域产业链，真正成为整条产业链的“链主”。在这方面，凭借着在高铁、核电、特高压等领域的技术优势，构建“一带一路”区域产业链可以此为重点和突破口。

互联互通理论以发展为导向，但也重视规则制定和机制构建。其中，构建的机制主要是功能性合作机制，其具有三大特点：遵循功能性合作逻辑，成员可自由选择参加的机制或规则，规则制定主要基于协商和共识。机制建设的发展趋势是多元化，包括“一带一路”国际合作高峰论坛的机制化；更多“一带一路”框架下的部长级会晤和高官对话会的建立；达成更多的高标准自由贸易协定；建立长期、稳定、可持续、风险可控的融资体系；形成多元化的“一带一路”纠纷解决机制，等等。基建、产业与机制建设的互动关系在于，一方面，基建和产业的发展对机制建设不断提出新的诉求，即互联互通的深入、产业合作的深化、贸易畅通的提升等必然推动机制的建设和机制的深化。另一方面，机制的建设和深化能够对基建和产业合作起到提升作用。合作发展机制与合作保障机制等功能性合作机制能够推动区域经济合作的高质量发展，自由贸易协定能够引导区域产业链合作体系的形成。

如同其他区域经济合作一样，互联互通也需要区域大国充分发挥自身作用，推动区域经济合作顺利且持续地展开。犹如对国际公共产品的提供，互联互通需要大量的互联互通产品作为区域经济合作的基础性要素。凭借不断发展的经济和技术实力，作为“一带一路”区域内的大国，中国正在积极地向“一带一路”沿线国家和地区提供大量的互联互通产品，包括资金提供与资金动员，提供中国装备和中国标准，建立区域互联互通评价体系，为其他国家和地区编制国家和行业发展规划，等等。

区域经济合作的互联互通理论或许能够给其他发展中地区带来一些新的启示。就东盟而言，其最初成立的缘由是以政治安全为主，政治目的明显。1977 年，东盟召开第二次首脑会议并签订了优惠贸易安排协议，由此开启了经济整合的进程，此后，东盟向达成自由贸易区和东盟共同体迈进，成员也从最初的 5 国增加到当前的 10 国。不过，东盟共同体建设并非一帆风顺。王玉主就指出，在贸易投资自由化便利化方面，虽然关税水平通过前期的自贸区建设已经大大降低，但一些敏感产品的关税依然很高，更为重要的是，消除非关税措施的努力并没有取得理想的效果；在缩小内部发展差距方面的成绩也不令人满意，越南、老挝、柬埔寨、缅甸等国家经济发展水平落后，基础设施建设水平很低，一方面在落实贸易投资便利化措施方面困难重重，另一方面基础设施互联互通水平太低，使东盟达成的制度性安排无法真正落到实处。[1]因此，2010 年出台的《东盟互联互通总体规划》和 2016 年出台的《东盟互联互通总体规划 2025》，本身就是一种对区域经济合作中的基础设施进行"补课"，互联互通建设本身也就是对区域经济合作理论的一种创新或修正。

对于其他地区来说同样如此，拉美和非洲的区域经济合作进程起步于 20 世纪 60 年代，此后，寄希望于沿着欧洲一体化的路径发展。经过 50 多年的发展，纷繁复杂的区域合作机制构成拉美和非洲经济区域合作的整体画面。比如，非洲有西非经济共同体、东非共同体、阿拉伯马格里布联盟、南部非洲发展共同体等。拉美有南方共同市场、太平洋联盟、拉美和加勒比共同体、美洲玻利瓦尔联盟等，其中，南部非洲发展共同体和南方共同市场均以建立关税同盟、实现共同市场和统一货币为目标，后者最终还要实现政治联盟，其他区域一体化组织的名称也不乏自由贸易、共同市场、关税同盟等字眼。然而，大部分区域经济合作机制没有达到预期的目标，在名称上也以名不副实居多。基础设施是一个重要因素，拉美和非洲的基础设施水平整体薄弱，区域经济合作缺少必要的物质基础。据统计，非洲的公路运输费用是其他国家的 4 倍。而根据美洲开发银行的报告，交通成本每降低 10 个百分点，对拉美地区出口部门产生的积极效应就会达到关税降低同一比例产生效果的 5 倍。[2]基于此，拉美和非洲的区域经济合作需要加强注重对基础设施的重视和投资，要注重消除区域经济合作中的物理障碍。所幸，大多数发展中地区和国家开始重视基础设施的建设，提出了一系列涉及基础设施建设的规划和项目。比如，2012 年非盟通过《非洲基础设施发展规划》，整合了 2012—2040 年间非洲现有各类跨国、跨区域基础设施发展规划，涵盖能源、交通、信息通信和跨境水资源四大领域，旨在实现非洲各国间互联互通。[3]2018 年 1 月，非盟决定启动建设非洲单一航空运输市场，推进非洲人员和物资流动便利化。这些措施旨在打造一条条成本低、经济效益高、基础设施良好的互联互通大动脉，提升区域的整体实力。拉美地区也逐渐意识到了基础设施对于推动国家和地区发展的重要意义。智利政府在2020年出台了一项经济复苏计划，将未来两年内基建领域的公共支出提高到340亿美元，同时简化130个私人投资项目的许可，扩大特许经营范围；巴西政府计划在2021年至2022年间投资400亿至500亿雷亚尔，涉及投资137个基建项目，以提振巴西经济；墨西哥政府也在加快推进总额约440亿美元的国家基础设施建设计划，涉及公路、铁路、港口和机场等交通设施建设。[4]可以说，这些区域经济合作越来越沿着互联互通理论在前行。

2008年以来，全球化出现了一些新特征，最明显的就是全球供应链产业链正在逐步缩短，区域化、近岸化、本土化已经成为新的趋势，这在新冠肺炎疫情后更为明显。对于区域内部具有较强产业同质性的拉美、非洲和东盟来说，区域经济合作更加需要以互利共赢的产业链合作体系的构建和转型升级为抓手，这或许是互联互通理论能够带来的另一个启示。毕竟，因发展水平不高、区域内市场需求较小、产品吸纳能力较低、产业链条较短而无法形成紧密分工等因素，各成员从“南南型”区域经济合作中的获益具有一定的局限性，贸易效应和增长效应可能在经历最初的一轮高潮后较难持续。

就拉美而言，拉美各国生产结构趋同，拉美地区尚未形成类似欧盟、亚洲内部的产业链形式。南美洲国家大多以自然资源产业为重点，墨西哥、中美洲国家以面向美国的客户工业为中心，两种类型内部及彼此之间均缺乏产业联系。研究表明，拉美地区经济一体化落后于东亚地区的重要原因在于拉美地区产业结构转型滞后。[5]南方共同市场曾立志在1991—1994年建成自由贸易区，1995年建成关税同盟，以便最终建立共同市场、经济同盟、政治联盟，但历经多年发展，取得的成就仅稍稍高于自由贸易区，尚无法实现自由贸易，区域内各国一方面存在较大的政治分歧，且缺乏大国的有力推动，另一方面区域内各国都是以初级产品出口为主的国家，贸易互补性较差。为此，对于拉美国家来说，要提高产业多元化和产业生产率，通过结构性改革解决基础设施不足和产业升级不足两个发展瓶颈，而各国介入拉美区域经济合作势必要注重产业的合作，提升拉美构建区域产业链合作体系的能力。

总之，对于发展中地区而言，区域经济合作要塑造一定程度的“内向型”可持续发展模式，推动区域内的良性循环，具体就是要推动区域内的产业合作、分工与发展，构建互利共赢、结构互补的产业链合作体系，而基础设施建设和机制构建本身也更多是为产业更好地合作与发展服务。区域内国家一方面要以区域内部具有一定创新性的技术为依托构筑优势互补的产业链、供应链，另一方面坚持开放的区域主义，以更高水平的开放与区域外具有技术和产业优势的国家进行合作，在全球价值链上不断攀升并以此尝试在区域内部构筑供应链、产业链，以互补的产业优势、互利共赢的区域产业链合作体系来提升区域经济合作的质量、效率和效果。对此，《区域全面经济伙伴关系协定》可以说走出了重要的一步，具有重大的意义。该协定基于超大规模的市场，涵盖不同发展阶段和水平的国家，尤其是遵循原产成分累积规则，具有形成和促进区域产业链构建和发展的众多优越条件，其签署无疑将大大促进亚洲区域产业链向纵深发展，有助于形成参与国际分工和竞争的新优势。未来，如果中日韩三国能够签署自由贸易协定，那么，《区域全面经济伙伴关系协定》将迸发出更大的贸易、投资和增长效应，造福于亚洲经济合作和“一带一路”区域经济合作。

实际上，除了经济层面的意义，区域经济合作的互联互通理论还想表达的是一种理念，即每一个国家都能够提出自己的社会科学概念和知识。曾经，西方国家以其强大的实力主导世界发展的进程，并近乎垄断性地向世界供给社会科学概念和知识，从自己的角度出发来阐释其他国家以及全球的实践。这一阐释的内核就是社会科学的核心概念和重要概念，至少包括“主权”“民主”“法治”“自由”“公正”“秩序”“权力”“权利”“人道”“和平”“公平”“平等”“安全”“正义”“自治”“解放”“进步”“发展”“革命”“文明”“人权”“真理”“人民”，等等。就拿中国来说，西方国家喜欢用“威权主义”指涉中国的政治经济制度；以选举授权为内核的“合法性”表达对中国合法性危机的担忧；以“朝贡体系”研究古代中国与周边的关系；将“一带一路”倡议等同于中国版的“马歇尔计划”；基于供给学派阐述中国的供给侧结构性改革；将中国的发展路径提炼为“北京共识”；用“国家统合主义”指称中国的国家与社会关系；用“裙带政治”或“非正规政治”概述中国的政治过程；从“中等收入陷阱”视角展望中国经济发展前景;用"塔西佗陷阱"表达对中国政府公信力的担忧;用"修昔底德陷阱"将中国崛起视为消极因素,等等。而广大发展中国家由于自主性的缺乏,无意识地接受了这样的话语体系,能做的就是与它"接轨",甚至是全面接轨,这是"求同"。而互联互通遵循的是"通"的智慧,这是"求通",它的前提是各国都拥有对社会科学概念和知识的创造权和阐释权,而区域经济合作的过程是一个"对接"过程,即保留本身的美,追求共同的美。如果说,西方社会科学概念和知识是一元论思维的普遍主义,那么,这一普遍主义已经满受创伤。通过"一带一路"区域经济合作,中国正在塑造的可以被称为"新普遍主义"或称"兼容的普遍主义"[6],即多文化的共生共进成为世界社会科学发展的一个重要理念。在这一理念下,互联互通理论要建立真正意义上的区域经济合作,关怀和关照整个区域和每一个国家,也就是说,区域经济合作是兼容并蓄的,是美美与共的。

注释

1. 王玉主:《"一带一路"与亚洲一体化模式重构》,北京:社会科学文献出版社 2015 年版,第 32 页。

2. Garcia, Enrique, "Infraestructura e Integración en América Latina", *Boletin Económico del ICE*, No.2974, 2009.

3. 黄云卿、徐泽来:《非洲一体化与中非经贸合作新路径》,载《中国国情国力》2018 年第 6 期,第 31 页。

4. 李晓骁、张远南:《拉美国家努力补齐基建短板》,人民网,http://5gcenter.people.cn/n1/2020/0817/c430159-31824347.html。

5. 张勇:《后危机时代拉美地区区域经济一体化形势与展望》,载《国际经济评论》2020 年第 3 期,第 89 页。

6. 赵汀阳:《天下体系:世界制度哲学导论》,北京:中国人民大学出版社 2011 年版,第 2 页。

参考文献

一、中 文 文 献

《习近平谈"一带一路"》,北京:中央文献出版社 2018 年版。

蔡玉梅、高延利、易凡平:《发达国家空间规划的经验和启示》,载《中国土地》2017 年第 6 期。

陈明明:《以民生政治为基本导向的政治发展战略》,载《江苏社会科学》2012 年第 2 期。

陈明明:《发展逻辑与政治学的再阐释:当代中国政府原理》,载《政治学研究》2018 年第 2 期。

陈健:《"一带一路"高质量发展的理论逻辑与实践方案》,载《财经问题研究》2021 年第 7 期。

陈志恒、孙彤彤:《中日第三方市场合作的挑战与对策》,载《理论探讨》2020 年第 1 期。

陈伟光、王燕:《共建"一带一路":基于关系治理和规则治理的分析框架》,载《世界经济与政治》2016 年第 6 期。

陈伟光:《共建"一带一路":一个基于制度分析的理论框架》,载《当代亚太》2021 年第 2 期。

陈慧、吴崇伯:《中德在非洲开展第三方市场合作的基础条件、挑战及对策思考》,载《国际贸易》2020 年第 11 期。

陈明宝、陈平:《国际公共产品供给视角下"一带一路"的合作机制构建》,载《广东社会科学》2015 年第 5 期。

程大中:《中国参与全球价值链分工的程度及演变趋势——基于跨国投入—产出分析》,载《经济研究》2015 年第 9 期。

程诚:《"一带一路"中非发展合作新模式:"造血金融"如何改变非洲》,北京:中国人民大学出版社 2018 年版。

崔琪涌、张源、王胜:《"一带一路"国际宏观经济政策协调:机制基础与中国角色》,载《经济学家》2020年第8期。

崔艳萍、武婧宇、车探来:《亚欧国际铁路联运》,北京:中国铁道出版社2017年版。

崔宏伟:《"主权困惑"与欧洲一体化的韧性》,载《当代世界与社会主义》2019年第5期。

戴秉国:《战略对话——戴秉国回忆录》,北京:人民出版社2016年版。

丁汝俊、李宾:《"一带一路"倡议下中欧班列的发展现状、问题与建议》,载《东北亚经济研究》2021年第6期。

董宇坤、白暴力:《"一带一路"战略的政治经济学分析——马克思主义政治经济学的丰富与发展》,载《陕西师范大学学报》(哲学社会科学版)2017年第3期。

范欣、宋冬林、赵新宇:《基础设施建设打破了国内市场分割吗?》,载《经济研究》2017年第2期。

范丽君、李超:《俄蒙关系对"中蒙俄经济走廊"建设的影响》,载《东北亚学刊》2016年第2期。

范斯聪:《东亚经济一体化的困境与出路:国际比较的视角》,北京:人民出版社2015年版。

樊建民:《规划与谋划》,北京:中国经济出版社2014年版。

樊勇明、钱亚平、饶芸燕:《区域国际公共产品与东亚合作》,上海:上海人民出版社2014年版。

方豪:《中西交通史》(上)(下),上海:上海世纪出版集团2015年版。

冯维江:《丝绸之路经济带战略的国际政治经济学分析》,载《当代亚太》2014年第6期。

傅梦孜、徐刚:《"一带一路":进展、挑战与应对》,载《国际问题研究》2017年第3期。

高奇琦:《民族区域与共通体:欧洲转型的两个阶段》,载《世界经济与政治》2014年第5期。

韩晶、孙雅雯:《借助"一带一路"倡议构建中国主导的"双环流全球价值链"战略研究》,载《理论学刊》2018年第4期。

郝江婷:《中国工程建设标准海外应用情况分析及对策》,载《标准科学》2019年第1期。

何燕华、朱雅妮:《"一带一路"视角下国际经济规则的区域化供给》,载《社会科学家》2019 年第 9 期。

何力:《一带一路战略与海关国际合作法律机制》,北京:法律出版社 2015 年版。

胡晓炼:《加强第三方市场合作实现优势互补与互利共赢》,载《海外投资与出口信贷》2019 年第 4 期。

胡永举、邱欣:《非洲交通基础设施建设及中国参与策略》,杭州:浙江人民出版社 2014 年版。

黄河:《公共产品视角下的"一带一路"》,载《世界经济与政治》2015 年第 6 期。

黄河、戴丽婷:《"一带一路"公共产品与中国特色大国外交》,载《太平洋学报》2018 年第 8 期。

黄梅波、卢冬艳:《中国对非洲基础设施的投资及评价》,载《国际经济合作》2012 年第 12 期。

黄琪轩、李晨阳:《大国市场开拓的国际政治经济学——模式比较及对"一带一路"的启示》,载《世界经济与政治》2016 年第 5 期。

霍建国、庞超然:《国际基础设施领域投融资新模式》,载《国际经济合作》2016 年第 2 期。

季晓勇、华楠:《中韩企业第三方市场合作探析》,载《国际工程与劳务》2019 年第 8 期。

金立群、林毅夫:《"一带一路"引领中国》,北京:中国文史出版社 2015 年版。

金水英、周晓琳、田泽:《中国高铁"走出去"可持续发展研究》,载《西亚非洲》2019 年第 4 期。

李向阳:《"一带一路"的高质量发展与机制化建设》,载《世界经济与政治》2020 年第 5 期。

李向阳:《跨太平洋伙伴关系协定与"一带一路"之比较》,载《世界经济与政治》2016 年第 9 期。

李向阳:《论海上丝绸之路的多元化合作机制》,载《世界经济与政治》2014 年第 11 期。

李向阳:《亚洲区域经济一体化的"缺位"与"一带一路"的发展导向》,载《中国社会科学》2018 年第 8 期。

李世安、刘丽云等:《欧洲一体化史》,河北:河北人民出版社 2003 年版。

李明明:《论欧洲一体化进程中的象征政治》,载《国际论坛》2009 年第 4 期。

李明明:《欧洲去一体化:理论逻辑与现实发展》,载《外交评论》2018 年第 6 期。

李景林:《通以显体——从老庄道论看中国古代哲学的本体学说》,载《孔子研究》2003 年第 3 期。

李景林:《共通性与共同性——从中国哲学看人的超越性存在》,载《齐鲁学刊》2006 年第 2 期。

李颖婷、崔晓敏:《亚洲产业链:现状、演变与发展趋势》,载《国际经济评论》2021 年第 2 期。

梁漱溟:《中国文化要义》,上海:上海人民出版社 2011 年版。

廖萌:《"一带一路"框架下中日第三方市场合作研究》,载《亚太经济》2020 年第 6 期。

林毅夫、王燕:《超越发展援助:在一个多极世界中重构发展合作新理念》,北京:北京大学出版社 2016 年版。

刘志彪:《全球产业链集群战略:中国应对全球供应链重组的政策举措和行动》,载《经济研究参考》2020 年第 10 期。

刘乐:《"一带一路"的安全保障》,载《国际经济评论》2021 年第 2 期。

卢峰等:《为什么是中国? ——"一带一路"的经济逻辑》,载《国际经济评论》2015 年第 3 期。

陆如泉:《"一带一路"中国油气与世界》,北京:石油工业出版社 2019 年版。

罗仁坚等:《交通基础设施投融资体制改革》,北京:人民交通出版社股份有限公司 2014 年版。

马涛、盛斌:《亚太互联经济格局重构的国际政治经济分析——基于全球价值链的视角》,载《当代亚太》2018 年第 4 期。

门洪华、俞钦文:《第三方市场合作:理论建构、历史演进与中国路径》,载《当代亚太》2020 年第 6 期。

宁南山:《未来站在中国这一边:产业升级引领中国未来》,北京:红旗出版社 2020 年版。

牛秋实、葛臻明:《秦汉帝国与罗马帝国的交通及社会比较研究》,天津:天津人民出版社2014年版。

牛淑珍、齐安甜、黄兴:《规划先行在金融机构的应用》,上海:复旦大学出版社2018年版。

潘兴明:《关于欧洲一体化的新思考——以英国脱欧为视角》,载《人民论坛·学术前沿》2018年第18期。

庞中英:《论"一带一路"中的国际"对接"》,载《探索与争鸣》2016年第5期。

彭刚、任奕嘉:《互联互通:经济新常态下的国家战略》,载《学术前沿》2015年第3期。

朴光姬:《"一带一路"与东亚"西扩"——从亚洲区域经济增长机制构建的视角分析》,载《当代亚太》2015年第6期。

秦亚青:《关系与过程:中国国际关系理论的文化构建》,上海:上海人民出版社2012年版。

钱旭红:《改变思维》,上海:上海文艺出版社2012年版。

瞿同祖:《中国法律与中国社会》,北京:商务印书馆2010年版。

任晓:《共生:上海学派的兴起》,上海:上海译文出版社2015年版。

任愿喆:《"一带一路"与中国在东南亚的"高铁外交"实践》,载《东南学术》2019年第3期。

时殷弘:《中国对外战略的最新变迁:从战略军事为主到战略经济为主》,载《现代国际关系》2015年第1期。

石静霞:《"一带一路"倡议与国际法——基于国际公共产品供给视角的分析》,载《中国社会科学》2021年第1期。

施展:《溢出:中国制造未来史》,北京:中信出版集团2020年版。

施张兵、吴玉兴:《中国高铁外交的特征与实践研究——基于雅万高铁的案例分析》,载《当代亚太》2017年第5期。

宋立义、李世刚:《构建"一带一路"中长期投融资机制研究》,载《开发性金融研究》2018年第6期。

苏长和:《从关系到共生:中国大国外交理论的文化和制度阐释》,载《世界经济与政治》2016年第1期。

苏长和:《互联互通世界的治理和秩序》,载《世界经济与政治》2017年第2期。

苏长和:《在新的历史起点上思考中国与世界的关系》,载《世界经济与政治》2012 年第 8 期。

孙榕:《国开行:“融智”先行服务“一带一路”》,载《中国金融家》2017 年第 5 期。

孙灿、洪邮生:《国际体系视野下的“一带一路”倡议——国家经济外交运行的“平衡术”视角》,载《外交评论》2016 年第 6 期。

孙灿:《“标准化”全球治理:“一带一路”标准联通与中国的对外开放》,载《印度洋经济体研究》2020 年第 4 期。

孙吉胜:《“一带一路”与国际合作理论创新:文化、理念与实践》,载《国际问题研究》2020 年第 3 期。

苏培科:《构建“一带一路”国际金融指数》,载《中国金融》2019 年第 8 期。

滕建群:《三种地缘政治学说与“一带一路”倡议》,载《和平与发展》2018 年第 5 期。

田文林:《“一带一路”:全球发展的中国构想》,载《现代国际关系》2017 年第 5 期。

田立加、高英彤:《“一带一路”建设中的公共产品供给研究》,载《晋阳学刊》2017 年第 4 期。

汪长明:《“一带一路”倡议的开放性》,载《国际观察》2018 年第 6 期。

王亚军:《“一带一路”倡议的理论创新与典范价值》,载《世界经济与政治》2017 年第 3 期。

王勇平:《行走在欧亚大陆桥上》,北京:中国铁道出版社 2015 年版。

王超:《中白工业园积极探索第三方市场合作》,载《世界知识》2020 年第 14 期。

王明国:《“一带一路”倡议的国际制度基础》,载《东北亚论坛》2015 年第 6 期。

王跃生、马相东:《全球经济“双循环”与“新南南合作”》,载《国际经济评论》2014 年第 2 期。

王存刚:《国家发展战略对接与新型国际关系构建——以中国的“一带一路”战略为例》,《中国战略报告》,2016 年。

王彦志:《“一带一路”倡议下的国际经济秩序:发展导向抑或规则导向》,载《东北亚论坛》2019 年第 1 期。

王竞超:《中日第三方市场合作:日本的考量与阻力》,载《国际问题研究》2019 年第 3 期。

王润球:《新亚欧大陆桥经济走廊》,北京:中国经济出版社 2018 年版。

王缉慈:《超越集群:中国产业集群的理论探索》,北京:科学出版社 2010 年版。

王玏:《多重危机下欧洲差异性一体化理论研究》,载《国外理论动态》2019 年第 5 期。

王正毅:《国际政治经济学通论》,北京:北京大学出版社 2010 年版。

王玉主:《"一带一路"与亚洲一体化模式的重构》,北京:社会科学文献出版社 2015 年版。

王玉主:《区域一体化视野中的互联互通经济学》,载《学术前沿》2015 年第 3 期。

王绍光、鄢一龙:《大智兴邦:中国如何制定五年规划》,北京:中国人民大学出版社 2015 年版。

王义桅:《海殇:欧洲文明启示录》,上海:上海人民出版社 2013 年版。

王文锦:《礼记译解》,北京:中华书局 2016 年版。

王丰龙等:《尺度理论视角下的"一带一路"战略解读》,载《地理科学》2016 年第 4 期。

王雄:《中国速度:中国高速铁路发展纪实》,北京:外文出版社 2016 年版。

魏龙、王磊:《从嵌入全球价值链到主导区域价值链——"一带一路"战略的经济可行性分析》,载《国际贸易问题》2016 年第 5 期。

温灏、沈继奔:《"一带一路"投融资模式与合作机制的政策思考》,载《宏观经济管理》2019 年第 2 期。

伍贻康:《多元一体:欧洲区域共治模式探析》,上海:上海社会科学院出版社 2009 年第 1 版。

吴雨珊:《开发性金融创世记》,北京:中信出版社 2018 年版。

吴涧生、杨生湧、苑生龙:《推动"一带一路"国际合作高峰论坛机制化实体化发展》,载《中国发展观察》2018 年第 Z2 期。

吴崇伯、丁梦:《中韩第三方市场合作:进展、阻力与对策》,载《东北亚论坛》2020 年第 3 期。

吴本健等:《中国—中南半岛经济走廊》,北京:中国经济出版社 2018 年版。

吴昊、于昕田:《RCEP 签署后的东亚区域合作未来方向》,载《东北亚论坛》2021 年第 5 期。

武芳:《推进“一带一路”高质量发展的若干思考》,载《中国远洋海运》2020年第2期。

肖振生:《数说“一带一路”》,北京:商务印书馆2016年版。

谢来辉:《“一带一路”的理论本质是经济一体化》,载《辽宁大学学报》(哲学社会科学版)2019年第1期。

谢志峰、陈大明:《芯事》,上海:上海科学技术出版社2018年版。

许慎:《说文解字》,北京:中华书局2013年版。

徐黎丽、杨亚雄:《论西北边境口岸的特点及发展路径》,载《西北师大学报(社会科学版)》2017年第3期。

徐超、于品显:《金砖国家机制与“一带一路”倡议合作研究》,载《亚太经济》2017年第6期。

徐绍史:《“一带一路”与国际产能合作:地方发展破局》,北京:机械工业出版社2017年版。

徐绍史:《“一带一路”与国际产能合作:行业布局研究》,北京:机械工业出版社2017年版。

徐绍史:《“一带一路”与国际产能合作:国别合作指南》,北京:机械工业出版社2017年版。

徐绍史:《“一带一路”与国际产能合作:企业生存之道》,北京:机械工业出版社2017年版。

徐秀军、冯维江:《变革时代的亚投行:新机制与新角色》,北京:中国社会科学出版社2019年版。

徐飞:《纵横“一带一路”:中国高铁全球战略》,上海:上海人民出版社2017年版。

许华江:《中法企业第三方市场合作分析——以喀麦隆克里比深水港项目为例》,载《国际工程与劳务》2019年第10期。

许维力:《经济全球化条件下拉美地区经济一体化》,北京:对外经济贸易大学出版社2014年版。

许利平:《中国与周边命运共同体:构建与路径》,北京:社会科学文献出版社2016年版。

许亮:《从“丝绸之路”到“一带一路”:一部人类共同体的演进史》,载《学术探索》2019年第3期。

薛力:《美国再平衡战略与中国“一带一路”》,载《世界经济与政治》2016年第5期。

杨海燕:《区域公共产品的供给困境与合作机制探析——基于合作博弈模型的分析》,载《复旦国际关系评论》第十六辑,2015年。

杨成:《新大陆主义:跨欧亚一体化的战略图景》,载《文化纵横》2015年第3期。

杨祥章:《中国—东盟互联互通研究》,北京:社会科学文献出版社2016年版。

张远鹏:《"一带一路"与以我为主的新型全球价值链构建》,载《世界经济与政治论坛》2017年第6期。

钟飞腾:《"一带一路"机制化建设与进展评估》,载《中国国际战略评论》2019年(上)。

曾向红:《"一带一路"的地缘政治想象与地区合作》,载《世界经济与政治》2016年第1期。

曾智华:《经济特区的全球经验:聚焦中国和非洲》,载《国际经济评论》2016年第5期。

曾刚、赵海、胡浩:《"一带一路"倡议下中国海外园区建设与发展报告(2018)》,北京:中国社会科学出版社2018年版。

曾敬涵:《合法性研究:中西方学界看法为何如此不同》,载《经济社会体制比较》2014年第5期。

曾楚宏、王钊:《中国主导构建"一带一路"区域价值链的战略模式研究》,载《国际经贸探索》2020年第6期。

詹晓宁、李婧:《全球境外工业园区模式及中国新一代境外园区发展战略》,载《国际经济评论》2021年第2期。

张菲、李洪涛:《第三方市场合作:"一带一路"倡议下的国际合作新模式——基于中法两国第三方市场合作的分析》,载《国际经济合作》2020年第2期。

张艳艳、于津平、李德兴:《交通基础设施与经济增长:基于"一带一路"沿线国家铁路交通基础设施的研究》,载《世界经济研究》2018年第3期。

张辉:《全球价值双环流架构下的"一带一路"战略》,载《经济科学》2015年第3期。

张颖:《中国的国际经济合作新模式:第三方市场合作》,载《现代国际关系》2020年第4期。

张帅、储斌:《“债务陷阱”与“债务危机”的发展逻辑——兼及“一带一路”参与国经济体系的开放性》,载《东南亚研究》2020 年第 4 期。

张峰:《马克思恩格斯的国际交往理论与“一带一路”建设》,载《马克思主义研究》2016 年第 5 期。

张彬等:《国际区域经济一体化比较研究》,北京:人民出版社 2010 年版。

张秀萍、柯曼綦:《全球供应链》,北京:经济管理出版社 2017 年版。

张瑾:《非洲区域经济一体化探索:南部非洲发展共同体 30 年》,杭州:浙江人民出版社 2014 年版。

张勇:《后危机时代拉美地区区域经济一体化形势与展望》,载《国际经济评论》2020 年第 3 期。

张彦:《中国与东盟共建区域价值链问题探讨——以制造业为例》,载《国际展望》2019 年第 6 期。

张金珠等:《基础设施 ODFI 对东道国的经济与环境影响——以“一带一路”六大经济走廊重点国家为例》,载《国际经济合作》2021 年第 5 期。

赵龙跃:《制度性权力:国际规则重构与中国的策略》,北京:人民出版社 2016 年版。

赵世人:《“一带一路”建设与中亚公共外交》,载《公共外交季刊》2018 年第 1 期。

赵忆宁:《21 世纪的中国与非洲》,北京:中信出版集团 2018 年版。

赵忆宁:《大国工程》,北京:中国人民大学出版社 2018 年版。

赵春江、付兆刚:《RCEP 与深化中日韩贸易合作的机遇与挑战》,载《东北亚论坛》2021 年第 5 期。

赵汀阳:《天下体系:世界制度哲学导论》,北京:中国人民大学出版社 2011 年版。

郑伟、桑百川:《“一带一路”倡议的理论基础探析——基于世界市场失灵的视角》,载《东北亚论坛》2017 年第 2 期。

智宇琛、马文琤、杨玉鑫:《“一带一路”视野下中国在印度洋四大经济走廊的发展》,北京:中国社会科学出版社 2017 年版。

邹磊:《“一带一路”:合作共赢的中国方案》,上海:上海人民出版社 2016 年版。

庄穆、吴美川:《马克思公共性思想视域下“一带一路”的思考》,载《马克思主义研究》2017 年第 7 期。

商务部国际贸易经济合作研究院课题组:《共建合作机制:“一带一路”经贸合作逆势前行》,载《国际经济合作》2021 年第 5 期。

北京大学海洋研究院:《“一带一路”沿线国家五通指数报告》,北京:经济日报出版社 2017 年版。

复旦国务智库:《复旦国际秩序报告——互联世界中的自治与共治》。

国家开发银行研究院、中国社会科学院国际研究学部:《亚太自贸区:战略与路径》,北京:经济管理出版社 2016 年版。

经济合作与发展组织:《国家发展进程中的国企角色》,北京:中信出版社 2017 年版。

《亚洲经济前景及一体化进程 2023 年度报告》,博鳌亚洲论坛,对外经贸大学出版社。

中国工程咨询协会:《发展规划咨询理论方法和实践》,北京:中国计划出版社 2014 年版。

中国(深圳)综合开发研究院:《“一带一路”倡议下的中国境外园区开发运营》,北京:中国经济出版社 2020 年版。

中国电子信息产业发展研究院:《2018—2019 年中国战略性新兴产业发展蓝皮书》,北京:电子工业出版社 2019 年版。

[哈]A. A. 努尔谢伊托夫:《哈萨克斯坦与中国的区域经济合作:“光明之路”新经济政策和“丝绸之路经济带”》,高晓慧译,载《欧亚经济》2015 年第 4 期。

[哈]A. 阿姆列巴耶夫等:《上海合作组织与丝绸之路经济带建设前景》,载《俄罗斯研究》2015 年第 6 期。

[英]彼得·弗兰科潘:《丝绸之路:一部全新的世界史》,邵旭东、孙芳译,杭州:浙江大学出版社 2016 年版。

[英]伯里:《希腊史Ⅱ》,陈思伟译,长春:吉林出版集团有限责任公司 2016 年版。

[美]戴维·C. 康拉德:《中世纪西非诸帝国》,李安山译,北京:商务印书馆 2015 年版。

[美]弗雷德里克·沃特金斯:《西方政治传统:近代自由主义之发展》,李丰斌译,桂林:广西师范大学出版社 2016 年版。

[德]贡德·弗兰克:《白银资本》,刘北成译,成都:四川人民出版社 2017 年版。

[印]基尚・拉纳:《双边外交》,罗松涛、邱敬译,北京:北京大学出版社2005年版。

[英]克恩・亚历山大、拉胡尔・都莫、约翰・伊特威尔:《金融体系的全球治理:系统性风险的国际监管》,赵彦志译,辽宁:东北财经大学出版社2010年版。

[英]克里斯蒂安・沃尔玛:《通向世界尽头》,李阳译,北京:生活・读书・新知三联书店2017年版。

[美]科林・弗林特、张晓通:《"一带一路"与地缘政治理论创新》,载《外交评论》2016年第3期。

[美]林肯・佩恩:《海洋与文明》,陈建军等译,天津:天津人民出版社2017年版。

[美]罗宾・多克:《伊斯兰世界帝国》,王宇浩、李晓曈译,北京:商务印书馆2015年版。

[美]迈克尔・波特:《国家竞争优势》,李明轩、邱如美译,北京:中信出版集团2012年版。

[美]米夏埃尔・比尔冈:《古代波斯诸帝国》,李铁匠译,北京:商务印书馆2015年版。

[美]帕拉格・康纳:《超级版图:全球供应链、超级城市与新商业文明的崛起》,周大昕译,北京:中信出版社2016年版。

[美]帕拉格・康纳:《亚洲世纪:世界即将亚洲化》,丁喜慧、高嘉旋译,北京:中信出版社2016年版。

[美]尤西・谢菲:《物流集群》,岑雪品、王微译,北京:机械工业出版社2017年版。

[加]威廉・P.安德森:《经济地理学》,安虎森等译,北京:中国人民大学出版社2017年版。

[美]伊恩・夏皮罗、卡西亚诺・海克考登:《民主的边界》,张熹珂、孟玫译,北京:中央编译出版社2016年版。

二、外 文 文 献

Asian Development Bank, Meeting Asia's Infrastructure Needs, 2017.

Asian Development Bank, Asian Economic Integration Report 2021: Making Digital Platforms Work for Asia and the Pacific, 2021.

Agnes Bernek, "The 'Grand Chessboard' of the 21st Century Geopolitical Strategies of the Multi-Polar World", *National Security Review*, Special Issue/MMXV, 2015.

Alfred Mccoy, "The Geopolitics of American Global Decline", *The Unz Review*, July 7, 2015.

Alicia Camps, "Transforming Mongolia-Russia-China Relations: The Dushanbe Trilateral Summit", *The Asia-Pacific Journal*, Vol.12, No.1, 2014.

Anis Chowdhury and Colin Kirkpatrick, *Development Policy and Planning: An Introduction to Models and Techniques*, Taylor & Francis e-Library, 2005.

B. R. Deepak, *China's Global Rebalancing and the New Silk Road*, Springer, 2018.

Balázs Sárvári and Szeidovitz Anna, "Political Economics of the New Silk Road", *Baltic Journal of European Studies*, Vol.6, No.1, 2016.

Bernard Hoekman, "Trade Agreements and International Regulatory Cooperation in a Supply Chain World", *EUI Working Paper RSCAS*, 2015.

Biswa Nath Bhattacharyay, "Seamless Sustainable Transport Connectivity in Asia and the Pacific: Prospects and Challenges", *International Economics and Economic Policy*, Vol.9, 2012.

Bruno Macaes, *Belt and Road: A Chinese World Order*, Hurst & Company, 2018.

Cem Nalbantoglu, "One Belt One Road Initiative: New Route on China's Change of Course to Growth", *Open Journal of Social Sciences*, Vol. 5, No.1, 2017.

Christopher Hughes, "Reclassifying Chinese Nationalism: The Geopolitik Turn", *Journal of Contemporary China*, Vol.20, No.71, 2011.

David Bachand Abraham Newman, "Domestic Drivers of Transgovernmental Regulatory Cooperation", *Regulation & Governance*, Vol.8, Issue. 4, 2014.

Deborah Bräutigam and Tang Xiaoyang, "'Going Global in Groups': Structural Transformation and China's Special Economic Zones Overseas",

World Development, Vol.63, 2014.

Edward N. Luttwak, "From Geopolitics to Geo-Economics: Logic of Conflict, Grammar of Commerce", *The National Interest*, No.20, 1990.

Edward N. Luttwak, *The Endangered American Dream: How to Stop the United States from Becoming a Third-World Country and How to Win the Geo-Economic Struggle for Industrial Supremacy*, Simon & Schuster, 1993.

Ernst B. Haas, "International Integration: The European and the Universal Process", *International Organization*, Vol.15, No.3, 1961.

Ernst B. Haas, *The Uniting of Europe: Political, Social, and Economic Forces 1950—1957*, Stanford University Press, 1958.

Jawad Syed and Yung-Hsiang Ying, *China's Belt and Road Initiative in a Global Context*, Palgrave Macmillan, 2019.

Jean A. Berlie, *China's Globalization and the Belt and Road Initiative*, Palgrave Macmilllan, 2020.

Jean-François Arvis, Robin Carruthers, Graham Smith and Christopher Willoughby, *Connecting Landlocked Developing Countries to Markets: Trade Corridors in the 21st Century*, The World Bank, 2011.

Joel S. Migdal, *Strong Societies and Weak States: State-Society Relations and State Capabilities in the Third World*, Princeton University Press, 1988.

John Joshua, *The Belt and Road Initiative and the Global Economy*, Palgrave Macmillan, 2019.

Justin Yifu Lin, "One Belt and One Road and Free Trade Zones: China's New Opening-up Initiatives", *Front.ECON. China*, Vol.10, No.4, 2015.

Kenneth W. Abbott and Duncan Snidal, "Strengthening International Regulation through Transnational New Governance", *Journal of Chemical Physics*, Vol.138, No.10, 2010.

Lucio Blanco Pitlo Ⅲ, "China's 'One Belt, One Road' to Where?", *The Diplomat*, February 17, 2015.

Md. Nazrul Islam, *Silk Road to Belt Road: Reinventing the Past and Shaping the Future*, Springer, 2019.

Mark Leonard, *Connectivity Wars: Why Migration, Finance and Trade are the Geo-Economic Battlegrounds of the Future*, 2016.

Max Weber, *The Theory of Social and Economic Organization*, The Free Press, 1947.

Maximilian Mayer, *Rethinking the Silk Road: China's Belt and Road Initiative and Emerging Eurasian Relations*, Palgrave Macmillan, 2018.

Michael M. Du, "China's 'One Belt, One Road' Initiative: Context, Focus, Institutions, and Implications", *The Chinese Journal of Global Governance*, Vol.2, No.1, 2016.

Min Ye, *The Belt Road and Beyond State-Mobilized Globalization in China: 1998 2018*, Cambridge University Press, 2020.

Odd-Helge Fjeldstad, Deborah A Brautigam and Mick Moore, *Taxation and State-Building in Developing Countries Capacity and Consent*, Cambridge University Press, 2008.

Peter Ferdinand, "Westward Ho—the China Dream and 'One Belt, One Road': Chinese Foreign Policy under Xi Jinping", *International Affairs*, Vol.92, No.4, 2016.

Priya Chacko and Kanishka Jayasuriya, "A Capitalising Foreign Policy: Regulatory Geographies and Transnationalised State Projects", *European Journal of International Relations*, Vol.24, No.1, 2018.

Piotr Łasak and René W. H. van der Linden, *The Financial Implications of China's Belt and Road Initiative: A Route to More Sustainable Economic Growth*, Palgrave Macmillan, 2019.

Priya Chacko and Kanishka Jayasuriya, "A Capitalising Foreign Policy: Regulatory Geographies and Transnationalised State Projects", *European Journal of International Relations*, Vol.24, No.1, 2018.

Ravi Bhoothalingam, "The Silk Road as a Global Brand", *China Report*, Vol.52, No.1, 2016.

Rumi Aoyama, "'One Belt, One Road': China's New Global Strategy", *Journal of Contemporary East Asia Studies*, Vol.5, No.2, 2016.

Sanjaya Baru, "Geo-Economics and Strategy", *Survival*, Vol.54, No.3, 2012.

Sebastian Krapohl and Simon Fink, "Different Paths of Regional Integration: Trade Networks and Regional Institution-Building in Europe, Southeast Asia and Southern Africa", *Journal of Common Market Studies*, Vol. 51, No.3, 2013.

Shaun Breslin, "China and the Global Order: Signalling Threat of Friendship?", *International Affairs*, Vol.89, No.3, 2013.

Shujiro Urata, "The Shift from 'Market-led' to 'Institution-led' Regional Economic Integration in East Asia in the late 1990s", *RIETI Discussion Paper*, Tokyo, 2004.

Siegfried O. Wolf, *The China-Pakistan Economic Corridor of the Belt and Road Initiative: Concept, Context and Assessment*, Springer, 2020.

Sit Tsui, et al., "One Belt, One Road: China's Strategy for a New Global Financial Order", *Monthly Review*, Vol.68, No.8, 2017.

Stephane Callens and Sofiane Cherfi, "The Intensive Exchanges Flows: About a 'New Regionalism': OBOR", *Universal Journal of Management*, Vol.5, No.3, 2015.

Timothy Besley and Torsten Persson, "State Capacity, Conflict and Development", *Econometrica*, Vol.78, No.1, 2010.

Timothy Besley and Torsten Persson, "The Origin of State Capacity: Property Rights, Taxation and Policy", *The American Economic Review*, Vol.99, No.4, 2009.

Willem Molle, *The Economics of European Integration: Theory, Practice, Policy*, Routledge, 2016.

Yakov Silin, et al., "China's Economic Interests in the 'One Belt, One Road' Initiative", *SHS Web of Conferences*, Vol.39, No.3, 2017.

Yilmaz Kaplan, "China's OBOR as a Geo-Functional Institutionalist Project", *Baltic Journal of European Studies*, Vol.7, No.1, 2017.

Yu Ning, "Cooperation on Belt and Road Initiatives", *China Today*, 2015.

图书在版编目(CIP)数据

共建"一带一路":区域经济合作的互联互通理论/
吴泽林著.—上海:上海人民出版社,2024
(中国与世界丛书)
ISBN 978-7-208-18758-0

Ⅰ.①共… Ⅱ.①吴… Ⅲ.①区域经济合作-国际合
作-研究-中国 Ⅳ.①F125.5

中国国家版本馆 CIP 数据核字(2024)第 038054 号

责任编辑 王 琪
封面设计 土小阳

中国与世界丛书
共建"一带一路":区域经济合作的互联互通理论
吴泽林 著

出　　版 上海人民出版社
(201101 上海市闵行区号景路 159 弄 C 座)
发　　行 上海人民出版社发行中心
印　　刷 上海商务联西印刷有限公司
开　　本 635×965 1/16
印　　张 12.75
插　　页 4
字　　数 186,000
版　　次 2024 年 3 月第 1 版
印　　次 2024 年 3 月第 1 次印刷
ISBN 978-7-208-18758-0/F·2863
定　　价 65.00 元

中国与世界丛书

共建“一带一路”：区域经济合作的互联互通理论	吴泽林　著
当代伊朗外交战略研究(1979—2017)	赵建明　著
重构中的多边贸易体系：以世贸组织制度变迁为案例	柯　静　著
军官团与海军建设：美国海军崛起的过程研究(1882—1922)	陈　永　著
环境安全：理论争辩与大国路径	汤　伟　著
中国海洋治理研究	胡志勇　著
中国跨国行政合作研究	吴泽林　著